크리스천의 강적들

크리스천의 강적들_SHI

발 행 인	유지훈
글 쓴 이	루이스 S. 체이퍼 ǀ 테르툴리아누스(터툴리안)
교정교열	편집팀
초판발행	2022년 06월 30일
펴 낸 곳	투나미스
주　　소	수원시 팔달구 정조로 735 해피니스 빌딩 3층
출판등록	2016년 6월 20일
주문전화	031-244-8480
팩　　스	031-244-8480
홈　피	http://www.tunamis.co.kr
이 메 일	ouilove2@hanmail.net
I S B N	979-11-90847-39-1(03230)
가　　격	16,500원

크리스천의 강적들

SHI

루이스 S. 체이퍼 | 터툴리안 지음 + 유지훈 옮김

CONTENTS

PART 1

사탄Satan by Lewis Sperry Chafer

PART 2

이단The Prescription against Heretics by Tertulian

CONTENTS

PART 2

CONTENTS

추천의 글

내 글이 독자의 수효를 늘리는 데 조금이나마 보탬이 된다면 기쁜 마음
으로 쓰겠다. 크리스천은 물론이거니와, 특히 목회자와 크리스천 직장인들
이 이 책을 읽기 바란다.

'사탄'은 현 시대뿐 아니라 개인의 갈등을 정확히 이해하는 데 매우 중요
하다. 사탄의 존재와 성격과 세력은 실존하는 사실이기에 우려의 대상이 되
고 지금도 의미심장한 주제가 되기 때문이다.

우리는 그가 매설해둔 덫 한가운데를 걷고 있으며 속세의 때가 묻지 않
은—이른바 '의로운 성직자로 변화를 받았다는'—자들이 선포하는 사탄
의 교리를 시시각각 듣고 있는 데다, 완벽하게 조직된 세상의 쾌락과 환경과
위력에 현혹되고 있다.

루이스 S. 체이퍼가 쓴 『사탄Satan』 외에, 세대주의 사관(dispensationalism,
성경과 교회의 역사를 시대별로 구분하여 하나님의 통치 원리가 각 시대마다 다르고 백
성의 구원 방법도 다르다고 주장하는 견해—옮긴이)으로 '사탄'을 명쾌히 조명하
면서도 성경의 틀을 벗어나지 않은 책은 여태 없었다.

                                                            - C. I. 스코필드

PART 1

사탄

by Lewis S. Chafer

SATAN

PART 1
사탄

by Lewis S. Chafer

SATAN

프롤로그

세상은 사탄의 계략과 소원에 동조해왔다. 급기야는 사탄이 존재하지 않는다고 믿는 지경에까지 이른 탓에 활개를 치고 다니기가 더 수월해졌다. 그러나 인간의 오판이 계시록의 사실을 바꿔놓은 적은 없었다. 성경에 따르면, 사탄은 존재하며 인간의 생사화복에 개입할 수 있는 세력과 영향력을 지녔다고 한다. 세력과 영향력의 수위는 시대를 거듭할수록 점차 가중되고 있다.

이처럼 중대한 주제를 담은 성경의 가르침은 크리스천도 거의 이해하지 못하는 데다 마치 세인의 생각 밖의 일로 치부되는 듯하다. 형편이 이러하니 사탄을 둘러싼 진실을 밝힐라치면 적잖은 사람들이 "허무맹랑하다"거나 "어리석은 짓을 한다"며 핀잔을 늘어놓을 게 뻔하다.

'사탄'이라는 이름은 사라지지 않았지만 비성경적인 환상과 결부되어 왔다. 세인은 계시록은 참고하지 않은 채 괴이한 차림새가 어울리는 그로테스크한 존재, 이를테면 연극 무대에서 주역이 된 캐릭터를 상상한 것이다. 연극이 현실과는 동떨어져 있다는 점과 맞물리면서 사탄의 실체는 한물간 시대의 신화 중 하나가 되고 말았다.

성경은 사탄의 이력과 면모를 구체적으로 밝혔다. 그가 창조된 시점부터 본래의 상태condition와 추락(혹은 타락), 사탄 체제의 추이와 아울러 최후의 패배와 추방까지 말이다. 사탄은 현세에서 권세와 명성이 자자한 '저명인사personage'인지라 열국과 권세를 이기신 하나님을 신뢰하지 않는다면 크리스천도 마음을 빼앗길 것이다.

보편적인 원칙하에 성경이 가르친 사탄을 개괄적으로 기술할 참이다.

첫째, 신·구약 성경의 권위는 절대적으로 수용한다.

둘째, 증거는 하나님의 말씀에서 유추한다. 하나님이 성경에서 밝히기로 하신 것 외에 궁극적인 증거는 찾을 수 없으니 말이다.

셋째, 사탄의 실존 여부는 거론하지 않는다. 성경이 『창세기』에서 『요한계시록』까지 이를 기록하고 가르치기 때문이다.

필자는 크리스천 독자를 염두에 두고 원고를 썼다. 사탄이 눈을 멀게 한 세상은 이 책에 기록된 진리를 아주 모르거나 거부하니 그럴 수밖에(고린도후서 4:4) 그 중에 이 세상의 신이 믿지 아니하는 자들의 마음을 혼미하게 하여 그리스도의 영광의 복음의 광채가 비치지 못하게 함이니 그리스도는 하나님의 형상이니라.

엄숙한 마음으로 집필해야 한다는 점에 깊이 동감한다. 사탄이 권세를 등에 업고 가능하면 자신의 계략과 목적을 이해하지 못하도록 눈을 가리는 데다, 하나님이 행하신 일을 사탄이 자행한 것으로 덮으려는 죄를 두고는 그리스도가 친히 밝힌 경고가 워낙 엄중하기 때문이다(마태복음 12:22~32). 그래서 성령의 보호와 인도하심에 의지하고, 크리스천이 중요한 진리를 분명히 이해하며 바울과 더불어 "우리는 그 계책을 알지 못하는 바가 아니로라(고후 2:11)"라고 주장할 수 있기를 기도하는 마음으로 글을 썼다. 하나님의 자녀가 대적을 좀더 분명히 파악해야만 그의 강력한 권세를 체감하고 "주 안에서와 그 힘의 능력으로 강건해져(엡 6:10)" 결국에는 하나님의 온전한 섭리가 이루어질 때 원대한 승리를 쟁취할 수 있을 것이다.

Chapter 01
사탄의 이력

　1장에서는 사탄의 과거와 현재, 그리고 미래를 개괄적으로 간략히 그려볼 참이다. 첫머리에 개관을 정리해 두는 까닭은 각 장을 정독하기가 좀더 수월해지기 때문이다. 아울러 사탄의 최초 배경을 구체적으로 밝힌 서두는 그의 미래뿐 아니라 최후의 패배를 규정한 계시와 밀접하게 얽혀있기 때문이기도 하다.

　사탄에 관한 계시는 하늘과 땅을 완벽히 창조하신 날(창세기 1:1)과, 이에 종지부를 찍은 황망한 심판—이때 땅은 황폐하고 공허해졌다(창세기 1:2, 이사야 24:1, 예레미야 4:23~26)—사이 중 어느 한 시기에 시작된다.

　『에스겔 28:11~19』은 사탄을 거론하며 세대와의 관계를 장황하게 기술했다. 이 구절에서 사탄은 '두로 왕The King of Tyrus'이라는 신분으로 분명히 묘사되고 있다. 메시아 시편Messianic Psalms—본문에서 기자는 자신을 언급한 것처럼 기록했지만 진술이나 정황을 보면 모두가 하나님의 아들인 메시아와 연관되어 있다—과 마찬가지로 '두로 왕' 또한 특징을 살펴보면 의인화된 사탄을 언급하는 것처럼 보인다. 성경에서 이를 적용해 봄직한 인물이 존재하지 않기 때문이다. 이 장chapter 전후로 여호와의 최후 심판은 주가 택한 백성의 '원수들'에게 선포되는데 『역대상 21:1』을 보면 사탄은 이들 원수 중에 포함된 것이 분명하다. 명백한 계시가 드러나는 대목인지라 구구절절 면밀히 연구할 가치가 있으나 여기서는 살짝 언급만 하고 지나갈까 한다. 해당 본문은 아래와 같다.

"여호와의 말씀이 또 내게 임하여 이르시되[11] 인자야 두로 왕을 위하여 슬픈 노래를 지어 그에게 이르기를 주 여호와의 말씀에 너는 완전한 도장이었고 지혜가 충족하며 온전히 아름다웠도다[12] 네가 옛적에 하나님의 동산 에덴에 있어서 각종 보석 곧 홍보석과 황보석과 금강석과 황옥과 홍마노와 창옥과 청보석과 남보석과 홍옥과 황금으로 단장하였음이여 네가 지음을 받던 날에 너를 위하여 소고와 비파가 준비되었도다[13] 너는 기름 부음을 받고 지키는 그룹임이여 내가 너를 세우매 네가 하나님의 성산에 있어서 불타는 돌들 사이에 왕래하였도다[14] 네가 지음을 받던 날로부터 네 모든 길에 완전하더니 마침내 네게서 불의가 드러났도다[15] 네 무역이 많으므로 네 가운데에 강포가 가득하여 네가 범죄하였도다 너 지키는 그룹아 그러므로 내가 너를 더럽게 여겨 하나님의 산에서 쫓아냈고 불타는 돌들 사이에서 멸하였도다[16] 네가 아름다우므로 마음이 교만하였으며 네가 영화로우므로 네 지혜를 더럽혔음이여 내가 너를 땅에 던져 왕들 앞에 두어 그들의 구경거리가 되게 하였도다 [17] 네가 죄악이 많고 무역이 불의하므로 네 모든 성소를 더럽혔음이여 내가 네 가운데에서 불을 내어 너를 사르게 하고 너를 보고 있는 모든 자 앞에서 너를 땅 위에 재가 되게 하였도다[18] 만민 중에 너를 아는 자가 너로 말미암아 다 놀랄 것임이여 네가 공포의 대상이 되고 네가 영원히 다시 있지 못하리로다 하셨다 하라[19](에스겔 28:11~19)"

위 단락은 사탄의 전·후기의 이력 중 적잖은 사실을 기술하고 있다. 그가 창조된 기사를 두 차례나 언급하는데 15절에서는 "완전한 존재로 창조되었다" 하고 13절에서는 완전한 속성을 귀한 보석에 빗대어 상세히 밝히는가 하면, "지혜가 충만하고" "온전히 아름다웠다"는 구절로 완전함을 넘치게 표현하기도 했다. 14절에서는 "기름 부음을 받은 그룹"이라 한다. 창조주의 목적이 여실히 드러나는 대목이다. 이 구절을 두고는 사탄이 하나님의 보좌를 지키는 수호자나 파수꾼으로 창조되었다는 견해가 대부분을 차지했다. 일리가 있는 해석이다. 이를테면, 지상에 세운 성막의 지성소에서 은혜의 보좌를 지키는 황금 그룹 같이, 사탄도 천상에서 은혜가 충만한Glory 보좌의 중심을 지키는 그룹으로 창조되었다는 것이다. 성경이 분명히 기록했듯이 그의 자리는 하나님의 성산—하나님의 산the mountain of God은 주님의 권능과 통치와 영원한 보좌의 중심을 상징한다(시편 48:1, 68:15, 이사야 2:2)—위, 지존하신 이의 좌우편이다. 사탄은 이처럼 높은 보좌 위를 두루 감싸며 지키는covering 그룹으로 세워졌다는 것이다. 또한 그는 '하나님의 동산인 에덴'에 있었다고도 한다. 사탄이 뱀으로 나타났던 곳과는 다른 에덴일 것이다. 이는 원시창조를 가리키는 대목일 수도 있다. 구절 전체를 통틀어 보면 사탄은 큰 권능을 가진 직책으로 창조되고 기름 부음을 받은 듯하다. 그러다 결국에는 이 직위에서 떨어지고(타락하고), 자신이 권능과 영향력을 행사했던 수많은 존재를 끌고 간 것이다.

재차 말하지만, 사탄은 창조된 날부터 모든 면에서 완벽했다. 여기서 주목해야 할 점은 첫째, 사탄은 창조된 '피조물'이라는 것과, 둘째, '완전하게' 창조된 존재라는 것이다.

사탄은 피조물이기에 스스로 존재할 수 없거니와 자신이 의지하던 창조주에게서 해방될 수도 없다. 독립을 주장해도 결국에는 헛수고가 될 뿐이다. 한때는 그런 망상에 사로잡힌 채로 다니기도 했지만 이는 자신을 기다리고 있는 불가피한 심판을 지연시킬 뿐이었다.

사탄은 완전한 존재로 창조되었다. 즉, 창조주의 의도가 완벽하게 성취된 존재라는 것이다. 사탄은 도의도 알고 무엇에도 매이지 않은 자율적인 존재였기에 악을 택할지언정 의무적으로 악을 행하진 않았다. 그가 저주를 받은 까닭은 악을 선택했기 때문이다. 창조주는 주변에 선을 행할 동기(모티브)를 넉넉히 허락하셨다.

사탄의 범죄 일부가 16절에서 밝혀지고 나면 최후의 심판이 『요한계시록』에서 예견한 바대로 정확히 묘사된다.

본문이 중점적으로 가르치는 것은 사탄의 첫 직책과 권능이다. 혹시 모를 적으로부터 하나님의 보좌를 지킬 수 있을 만한 권능과 지혜요, 하늘 궁전에서 최고 관리가 될 만큼 탁월한 영화와 아름다움을 두고 하는 말이다. 이 같은 계시로 사탄의 현 직책과 권능을 짐작해볼 수 있을 것이다.

둘째로 중점을 둔 것은 사탄의 범죄다. 이는 『이사야 14:12~20』에 명시되어 있는데 본문을 읽기 전에 한 가지 주의해야 할 점이 있다. 선지자가 계시로 본 사탄은 최후의 심판을 받은 때의 모습이고 이 시점에서 그는 사탄의 전 이력을 거꾸로 되짚어 보고 있다는 것이다. 따라서 과거형으로 서술했지만 대개는 미래라야 옳다. 본문은 아래와 같다.

"너 아침의 아들 계명성이여 어찌 그리 하늘에서 떨어졌으며 너 열국을 엎은 자여 어찌 그리 땅에 찍혔는고[12] 네가 네 마음에 이르기를 내가 하늘에 올라 하나님의 뭇 별 위에 내 자리를 높이리라 내가 북극 집회의 산 위에 앉으리라[13] 가장 높은 구름에 올라가 지극히 높은 이와 같아지리라 하는도다[14] 그러나 이제 네가 스올 곧 구덩이 맨 밑에 떨어짐을 당하리로다[15] 너를 보는 이가 주목하여 너를 자세히 살펴보며 말하기를 이 사람이 땅을 진동시키며 열국을 놀라게 하며[16] 세계를 황무하게 하며 성읍을 파괴하며 그에게 사로잡힌 자들을 집으로 놓아 보내지 아니하던 자가 아니냐 하리로다[17] 열방의 모든 왕들은 모두 각각 자기 집에서 영광 중에 자건마는[18] 오직 너는 자기 무덤에서 내쫓겼으니 가증한 나무 가지 같고 칼에 찔려 돌구덩이에 떨어진 주검들에 둘러싸였으니 밟힌 시체와 같도다[19] 네가 네 땅을 망하게 하였고 네 백성을 죽였으므로 그들과 함께 안장되지 못하나니 악을 행하는 자들의 후손은 영원히 이름이 불려지지 아니하리로다 할지니라[20](이사야 14:12~20)"

여기에 등장하는 사탄은 명칭이 다른 듯하다. 『에스겔 28:11~19』에 기록된 대로 영화로운 모습으로 비쳐질 때 그는 속세의 "두로 왕"이었다가 천상에서 추락할 때는 하늘의 '루시퍼(계명성), 아침의 아들'이라는 이름이다. 죄로 말미암아 창조주와의 화목이 깨지듯, 자신이 활동하던 모든 영역과의 화목도 무너진 것이다. 영화로운 천상의 이름—"아침의 아들 루시퍼(계명성)"—은 천계에서의 첫 처소를 일컫는다. 이때 새벽별은 기뻐 노래하고 하나님의 아들들은 기뻐 소리를 질렀다고 한다(욥기 38:7). 이는 하나님의 날개 아래서 치유함을 받고 일어날 "광명한 새벽별(계 22:16)"이자 "공의로운 해(말 4:2)"라는, 비길 데 없는 영광에 버금가는 직책을 암시할 것이다.

사탄은 여기서도 하늘에서 떨어졌다고 한다. 예수님도 이를 두고 말씀하신 적이 있다.

> "사탄이 하늘로부터 번개 같이 떨어지는 것을 내가 보았노라(누가복음 10:18)"

두 본문은 사탄의 도덕적인 타락이 아니라, 그가 자신의 죄 때문에 영광의 자리에서 쫓겨나 지상과 공중에(에베소서 2:2, 6:12, 베드로전서 5:8) 거하게 된 경위를 밝힌 것으로 봄직하다. 그럼에도 사탄은 하나님의 존전에 들어갈 특권을 받았다(욥기 1:6, 요한계시록 12:10).

예컨대, 욥기 1~2장을 보면 사탄은 천상의 존재 가운데서 모습을 드러낸다. 여호와의 임재 앞에 나타난 것이다. 사탄이 천상에 등장했다는 것이 이례적인 사건은 아닌 듯 보인다. 이때 그는 "네가 어디서 왔느냐?"라는 여호와의 물음에 "땅을 두루 돌아 여기저기 다녀왔다(욥기 1:7)"고 대꾸한다. 여기서 유추할 수 있는 중요한 사실은 그가 지상과 공중에 거하는 동시에 하나님의 임재 앞에도 자유롭게 드나들 수 있다는 것이리라. 사탄이 지상과 공중에 자리를 잡았다occupation는 기록은 『에베소서』에서도 찾을 수 있다. 여기서 크리스천에게 들려주는 메시지는 이렇다.

> "마귀의 간계를 능히 대적하기 위하여 하나님의 전신 갑주를 입으라[11] 우리의 씨름은 혈과 육을 상대하는 것이 아니요 통치자들과 권세들과 이 어둠의 세상 주관자들과 하늘에 있는 악의 영들을 상대함이라[12](에베소서 6:11~12)"

크리스천이 새겨 들어야 할 가르침은 베드로전서에도 기록되어 있다.

"근신하라 깨어라 너희 대적 마귀가 우는 사자 같이 두루 다니며 삼킬 자를 찾나니[8] 너희는 믿음을 굳건하게 하여 그를 대적하라[9](베드로전서 5:8~9)"

두 구절은 종합해보면 사탄의 현주소에 대한 계시를 좀더 강세를 두어 재진술하고 있는 것이다. 지상과 공중이 그의 현주소라는 사실은 성경의 증언대로 인정해야 마땅하다. 물론 그가 지옥에 있으리라는 분위기가 거의 보편화되다시피 했지만 말이다.

사탄이 천계에서 떨어진 기사(이사야 구절)에 위 구절을 추가해서 생각해보면 사탄의 현재 사역에 대한 두 가지 측면을 알 수 있다. 먼저는 스스로 보좌를 세우려고 한 정황이 드러난 후, 하나님의 목적에 대해 혼란과 공포감을 조장하는 자로 비쳐졌으며 그 후로는 최후의 심판과 추방에 대한 분명한 메시지가 뒤를 이었다는 것이다.

사탄의 죄는 14절에서 간략히 언급된다. 그는 심중에 지극히 높은 이와 '같아질 것'이라 결의했다고 한다. 그의 마음은 자신의 아름다움에 도취되었고, 창조된 바와 같이 '지키는 그룹'이라는 직분을 받은 사탄은 하나님의 보좌를 수호한다는 숭고한 명예에도 자신이 총명하다는 생각에 지혜를 더럽히고 말았다. 그는 정작 지켜야 할 보좌에 일격을 가한 것이다. 사탄이 심중에 결단한 마음은 당시 세대가 전적으로 없애야 할 대상이었다. 지존하신 하나님은 한 분이므로 주님과 같아지겠다는 목적은 결국 전능자를 권좌에서 몰아내겠다는 심산과 다를 리 없으리라.

심중에 감춘 결의를 보면 사탄의 묘수는 난폭한 공격이 아니라—압살롬처럼—교묘한 음모로 불신하는 세력의 마음을 빼앗아 통치권을 쥔다는 것을 알 수 있다. 때문에 사탄은 숭배의 대상이 되고, 다른 존재에 쏟았던 관심을 자신에게로 유인하려들 것이다. 이를 성취하겠다면 하나님의 목적과 계획을 어떻게든 방해하겠다는 심산인 것이 분명하다. '하나님의 사람the Person of God'을 향한 사탄의 마음—시대에 따라 변하지 않는age-abiding—을 분명히 헤아리지 못한다면 그의 동기·계획과 술책을 파악할 수 없을 것이다.

지극히 높으신 분처럼 되기로 결심하던 시대에 추락하고, 향후 추방되어 심판을 받게 될 사탄의 이력에 두드러지게 부각된 두 가지 사건이 있다. 첫째는 첫 번째 아담을 만나 그를 이겼다는 것이다. 당시 사탄은 자신의 주장과 조언에 충실히 복종토록 유혹함으로써 인간에게서 권능의 홀을 빼앗았다. 여호와께서는 두 번째 아담이 등장하기 전까지 정복의 권리로서 사탄이 움켜쥐게 된 세상의 권세를 문제삼진 않으시는 듯했다. 둘째는 그리스도(두 번째 아담)가 사탄과 대면한 것으로, 이는 사탄의 이력 중에 벌어진 두 번째 '대사건great event'이었다. 이처럼 권력을 쟁취하기 위한 몸부림은 그리스도의 시대가 오지 않고는 경중이 밝히 드러나지 못할 터였다. 이따금씩 대충 훑기만 해도 둘째 아담을 이기고자 부단히 노력하는—첫 아담 때와 마찬가지로—사탄의 모습이 눈에 선할 것이다. 사탄은 광야에서 그를 만났고 첫째 아담에게서 탈취한 모든 것—천하만국마저도the kingdom of this world—을 내걸었다. '지존하신 하나님처럼 된다면, 하나님의 아들인 둘째 아담이 흔쾌히 나를 경배하고 존경한다면 얼마나 좋을까?' 싶었으리라. 그는 성급한 베드로의 목소리를 통해 그리스도가 희생을 피하도록 설득했고, 그것도 모자라 겟세마네 동산에서는 예수를 잔인하게 공격하기도 했다. 세상의 죄를 대속하기 전에 그의 생명을 앗아갈 속셈이었을 것이다.

사탄이 첫째 아담을 상대로 얼마나 완승을 거두었는지는 모르겠으나, 둘째 아담 시대에 와서는 분명 돌이킬 수 없는 최후의 심판 및 형을 선고받았다. 아담 언약the Adamic covenant 중 하나인 '뱀의 머리가 상하리라'는 말씀이 이때 성취되었다(창 3:15). 예수는 자신의 십자가를 가리켜 "이제 이 세상에 대한 심판이 이르렀으니 이 세상의 임금이 쫓겨나리라(요한복음 12:31)"고 밝혔다. 요한복음에서는 "심판에 대하여라 함은 이 세상 임금이 심판을 받았음이라"고 하셨고 사탄의 패배를 증언한 『골로새서』는 다음과 같이 기록하고 있다.

"또 범죄와 육체의 무할례로 죽었던 너희를 하나님이 그와 함께 살리시고 우리의 모든 죄를 사하시고[13] 우리를 거스르고 불리하게 하는 법조문으로 쓴 증서를 지우시고 제하여 버리사 십자가에 못 박으시고[14] 통치자들과 권세들을 무력화하여 드러내어 구경거리로 삼으시고 십자가로 그들을 이기셨느니라[15](골로새서 2:13~15)."

분명 사탄은 첫 아담을 이겨 세상의 신과 왕이 되었다손 치더라도 결국에는 십자가에 달린 둘째 아담에게 완패를 당해 심판을 받았을 것이다.

그러나 심판이 실제로 집행되기 전에 형이 공표되어 알려졌을 가능성도 높다. 이때 범죄자는 지위가 높은 권위자가 판결한 형을 선고받아 집행을 기다리고 있다고들 말한다. 형이 선고된 시기는 사탄이 금세에 나타난 때요, 금세는 십자가로 시작된 시대를 일컫는다. 형이 집행되었다면 그가 영원히 추방되었어야 마땅하지만 사탄이 십자가에서 심판을 받은 후에도 '세상의 권세를 잡은 존재'로 언급되고 있다는 점으로 미루어 사탄은 아직 추방되지 않았다는 사실을 알 수 있다.

사탄과 세상의 관계는 사울과 다윗의 역사에서 유추할 수 있을 듯싶다. 다윗의 권좌에 오른 초대 왕 다윗은 그 보좌에서 무궁한 영광을 누리실 그리스도의 전형으로 봄직하다(누가복음 1:31~33). 다윗이 왕으로 기름 부음을 받고 사울이 아주 추방되기까지, 사울은 하나님의 심판을 받은 데다 다윗에게 왕위를 빼앗겼음에도 권력을 점유하며 통치를 이어갔다. 사탄도 심판을 받은 신분으로 권력을 점유하며 통치하고 있다는 점에서 시기가 닮았다는 것이다. 그리스도가 실제로 왕좌에 오르는 것은 장래의 일인지라 사탄은 왕위를 인정받지 못한 군주로서 여전히 권세를 휘두르고 있으며 사망에 이를 때까지 그리스도(하나님이 기름 부어 세운 왕)와 연합한 자를 호시탐탐 노리고 있다.

사탄이 통치를 이어갈 수 있게 된 까닭을 두고는 단서가 아주 없진 않다. 이를테면, 그리스도의 신부인 교회는 보좌에서 그와 더불어 앉을 것이기 때문에(요한계시록 3:21, 고린도전서 6:2~3, 마태복음 19:28) 영화로운 천국인이 부활을 통해 모일 때까지 금세는 계속되어야 한다는 것이다.

또한 원수를 최후까지 모자람 없이 재판하시는 하나님의 섭리일 수도 있다. 이때가 지나면 모든 입은 발언이 중단되고 온 세상과 사탄은 자신의 불찰과 죄를 하나님 앞에서 낱낱이 알게 될 것이다. 즉, 모두가 가책을 받게 된다는 것이며 이는 실제 재판을 통해 사탄과 인간이 충분히 주장한 바를 검증해야 가능한 일이다. 사람도 죄를 지으면 형을 언도받게 될 터인데 오직 은혜로만 즉결심판을 면할 수 있을 것이다(요한복음 3:18, 로마서 5:18~19).

하나님의 목적 하에 집행일이 지연되고는 있지만 그럼에도 스스로 보좌에 앉은 존재가 처절하게 죽임을 당하고, 통치권자이신 주님이 홀로 다스릴 그날이 속히 다가오고 있다는 것은 분명한 사실이다. 기록된 바, "그가 모든 원수를 그 발 아래에 둘 때까지 반드시 왕 노릇 하시리니(고린도전서 15:25)" 함과 같다. 왕의 아들인 그리스도는 일어나 온 열국에 선포하며 "그들을 철장으로 깨뜨리고 질그릇 같이 부술 것이다(시편 2:9)."

사탄은 자신의 종말이 가까워지기 전까지 목적을 성취하겠다고 마음먹은 듯하다(마태복음 8:29를 보면 잘 나타나 있다)[1]. 스올로 추방되기 전, 하늘에서 지상으로 쫓겨난 이후 활동무대는 지상을 벗어나지 못했다고 성경은 말한다(요한계시록 12:7~12). 하나님께도 접근할 수 없는 존재가 된 것이다.

"하늘에 전쟁이 있으니 미가엘과 그의 사자들이 용과 더불어 싸울새 용과 그의 사자들도 싸우나[7] 이기지 못하여 다시 하늘에서 그들이 있을 곳을 얻지 못한지라[8] 큰 용이 내쫓기니 옛 뱀 곧 마귀라고도 하고 사탄이라고도 하며 온 천하를 꾀는 자라 그가 땅으로 내쫓기니 그의 사자들도 그와 함께 내쫓기니라[9] 내가 또 들으니 하늘에 큰 음성이 있어 이르되 이제 우리 하나님의 구원과 능력과 나라와 또 그의 그리스도의 권세가 나타났으니 우리 형제들을 참소하던 자 곧 우리 하나님 앞에서 밤낮 참소하던 자가 쫓겨났고[10] 또 우리 형제들이 어린 양의 피와 자기들이 증언하는 말씀으로써 그를 이겼으니 그들은 죽기까지 자기들의 생명을 아끼지 아니하였도다[11] 그러므로 하늘과 그 가운데에 거하는

---

1 "이에 그들이 소리 질러 이르되 하나님의 아들이여 우리가 당신과 무슨 상관이 있나이까 때가 이르기 전에 우리를 괴롭게 하려고 여기 오셨나이까 하더니(마태복음 8:29)"

자들은 즐거워하라 그러나 땅과 바다는 화 있을진저 이는 마귀가 자기의 때가 얼마 남지 않은 줄을 알므로 크게 분내어 너희에게 내려갔음이라 하더라[12](요한계시록 12:7~12)"

본문은 사탄이 하늘에서 지상으로 추방당했을 때 "자신의 때가 얼마 남지 않은 줄 알므로" 크게 분노했다고 한다. (얼마 남지 않은) 때가 다한 후 지상의 환난이 닥칠 때 사탄은 결박당해 스올에 던져질 것이다. 이는 그리스도가 영광스런 모습으로 지상에 재림하실 때 벌어질 사건으로 지상에서는 그리스도가 조상 다윗의 보좌에서 천세를 통치하실 것이다. 스올에 갇혀있던 사탄은 마지막 때에 '잠깐' 풀려나 하나님의 사람과 주님의 통치에 최후 일격을 가하고자 군대를 모을 것이요, 결국에는 불못the lake of fire으로 추방당해 오랫동안 예견되어 온 종말을 맞이할 것이다. 이러한 사건은 『요한계시록 19~20장』에 순서대로 기록되어 있다.

사탄은 모든 면에서 완벽하게 창조되어 권능이 하늘을 찌르고 아름다움과 지혜가 충만했다고 한다. 이 같은 특권을 누렸음에도 그는 지극히 높으신 이와 같아지리라는, 무시무시한 계략을 심중에 품고 있었다. 비록 지상으로 쫓겨났어도 하나님을 알현할 수 있었던 그는 인간에게서 세상의 권세를 빼앗아 세상의 신이 되어 다스렸고 십자가의 심판이 이르고 난 뒤에도 여전히 권세를 점유하며 통치권을 쥐고 있었다. 하지만 금세 말에는 천계에서 쫓겨나 지상에 내려오고 지상에서 스올로 내려갔다가 종국에는 영원한 불못으로 추방될 것이다.

이쯤에서 사탄의 이력을 훑어본 까닭은 자신의 다양한 신분과 자유에 따라 세상사에 직접적이고도 강력히 행사한 '영향력'에 주의를 기울이기 위해서였다.

사탄이 반역을 저지르자 사람 또한 하나님에게서 독립하겠다는, 비정상적이지만 거의 보편화되다시피한 마음을 품게 되었다. 이는 십자가 이후에도 지속되며 금세 말까지 혼란과 흑암을 조장할 것이다. 이러한 반란에 예외가 있다면 그것은 소수로나마 함께 하는 신도일 것이다. 하지만 이들 가운데서도 자신이 통치하는 인생에 깃든 옛 본성 the old nature은 얼마나 실감나는 성정이던가! 사탄이 천상에서 쫓겨나 활동무대가 지상에 국한될 때 그곳에서는 예수가 언급한(마태복음 24:21, 다니엘 12:1에도 기록되어 있다) 환란[2]이 벌어질 것이다. 사탄이 결박을 당해 스올에 갇히고 약속된 그리스도의 왕국이 도래할 때 화평은 물이 깊은 바다의 표면을 덮듯 지상을 덮을 것이다.

그 때에 네 민족을 호위하는 큰 군주 미가엘이 일어날 것이요 또 환난이 있으리니 이는 개국 이래로 그 때까지 없던 환난일 것이며 그 때에 네 백성 중 책에 기록된 모든 자가 구원을 받을 것이라(다니엘 12:1)

권능의 존재인 사탄이 살아있는 권력자로서, 허영이 만연한 금세에도 인간사에 직접 개입한다는 것을 어찌 의심할 수 있겠는가?

---

2 이는 그 때에 큰 환난이 있겠음이라 창세로부터 지금까지 이런 환난이 없었고 후에도 없으리라(마태복음 24:21).

Chapter 02
시대인가 세상인가?

신약성경 흠정역(혹은 킹 제임스 버전)을 보면 비교적 많진 않지만 일관성을 해치는 번역문이나 오역이 더러 있는데 이는 금세의 환경과 관계에 대한 성경의 가르침을 명쾌하게 이해하는 데 직·간접적으로 걸림돌이 되어 왔다. 개정판은 난외주를 추가해 보탬이 되긴 했지만 이 같은 혼동을 아주 해소하진 못했다. 그럴 리는 없겠지만 혹시라도 가능하다면, 혼동을 조장·악용하는 사탄이 빛으로 밝히 드러날 사실을 어찌어찌 숨겨 자신의 계략이 온 천하에 드러나지 못하도록 수를 쓴 것은 아닐까 싶기도 하다.

이를테면, '세상world'은 잘못 번역한 어구임에도 이를 계속 쓰다 보니 역문에 대한 오해가 끊이질 않았다. 번역가들이 옮긴 '세상'은 대개는 한정적인 뜻이지만 원어에 담긴 의미는 최소 네 가지나 된다. 따라서 중요한 성경 구절에 담긴 진리를 이해하려면 한 어구가 표현하는 다양한 의미를 습득하고 각 구절에 기록된 어구의 용례를 정확히 판단할 수 있는 실력을 갖추어야 할 것이다. 수많은 구절의 진의를 파악하려는 노력은 반드시 필요하며 그 덕분에 성경이 담고 있는 단순한 진리가 일반 독자의 차원을 넘을 수 있었다.

신약에서 영어로 번역된 '세상'은 대개 '시대age(몇 번은 이렇게 옮기기도 했다)'를 의미하는 뚜렷한 기간a period of time을 가리키거나, 땅이나 주민 혹은 제도 등, 창조된 대상을 일컫기도 한다. 금세this present time와 관련해서는 이 두 가지 원의를 병용했다. 우선 일정 기간을 뜻하는 '시대'를 살펴보자.

'시대'는 성경에서 자주 언급된 어구인 까닭에 각 시대의 환경과 목적을 정확히 연구한다는 것은 망상이 아니라 성경의 진의를 파악하는 데 필요한 근간이 될 것이다. 2장에서는 모든 시대를 다루기보다는 '금세(present age, 혹은 현 시대)'와 혼동할 여지가 있는 것만 살펴볼까 한다.

요한이 탄생할 무렵 사가랴의 예언으로 밝혀진 바와 같이, 율법시대는 시내산에서 율법을 받은 날을 시작으로 그리스도가 죽으실 때 종지부를 찍었다.

"이것은 주께서 예로부터(since the age began, 달리 옮기면 '시대가 시작된 이후로') 거룩한 선지자의 입으로 말씀하신 바와 같이(눅 1:70) …."

베드로도 『사도행전』에서 같은 시기를 언급했다.

"하나님이 영원 전부터(since the age began, 달리 옮기면 '시대가 시작된 이후로') 거룩한 선지자들의 입을 통하여 말씀하신 바 만물을 회복하실 때까지는 하늘이 마땅히 그를 받아 두리라(행 3:21)."

차차 밝혀지겠지만, 필자가 인용한 구절은 영어 번역본(킹 제임스 버전)이 옮긴 것과는 달리, 세상이 창조된 때가 아니라, 선지자가 말한 특정 기간의 시작점을 가리킨다.

하나님의 은혜가 구원의 날까지 나타난다는, 은혜의 현 시대(금세)는 율법시대가 종식된 시점, 즉, 그리스도의 죽음으로부터 그리스도가 재림하실 때까지 지속될 것이다. 이 시대는 은혜의 시대가 종언을 고할 때까지 지속될 성찬식—현 시대의 특출한 기독 문화—에 잘 나타나 있다. 성경은 성찬을 이렇게 기록했다.

> "너희가 이 떡을 먹으며 이 잔을 마실 때마다 주의 죽으심을 그가 오실 때까지 전하는 것이니라(고린도전서 11:26)"

특정한 기간을 일컫는 '현 시대this age'는 원어로 치면 '세상world'과 같은 어구로, 신약에서는 최소 40회나 기록되었다. 필자가 몇 구절만 찾아보았다.

> "또 누구든지 말로 인자를 거역하면 사하심을 얻되 누구든지 말로 성령을 거역하면 이 세상(시대age)과 오는 세상(시대age)에서도 사하심을 얻지 못하리라(마태복음 12:32)"

> "예수께서 감람 산 위에 앉으셨을 때에 제자들이 조용히 와서 이르되 우리에게 이르소서 어느 때에 이런 일이 있겠사오며 또 주의 임하심과 세상(시대age) 끝에는 무슨 징조가 있사오리이까?(마태복음 24:3)"

> "밭은 세상(사람men)이요 좋은 씨는 천국의 아들들이요 가라지는 악한 자의 아들들이요, 가라지를 뿌린 원수는 마귀요 추수 때는 세상(시대age) 끝이요 추수꾼은 천사들이니(마태복음 13:38~39)"

"내가 너희에게 분부한 모든 것을 가르쳐 지키게 하라 볼지어다 내가 세상(시대age) 끝날까지 너희와 항상 함께 있으리라 하시니라(마태복음 28:20)"

"주인이 이 옳지 않은 청지기가 일을 지혜 있게 하였으므로 칭찬하였으니 이 세대(시대age)의 아들들이 자기 시대에 있어서는 빛의 아들들보다 더 지혜로움이니라(누가복음 16:8)"

"그의 능력이 그리스도 안에서 역사하사 죽은 자들 가운데서 다시 살리시고 하늘에서 자기의 오른편에 앉히사, 모든 통치와 권세와 능력과 주권과 이 세상(시대age)뿐 아니라 오는 세상에 일컫는 모든 이름 위에 뛰어나게 하시고(에베소서 1:20~21)"

"신중함과 의로움과 경건함으로 이 세상(시대age)에 살고(디도서 2:12)"

앞서 인용한 문장을 비롯하여 수많은 구절에서 '현 시대'는 한정된 기간으로, 어떤 환경이나 특정 목적이 실현되는 시기를 가리키는 듯하다.

각종 기독교 문헌과 공개연설 및 기도문을 토대로 유추해 보자면, 수많은 기록에 게재된 '이 시대'는 단연 그리스도의 왕국을 가리키는 것으로 봄직하다. 물론 이를 뒷받침할만한 성경 구절은 없다.

주님의 왕국은 전 우주를 감싸고 하나님은 왕국 위 보좌에 앉아 계시며, 모든 원수는 결국 원래대로 신분이 회복되어 주께 복종하거나 영원히 추방당할 것이다. 이러한 최후의 승리는 『고린도전서』에 잘 나타나 있다.

"그 후에는 마지막이니 그가(그리스도) 모든 통치와 모든 권세와 능력을 멸하시고 나라를 아버지 하나님께 바칠 때라[24] 그가 모든 원수를 그 발아래에 둘 때까지 반드시 왕 노릇 하시리니[25](고전 15:24~25)"

정의와 평화의 왕국이 지상에 임하길 고대한다는 구절은 생각보다 훨씬 많다. 구약 선지자가 밝히기에는 부담스런 주제였지만 세례요한뿐 아니라 예수 그리스도와 그의 제자들은 이를 밝힌 바 있다. 메시지는 단순명료했다. "나라가 가까이 왔다The kingdom is at hand"는 것인데 여기서 '가까이 왔다at hand'가 중요한 대목이다. 이는—왕국이 당대에 제시된 것만은 분명한 사실이지만—가까운 미래를 암시한다기보다는, 지상 왕국은 선지자가 명백히 선포해온 '차후에 벌어질 사건the next event'이라는 점을 시사하는 것으로 봄직하다. 메시아가 유대인들에게서 철저히 외면당할 때 그리스도는 혈혈단신, 제자들의 도움 없이, 앞으로 다가올 이 비밀에 감춰진 시대mystery-age(하나님의 공회에서는 기밀이었지만 이방인의 첫 메신저였던 바울에게는 좀더 확연히 드러났다)를 전파하기 시작했다. 당시만 해도 알려지지 않았던 시대의 계시에 대해 바울은 『에베소서』에서 이렇게 기록했다.

"이러므로 그리스도 예수의 일로 너희 이방인을 위하여 갇힌 자 된 나 바울이 말하거니와[1] 너희를 위하여 내게 주신 하나님의 그 은혜의 경륜을 너희가 들었을 터이라[2] 곧 계시로 내게 비밀을 알게 하신 것은 내가 먼저 간단히 기록함과 같으니[3] 그것을 읽으면 내가 그리스도의 비밀을 깨달은 것을 너희가 알 수 있으리라[4] 이제 그의 거룩한 사도들과 선지자들에게 성령으로 나타내신 것 같이 다른 세대에서는 사람의 아들들에게 알리지 아니하셨으니[5] 이는 이방인들이 복음으로 말미암아 그리스도 예수 안에서 함께 상속자가 되고 함께 지체가 되고 함께 약속에 참여하는 자가 됨이라[6] 이 복음을 위하여 그의 능력이 역사하시는 대로 내게 주신 하나님의 은혜의 선물을 따라 내가 일꾼이 되었노라[7] 모든 성도 중에 지극히 작은 자보다 더 작은 나에게 이 은혜를 주신 것은 측량할 수 없는 그리스도의 풍성함을 이방인에게 전하게 하시고[8] 영원부터 만물을 창조하신 하나님 속에 감추어졌던 비밀의 경륜이 어떠한 것을 드러내게 하려 하심이라[9] 이는 이제 교회로 말미암아 하늘에 있는 통치자들과 권세들에게 하나님의 각종 지혜를 알게 하려 하심이니[10] 곧 영원부터 우리 주 그리스도 예수 안에서 예정하신 뜻대로 하신 것이라[11] (엡 3:1~11)"

『로마서』에서도 동일한 진리가 강조되고 있다.

"나의 복음과 예수 그리스도를 전파함은 영세world 전부터 감추어졌다가 …(로마서 16:25)"

이처럼 이방인의 새로운 시대는 예수 그리스도가 왕으로서 통치하지 않고 도리어 제물로 죽으심으로 주님이 소망의 중심이 되고, 당신 자신을 위해 이방인을 찾아 그들 중에서 한 백성을 취할 예정이었다(행 15:14)[3]. 그리고 진정한 교회인 이 백성은 반석 위에 세워질 것이며(마 16:18)[4] 영광스런 구원과 최후의 신령한 온전함final heavenly perfection은 그리스도께서 그들을 위해 완성하신 온전한 사역만으로 결정될 터였다. 그리스도는 이러한 신적인 변화Divine transformation를 통해, 이방인과 유대인을 막론하고, 열국에서 신령한 백성—그리스도의 육신이자 신령한 신부heavenly bride요, 하나님의 제사장 왕국이 되기에 자질이in

---

3 하나님이 처음으로 이방인 중에서 자기 이름을 위할 백성을 취하시려고 그들을 돌보신 것을 시므온이 말하였으니(행 15:14)

4 또 내가 네게 이르노니 너는 베드로라 내가 이 반석 위에 내 교회를 세우리니 음부의 권세가 이기지 못하리라(마 16:18)

quality 적합한——을 택하실secure 것이다.

이 모든 일은, 옛 시대past ages에는 밝혀지지 않았으나, 하나님의 공회에서는 알려진 바였고(행 15:18)[5] 유대인의 역사에서는 논외로 추가되었다. 그들의 지상 왕국은 지연되었으며 성취되거나 대체된 것은 결코 아니다.

그러므로 하나님께서 당신의 백성인 유대 민족은 버리시고, 이방인을 합당한 후계 족속이자 성취되지 않은 복을 받을 백성으로 간주하는, 보편적인 시각은 진리를 바르게 구분하지 못했다는 방증이다. 이 시대와 오는 시대를 구분하지 못한 데서 비롯된 오해랄까.

아브라함에게는 둘로 구분되는 계열의 후손을 약속했다. 첫째는 지상의 후손이다. 이는 땅의 티끌처럼 셀 수 없으며(창세기 13:16)[6] 육체적 세대라는 관계를 통해 전적으로 땅에 중심을 둔 후손을 지칭한다. 또 다른 후손은 수효가 무궁무진한, 하늘의 별로 비유된다(창세기 15:5)[7]. 즉, 영적인 부흥Spirit regeneration이라는 관계를 통해 전적으로 하늘에 중심을 둔 후손을 가리키며, 이는 진정한 아브라함의 믿음에 대한 하나님의 응답이기도 하다(로마서 4:1~5)[8]. 땅의 민족은 그들의 기

---

5 즉 예로부터 이것을 알게 하시는 주의 말씀이라 함과 같으니라(사도행전 15:18)

6 내가 네 자손이 땅의 티끌 같게 하리니 사람이 땅의 티끌을 능히 셀 수 있을진대 네 자손도 세리라(창 13:16)

7 그를 이끌고 밖으로 나가 이르시되 하늘을 우러러 뭇별을 셀 수 있나 보라 또 그에게 이르시되 네 자손이 이와 같으리라(창 15:5)

8 그런즉 육신으로 우리 조상인 아브라함이 무엇을 얻었다 하리요[1] 만일 아브라함이 행위로써 의롭다 하심을 받았으면 자랑할 것이 있으려니와 하나님 앞에서는 없느니라[2] 성경이 무엇을 말하느냐 아브라함이 하나님을 믿으매 그것이 그에게 의로 여겨진 바 되었느니라[3] 일하는 자에게는 그 삯이 은혜로 여겨지지 아니하고 보수로 여겨지거니와[4] 일을 아니할지라도 경건하지 아니한 자를 의롭다 하시는 이를 믿는 자에게는 그의 믿음을 의로 여기시나니[5](롬 4:1~5)

원을 육신적인 조상인 아브라함에게서 찾는 반면, 하늘의 민족은 자신의 기원을 그리스도의 보혈에서 찾을 것이다. 육신의 자손은 아브라함으로부터 디아스포라로 귀결된 땅의 역사—훗날 재개될 역사이자 신실한 하나님 안에서 성취될 영원한 언약을 가리킨다—인 반면, 하늘의 자손은 십자가를 필두로 그들이 완성—결국에는 신랑을 만나 혼인하며 주님과 영원히 동거할 것이다(데살로니가전서 4:13~17)[9]—되기까지 지상에서 잠시 순례 중인 것이다.

육신의 후손에게 그리스도는 곧 오실 영광의 메시아로, 지상의 왕국에서 조상인 다윗의 보좌에 앉으실 것이요(누가복음 1:31~33)(그렇지 않다면 성경의 모든 말씀은 거짓이 될 것이다)[10], 하늘의 후손에게는 영광스러운, 육신의 머리이자 곧 오실 신랑이라는 것이다. 두 계열의 후손 중 하나는 지상의 왕국에서 사랑 받는 백성인 반면, 다른 후손은 신부의 자격으로 주님의 품 안에서 그가 다스릴 때 함께 어울릴 것이다.(고린도전서 6:2, 요한계시록 3:21)[11]

---

9 형제들아 자는 자들에 관하여는 너희가 알지 못함을 우리가 원하지 아니하노니 이는 소망 없는 다른 이와 같이 슬퍼하지 않게 하려 함이라[13] 우리가 예수께서 죽으셨다가 다시 살아나심을 믿을진대 이와 같이 예수 안에서 자는 자들도 하나님이 그와 함께 데리고 오시리라[14] 우리가 주의 말씀으로 너희에게 이것을 말하노니 주께서 강림하실 때까지 우리 살아 남아 있는 자도 자는 자보다 결코 앞서지 못하리라[15] 주께서 호령과 천사장의 소리와 하나님의 나팔 소리로 친히 하늘로부터 강림하시리니 그리스도 안에서 죽은 자들이 먼저 일어나고[16] 그 후에 우리 살아남은 자들도 그들과 함께 구름 속으로 끌어 올려 공중에서 주를 영접하게 하시리니 그리하여 우리가 항상 주와 함께 있으리라[17](살전 4:13~17)

10 보라 네가 잉태하여 아들을 낳으리니 그 이름을 예수라 하라[31] 그가 큰 자가 되고 지극히 높으신 이의 아들이라 일컬어질 것이요 주 하나님께서 그 조상 다윗의 왕위를 그에게 주시리니[32] 영원히 야곱의 집을 왕으로 다스리실 것이며 그 나라가 무궁하리라[33](눅 1:31~33)

11 성도가 세상을 판단할 것을 너희가 알지 못하느냐 세상도 너희에게 판단을 받겠거든 지극히 작은 일 판단하기를 감당하지 못하겠느냐(고전 6:2) 이기는 그에게는 내가 내 보좌에 함께 앉게 하여 주기를 내가 이기고 아버지 보좌에 함께 앉은 것과 같이 하리라(계 3:21)

성경 어느 구절을 읽든, 두 계열의 후손은 뚜렷이 대비되므로 이 둘의 목적이 성취되는 시대가 최소 둘은 존재해야 마땅할 것이다. 그렇다면 각 시대는 언제를 가리킬까?

메시아를 왕으로 추대한 지상 왕국이 유대인에게 약속되었다는 것을 믿는다면, 유대인이 지금은 그 왕국을 누리지 못하고 있다는 점과, 이방 민족 가운데 흩어진 이후, 수백 년간 왕국으로 봄직한 그 어떤 것도 갖추지 못했다는 점 또한 인정해야 할 것이다. 따라서 이 시대는 예견된 그리스도의 지상 왕국으로 볼 수는 없다. 『사도행전 15:13~18』을 보면 현 시대와 다가올 시대를 서술하고 있다. 해당 구절은 아래와 같다.

"말을 마치매 야고보가 대답하여 이르되 형제들아 내 말을 들으라[13] 하나님이 처음으로 이방인 중에서 자기 이름을 위할 백성을 취하시려고 그들을 돌보신 것을 시므온이 말하였으니[14] 선지자들의 말씀이 이와 일치하도다 기록된 바[15] 이 후에 내가 돌아와서 다윗의 무너진 장막을 다시 지으며 또 그 허물어진 것을 다시 지어 일으키리니[16] 이는 그 남은 사람들과 내 이름으로 일컬음을 받는 모든 이방인들로 주를 찾게 하려 함이라 하셨으니[17] 즉 예로부터 이것을 알게 하시는 주의 말씀이라 함과 같으니라[18](행 15:13~18)"

성경에 따르면, 예수는 부활 이후 그가 택한 사도들에게 40일 동안 나타났고, 이때 그는 '왕국'에 대한 이야기를 들려주었다고 한다. 그러므로 그들이 말세의 때를 묻는 것은 당연한 일이었으리라.

"주여, 주께서 이스라엘 나라를 회복하심이 이 때니이까 하니
(사도행전 1:6)"

아울러 그들은 선지자를 통해 메시아가 오신다는 '빅 이벤트'를 예견할 수 있었던 근거도 충분했을 것이다. 그러나 사도들은 신부에게서 떨어져 나온 무리의 시대가 밝아오고 있다는 의미를 간파하진 못했다. 본문을 보면 그들은 새로 드러난 하나님의 계획에 적용하며 예견된 지상 왕국이 하나님의 섭리로 지연되었다는 점을 인지한 듯보인다.

앞서 인용한 『사도행전』 15장은 극명하게 대비되는 두 시대의 목적과 순서를 언급했다. 첫 시대는 '이방인을 찾는다visiting of the Gentiles'는 대목. 즉, 하늘의 백성이 이방인들 가운데서 부르심을 받는다는 것이다. 이는 금세를 가리키는 구절로, 금세의 시작은 이 구절이 쓰인 당대가 될 것이다. 이전에는 이러한 조건을 충족시킨 세대가 없기 때문이다. 그리고 두 번째 세대는 다윗의 질서를 재건하는 시대인 즉, 그리스도의 재림으로 첫 세대와는 극명히 구분될 것이다. 성경에서 이를 언급한 구절은 어느 대목을 읽더라도 동일한 순서를 따르고 있다. 순서에 대한 혼동은 곧 진리에 대한 폭거로 봄직하다.

성경에서 드러난 이방인 시대는 항상 그리스도의 재림으로 성취된다. 그는 자신의 백성을 영접한 후 모든 나라를 심판하고 원수를 결박해 스올에 가두실 것이다. 그리스도의 재림은 의와 화평의 왕국이 이 땅에 실현되기 전에 선행될 예비 과정인 셈이다. 왕 없이, 계몽된 정서enlightened sentiment만으로는 왕국을 세울 수 없으며, 원수가 축출·추방되지 않는 한 보편적인 행복은 누릴 수 없을 것이다. 그러나 세인은 완벽한 세상에서 허탄한 꿈과 사악한 행태를 일삼느라 하나님의 두 사역을 담아내지 못했다!

이 세대의 목적은 주님의 이름을 대표할 백성을 부르기 위해 이방인을 찾는다는 데서 분명히 드러난다. 부르심을 받은 백성은 진정한 교회—오순절 사건(성령이 강림하여 그들을 하나의 몸으로 연합하고 그들 안에 거하게 된) 이후 구원받은 모든 백성으로 이루어진 모임—가 될 것이다 (교회가 의미하는 바와 같이). 그들은 신랑이자 교회의 머리가 되신 그리스도 안에서 부흥regenerate · 완성된complete 하늘의 사람을 일컫는다.

이 세대가 그리스도의 왕국으로 간주된다면 대개는 진행 중인 상태라 생각할 것이다. 이는 세상에 죄와 허물failure이 존재한다는 점에서 불가피한 결론이다. 물론 지상의 왕국을 건설하는 것이 과정의 결과로 서술된 적은 여태 없었지만, 그렇다고 성경이 이 문제를 간과한 것은 아니었다.

예컨대, 『다니엘 2:34~35』에 기록된 심상(이미지image)은 이방 세계의 권력이 시작된다는 암시로 보인다(누가복음 21:24에는 여전히 계속되고 있다고 한다). 이 심상은 세상의 통치와 참담한 최후의 종말이 진행되고 있음을 보여주기 위해 기록되었다. 본문의 심상을 보면 통치권은 이미지의 형상이 완성되기까지 한 세상으로부터 또 다른 세상에 이양된 것으로 보인다. 이때 "손대지 아니한 채로 떼인cut out without hands" 돌이 형상을 부서뜨리며 종말이 속히 앞당겨졌다는 것이다. 또한 '돌'은 '손을 대지 않은 채로 떼인' 초인적인 힘을 상징하는가 하면, 그리스도가 불가항력적인 군주로 지상에 오실 때는 태곳적 그리스도의 형상이 되어 모든 통치자와 권세자를 추방시킨다는 해석도 귀감이 된다. 해당 본문은 다음과 같다.

"또 왕이 보신즉 손대지 아니한 돌이 나와서 신상의 쇠와 진흙의 발을 쳐서 부서뜨리매34 그 때에 쇠와 진흙과 놋과 은과 금이 다 부서져 여름 타작마당의 겨 같이 되어 바람에 불려 간 곳이 없었고 우상을 친 돌은 태산을 이루어 온 세계에 가득하였나이다[35](단 2:34~35)"

본문이 이방인 시대의 범위와 종국을 신적으로 해석한 계시라면 돌
(그리스도)이 막강한 괴력으로 신상image을 일격에 부서뜨렸다는 점과,
당시는 신상이 완성된 때였다는 대목은 눈여겨볼 필요가 있다. 돌이
최근 완성된 신상의 지체를 부수자 거대한 신상은 즉시 무너지며 "여
름 타작마당의 겨 같이" 바람에 날아갔다고 계시는 말한다. 이처럼,
이방인의 통치는 홀연히 붕괴해 자취를 감출 거라는 이야기다.

아울러 본문에 기록된 상징에서 돌은 거대한 신상이 티끌이 되어
산산이 흩어진 후에 '태산을 이루어 온 세계에 가득하였다' 구절도
주목해 봄직하다. 즉, 지상의 왕국이 아주 붕괴하기 전에는 그리스
도의 왕국이 완성될 리 없다는 점을 분명히 밝히고 있기 때문이다. 계
시를 보면 순서가 이와 같다는 점을 알 수 있다. 왕이 하늘 이쪽에서
저쪽으로 내리치는 번갯불처럼 재림하시고 사탄이 결박을 당해 투옥
되면 한 나라가 즉시 태동한다는 것이다. 『시편 2편』은 그리스도의
통치—"나의 왕을 내 거룩한 산 시온에 세운" 때—와 "철장으로 그
들을 깨뜨림이여 질그릇 같이 부수리라" 온 열국에 공포하는 시기를
연결한다. 『마태복음 25:31, 34』에는 "인자가 자기 영광의 보좌에
앉을 때" "아버지께 복 받을 자들"은 창세로부터 그들을 위해 예배
된 나라를 상속받으라(25:34)는 주문이 기록되어 있고, 『요한계시록
12:7~12』[12]에서는 사탄이 지상으로 쫓겨나 형 집행이 개시되면 하늘

---

12 하늘에 전쟁이 있으니 미가엘과 그의 사자들이 용과 더불어 싸울새 용과 그의 사자들도
싸우나[7] 이기지 못하여 다시 하늘에서 그들이 있을 곳을 얻지 못한지라[8] 큰 용이 내쫓기니
옛 뱀 곧 마귀라고도 하고 사탄이라고도 하며 온 천하를 꾀는 자라 그가 땅으로 내쫓기
니 그의 사자들도 그와 함께 내쫓기니라[9] 내가 또 들으니 하늘에 큰 음성이 있어 이르되 이
제 우리 하나님의 구원과 능력과 나라와 또 그의 그리스도의 권세가 나타났으니 우리 형제
들을 참소하던 자 곧 우리 하나님 앞에서 밤낮 참소하던 자가 쫓겨났고[10] 또 우리 형제들

에서 큰 소리가 이를 알린다고 한다. "이제 우리 하나님의 구원과 능력과 나라와 또 그의 그리스도의 권세가 나타났노라." 이 기사가 점진적인 과정이라는 증거는 어디에도 없다. 즉, 모든 일은 홀연히 속결로 이루어진다는 것이다.

재차 말하지만, 이 세대는 다가올 지상 왕국을 의미하는 것은 아니다. 지상 왕국을 두고는 약속된 조건이 어디에서도 찾을 수가 없기 때문이다. 구약의 계시는 영광의 때를 구체적이고도 장황하게 기록하고 있다. 이를테면, 하나님의 옛 백성은 택함 받은 민족으로서, 자신의 땅을 회복하고 원수는 추방을 당할 것이며 땅은 정화되고 꽃은 장미처럼 만발할 거라고 한다.

"그 때에 이리가 어린 양과 함께 살며 표범이 어린 염소와 함께 누우며 송아지와 어린 사자와 살진 짐승이 함께 있어 어린 아이에게 끌리며[6] 암소와 곰이 함께 먹으며 그것들의 새끼가 함께 엎드리며 사자가 소처럼 풀을 먹을 것이며[7] 젖 먹는 아이가 독사의 구멍에서 장난하며 젖 뗀 어린 아이가 독사의 굴에 손을 넣을 것이라[8] 내 거룩한 산 모든 곳에서 해 됨도 없고 상함도 없을 것이니 이는 물이 바다를 덮음 같이 여호와를 아는 지식이 세상에 충만할 것임이니라[9](사 11:6~9)"

"그 날에는 내가 그들을 위하여 들짐승과 공중의 새와 땅의 곤충과 더불어 언약을 맺으며 또 이 땅에서 활과 칼을 꺾어 전쟁을 없이하고 그들로 평안히 눕게 하리라(호 2:18)"

이 어린 양의 피와 자기들이 증언하는 말씀으로써 그를 이겼으니 그들은 죽기까지 자기들의 생명을 아끼지 아니하였도다[11] 그러므로 하늘과 그 가운데에 거하는 자들은 즐거워하라 그러나 땅과 바다는 화 있을진저 이는 마귀가 자기의 때가 얼마 남지 않은 줄을 알므로 크게 분내어 너희에게 내려갔음이라 하더라[12](계 12:7~12)

"그 날에 산들이 단 포도주를 떨어뜨릴 것이며 작은 산들이 젖을 흘릴 것이며 유다 모든 시내가 물을 흘릴 것이며 여호와의 성전에서 샘이 흘러 나와서 싯딤 골짜기에 대리라(요엘 3:18)"

"여호와의 말씀에 시온의 딸아 노래하고 기뻐하라 이는 내가 와서 네 가운데에 머물 것임이라[10] 그 날에 많은 나라가 여호와께 속하여 내 백성이 될 것이요 나는 네 가운데에 머물리라 네가 만군의 여호와께서 나를 네게 보내신 줄 알리라[11](스가랴 2:10~11)"

"만군의 여호와가 이와 같이 말하노라 그 날에는 말이 다른 이방 백성 열 명이 유다 사람 하나의 옷자락을 잡을 것이라 곧 잡고 말하기를 하나님이 너희와 함께 하심을 들었나니 우리가 너희와 함께 가려 하노라 하리라 하시니라(스가랴 8:23)"

"보라 내가 새 하늘과 새 땅을 창조하나니 이전 것은 기억되거나 마음에 생각나지 아니할 것이라[17] 너희는 내가 창조하는 것으로 말미암아 영원히 기뻐하며 즐거워할지니라 보라 내가 예루살렘을 즐거운 성으로 창조하며 그 백성을 기쁨으로 삼고[18] 내가 예루살렘을 즐거워하며 나의 백성을 기뻐하리니 우는 소리와 부르짖는 소리가 그 가운데에서 다시는 들리지 아니할 것이며[19] 거기는 날 수가 많지 못하여 죽는 어린이와 수한이 차지 못한 노인이 다시는 없을 것이라 곧 백 세에 죽는 자를 젊은이라 하겠고 백 세가 못되어 죽는 자는 저주 받은 자이리라[20] 그들이 가옥을 건축하고 그 안에 살겠고 포도나무를 심고 열매를 먹을 것이며[21](사 65:17~21)"

"그 때에 맹인의 눈이 밝을 것이며 못 듣는 사람의 귀가 열릴 것이며[5] 그 때에 저는 자는 사슴 같이 뛸 것이며 말 못하는 자의 혀는 노래하리니 이는 광야에서 물이 솟겠고 사막에서 시내가 흐를 것임이라[6](사 35:5~6)"

"그러나 그 날 후에 내가 이스라엘 집과 맺을 언약은 이러하니 곧 내가 나의 법을 그들의 속에 두며 그들의 마음에 기록하여 나는 그들의 하나님이 되고 그들은 내 백성이 될 것이라 여호와의 말씀이니라[33] 그들이 다시는 각기 이웃과 형제를 가리켜 이르기를 너는 여호와를 알라 하지 아니하리니 이는 작은 자로부터 큰 자까지 다 나를 알기 때문이라 내가 그들의 악행을 사하고 다시는 그 죄를 기억하지 아니하리라 여호와의 말씀이니라[34](렘 31: 33~34)"

"이는 한 아기가 우리에게 났고 한 아들을 우리에게 주신 바 되었는데 그의 어깨에는 정사를 메었고 그의 이름은 기묘자라, 모사라, 전능하신 하나님이라, 영존하시는 아버지라, 평강의 왕이라 할 것임이라[6] 그 정사와 평강의 더함이 무궁하며 또 다윗의 왕좌와 그의 나라에 군림하여 그 나라를 굳게 세우고 지금 이후로 영원히 정의와 공의로 그것을 보존하실 것이라 만군의 여호와의 열심이 이를 이루시리라[7](사 9:6~7)"

"그가 큰 자가 되고 지극히 높으신 이의 아들이라 일컬어질 것이요 주 하나님께서 그 조상 다윗의 왕위를 그에게 주시리니[32] 영원히 야곱의 집을 왕으로 다스리실 것이며 그 나라가 무궁하리라[33](눅 1:32~33)"

"여호와께서 열방을 향하여 기치를 세우시고 이스라엘의 쫓긴 자들을 모으시며 땅 사방에서 유다의 흩어진 자들을 모으시리니(사 11:12)"

"그가 많은 민족들 사이의 일을 심판하시며 먼 곳 강한 이방 사람을 판결하시리니 무리가 그 칼을 쳐서 보습을 만들고 창을 쳐서 낫을 만들 것이며 이 나라와 저 나라가 다시는 칼을 들고 서로 치지 아니하며 다시는 전쟁을 연습하지 아니하고[3] 각 사람이 자기 포도나무 아래와 자기 무화과나무 아래에 앉을 것이라 그들을 두렵게 할 자가 없으리니 이는 만군의 여호와의 입이 이같이 말씀하셨음이라[4](미 4:3~4)"

축복은 그리스도가 보좌에 앉으실 각 사람의 마음에 충만하나, 이방인의 시대에서는 영광스럽게 변화된 지상의 자취를 발견할 수는 없을 것이다.

Chapter 03
금세의 흐름

우선 진리의 말씀을 옳게 분별하는 것과 이를 비판하는 태도를 구분해야 한다. 『디모데후서 2:15』[13]에 따르면, '말씀을 옳게 분별한다'는 것은 신앙인의 삶에서 중요한 의무인 반면, 후자는 사악한 마음과 속임수로 세상의 지혜와 불신앙을 드러내는 것이리라(고린도전서 1:19)[14].

하나님의 말씀에 대한 관심이란 이를 '분별한다'는 것을 이해하는 데서 출발한다. 애당초 하나님의 목적을 모르는 사람은 분별로 구별되는 주님의 섭리를 이해할 준비가 아직 안 된 것이나 진배없다. 앞서 밝혔듯이, 이는 금세를 분명히 이해하려면 반드시 필요한 대목이다.

---

13 "너는 진리의 말씀을 옳게 분별하며 부끄러울 것이 없는 일꾼으로 인정된 자로 자신을 하나님 앞에 드리기를 힘쓰라(디모데후서 2:15)"

14 "기록된 바 내가 지혜 있는 자들의 지혜를 멸하고 총명한 자들의 총명을 폐하리라 하였으니(고린도전서 1:19)"

성경 전체의 위력과 권세는 실현되지 않은 계시에 대한 믿음이 크게 좌우할 터인데, 그러한 믿음은 크리스천 사이에서도 보편적인 것은 아니다. 그들은 그리스도가 육신을 입고 고난을 당하다 죽었으며 다시 살아나셨다고 믿는다. 이 모든 기사가 역사적인 사건이 되어버렸기 때문이다. 따라서 이 사건이 선지자의 예언이 성취된 결과라는 사실에 믿음이 크게 동요될 리는 없을 것이다. 그리스도가 처음 출현할 당시 예언이 성취되었다는 것을 깨닫지 못했다는 이유로 독실한 유대인을 비난하려는 자들은 경거망동을 삼가야 한다. 그들 또한 금세의 징조를 옳게 분별하지 못하고 오늘날 임박한 기사를 믿지 못할 수도 있으니 말이다. 금세에 예언된 바는 온전히 성취되겠지만 이를 믿는다는 것은 쓰라린 믿음의 시험이 될 듯하다. 이처럼 만연된 불신은 대개 두 가지 오류 중 하나에서 비롯된 것이다. 첫째는 사탄이라면 으레 선하거나 도덕적인 행위를 도모할 리 없다는 선입견이 발동한다는 것과(다음 장에서 좀더 자세히 다룰 것이다) 둘째는 금세의 정확한 의미와 목적을 불신하거나 오해한 탓에 수많은 '열성enthusiastic' 크리스천들이 비성경적인 데다 아무런 소망도 없는 목적에 안간힘을 쓰며 오늘날 팽배해진 혼란과 흑암을 일으키는 데 일조하고 있다는 것이다.

　금세의 목적과 과정이 계시만의 문제는 아니다. 물론 2000년의 역사도 이 계시에 비추어 의미를 찾아야 마땅할 것이다. 금세는 아직 완성되지 않은 터라 마지막 날에 예비된 수많은 일이 여전히 미래시제로 남아있지만 계시가 온전히 성취된다는 점을 암시할 만큼 이미 성취된 예언도 상당히 많다.

　은총이 가득한 곳에 사는 사람도 진정한 개종은 성립하지 않았기 때문에 다수로부터 소수를 구별해 불러내셨다는 것은 명백한 사실이다. 성경에서 이미 확증된 바와 같이, 하나님의 목적은 이방인 중에서

한 백성을 모으는 것이었다. 즉, 하나님은 축복은 전 세계의 선교사역에 내려진 것이지, 무익한 개종에 내려진 것은 아니었다. 자기중심적인 개인과 교회가 그리스도의 권세와 축복(전부는 아니더라도)—마태복음 28:20[15]에 약속된—을 희생시켰기 때문이다.

왕국이 조성되는 과정이 금세에는 아직 뚜렷이 감지되진 않았다. 유일하게 지상 왕국의 약속을 받은 유대인들은 하나님의 보이지 않는 손 아래서 구별된 민족이었다. 나라도 없었고 이렇다 할 민족적인 삶의 자취도 없었지만 말이다. 유대인 왕국의 설립과 아울러 성취되리라 예언된 불가피한necessary 사건은 고사하고 약속받은 축복의 자취는 찾을 수 없다. 일부 유대인들이 조직을 결성하며 저들의 본토를 바라보고 있다는 사실은 금세의 종말이 얼마 남지 않았다는 것과, 곧 오실 메시아와 민족의 영광을 위한 길이 예비되고 있다는 것을 말해주고 있을 따름이다. 그렇다면 지구의 경이로운 발전이 금세라는 현 역사의 마지막 80분의 1 정도에 국한돼 있었다는, 괄목할만한 사실은 이 땅이 이미 과거의 영광으로 회귀할 준비 과정에 있다는 방증이리라.

결국 금세의 과정을 둘러싼 믿음은 역사뿐 아니라 성경의 계시에 근거를 둔 것이다.

금세는 대립된 백성이 얽히고설킨 탓에 여느 시대와는 다르다. 이를테면, 뚜렷이 구분되는 두 부류가(유대 민족은 제외) 생활과 행동은 같이하고 있다손 치더라도 서로의 관계는 헤아릴 수 없을 만큼 동떨어진 탓에 금세에는 이들을 구분할 때 신중을 기해야 한다.

---

15 "너희는 가서 모든 민족을 제자로 삼아 아버지와 아들과 성령의 이름으로 세례를 베풀고 내가 너희에게 분부한 모든 것을 가르쳐 지키게 하라 볼지어다 내가 세상 끝날까지 너희와 항상 함께 있으리라 하시니라(마 28:19~20)"

크게 다른 두 백성이 공존하며 금세 말까지 계속 이어진다는 사실은 『마태복음』 13장에 기록된 일곱 가지 비유의 교훈이기도 하다. 이 비유를 바르게 해석한다면 수많은 개념이 달라질 것이다. 비유의 의미는 '세상world("금세this period of time"를 가리킨다)'의 쓰임새 탓에 어느 정도 감춰져 왔는데, 본문에 묘사된 배경이 금세만을 뜻한다는 사실은 아는 사람이 그리 많진 않을 것이다.

일곱 가지 비유는 금세 전반에 걸쳐 복잡다단한 구성원의 전개·발전 과정이 기독교 안에서 발견된다는 것을 보여준다. 이 같은 과정은 그리스도가 아시아의 일곱 교회에 보낸 메시지에서(요한계시록 2~3장) 다시 선포하기도 했다. 조직을 갖춘 기성교회에 보낸 편지는 일곱으로, 이 메시지 또한 금세를 통틀어 기독교의 역사를 개괄적으로 보여주고 있으며 『마태복음 13장』의 비유와 『요한계시록 2~3』장에 기록된 편지는 순서와 내용이 완벽하게 일치한다. 아울러 그리스도가 몸소 풀이한 첫 두 비유는 나머지 비유에 대한 실마리가 될 것이다.

그리스도는 첫 번째와 두 번째 비유에서 씨를 뿌리는 자요, 파종은 그리스도가 파송한 메신저에 의해 금세 전반에 걸쳐 계속 이어질 것이다. 밭은 사람의 세상the world으로, 당시 막을 내리고 있던 유대인의 시대가 감당해온 책임으로부터 현저한 변화를 보여주고 있다. 파종의 결과는 이미 확정된 상태다. 씨는 다 충실하더라도 모두 열매를 맺은 것은 아니었으며 밀과 가라지는 말세 때까지 함께 자란다는 것이다. 이 같은 풀이는 그리스도가 직접 언급한 것이므로 허구로 볼 순 없다. 그러니 이어지는 비유도 이와 일치할 것이다. 세 번째와 네 번째는 겨자씨와 가루 서 말에 대한 비유다. 대개는 전 세계로 뻗어가는 교회와 복음의 영향력을 뜻한다고들 알고 있지만 앞선 비유를 감안하여 해석한다면 처음에는 겨자씨처럼 작고, 가루처럼 순수한 것과 악이 서로 얽힌다는 풀이도 가능하다. 아울러 다섯 번째는 밭에 감춘 보화를 둘러싼 비유로 세상the world에 사는 속인the earthly people을 그려내고 있는 한편, 그들과 그리스도의 관계는 여섯 번째 비유에서 드러난 것이 성취될 때까지는 감춰져 있을 것이다. 본문에 등장하는 사람(주 예수 그리스도)은 교회를 사기 위해 자신이 가진 것을 다 팔았다고 한다. 그가 "교회를 사랑했고 이를 위해 자신을 주었기" 때문이다(에베소서 5:25)[16]. 진주는 빛을 반사하는 기능과 아름다운 외관으로써, 영광이 깃들 장래의 처소이자 작금의 모습을 띤 위대한 교회의 한 형태인 셈이다. 보화와 진주는 세상에서 발견될 뿐, 온 세상을 담아내진 않는다. 결국 마지막 비유는 선과 악이 혼재된 상태가 금세 말까지 계속된다는 진리를 재차 기술하고 있다.

위대한 선교사인 바울의 원대한 포부는 모든 사람에게 무엇이든 되어 다가 아닌 일부라도 구원하려는 데 있었다. 그는 자신의 전도가 "생명에서 생명에 이르는 것"뿐 아니라 "사망에서 사망에 이르는" 냄새savor(고린도후서 2:15~16)[17]라는 것을 깨달아, "악한 사람들과 속이는 자들은 더욱 악하여져서 속이기도 하고 속기도 한다(디모데후서 3:13)"고 분명히 밝혔다. 예수 그리스도도 금세의 종말은 홍수라는 심판을 촉발시킨 형국과 같을 것이라 예언했다.

"노아의 때와 같이 인자의 임함도 그러하리라[37] 홍수 전에 노아가 방주에 들어가던 날까지 사람들이 먹고 마시고 장가 들고 시집가고 있으면

---

16 "남편들아 아내 사랑하기를 그리스도께서 교회를 사랑하시고 그 교회를 위하여 자신을 주심 같이 하라(에베소서 5:25)"

17 "우리는 구원받는 자들에게나 망하는 자들에게나 하나님 앞에서 그리스도의 향기니[15] 이 사람에게는 사망으로부터 사망에 이르는 냄새요 저 사람에게는 생명으로부터 생명에 이르는 냄새라 누가 이 일을 감당하리요[16](고린도후서 2:15~16)"

서[38] 홍수가 나서 그들을 다 멸하기까지 깨닫지 못하였으니 인자의 임함도 이와 같으리라[39](마태복음 24:37~39)"

이러한 진리는 염세주의이자, 세상의 흐름을 믿지 못하는 행태로 치부되곤 했다. 하지만 이 세대의 역사가 이 가르침을 확증하지 않았던가? 세상이 알고 있던 인간의 진보보다는, 무소불위의 권세와 영광을 입고 약속대로 재림하실 때 영광이 점점 더 가까이 다가오고 좀더 명확해지지 않겠는가? 재림은 모든 언약을 성취하려는 하나님의 계획이 장엄하게 진전되는 것이요, 인간의 진보는 하나님의 증언을 외면하고 경시하는, 세상의 허탄한 몽상일 뿐이다.

금세의 세상에는 두 부류가 존재하므로 이를 기록한 성경에도 둘은 매우 뚜렷이 구분되어 있다. 이를테면, 성경의 한 부류는 '밀wheat' 곧 하늘의 사람에, 또 다른 부류는 '가라지tares'인 '악인의 자손'에 적용된다는 것이다. 신도와 그리스도·하늘의 사람의 관계를 비롯하여, 금세와의 동화에서 벗어난 신분(설령 금세에 속하더라도)은 차후에 다루고 이 장에서는 구원받지 못한 악인과 세상 및 사탄의 관계를 계속 이어갈 참이다.

사탄은 불신이 가득한 세상으로부터 자신뿐 아니라 자신의 계략을 모두 숨기고 싶어 하기 때문에 하나님께서 신실하게 밝히신 바는 주님의 말씀을 전적으로 확신하는 사람만이 들을 수 있을 것이다.

성경에 따르면, 불신자와 사탄의 관계는 단순히 쾌락을 탐하는 신의보다 훨씬 더 중요하다고 한다. 예컨대, 예수는 구원받지 못한 자를 가리켜 "사탄의 자녀(마귀의 자식)"라 했고(마태복음 13:38. 요한복음 8:44), 바울 또한 마술사인 엘루마를 그렇게 불렀다고 『사도행전』은 기록했다(행 13:10). 이와 같은 부류로 "불순종의 아들(에베소서 2:2, 골로새서 3:6)"이 두 번, "진노의 자녀(에베소서 2:3)"가 한 번 기록되기도 했다.

위의 인용문은 같은 부류의 사람을 지칭하는 것이 분명하다. 『에베소서』에서는 두 용어가 동시에 등장한다. "누구든지 헛된 말로 너희를 속이지 못하게 하라 이로 말미암아 하나님의 진노가 불순종의 아들들에게 임하나니(에베소서 5:6)." 진노의 궁극적인 원인은 로마서에서 찾을 수 있다. "하나님의 진노가 불의로 진리를 막는 사람들의 모든 경건하지 않음과 불의에 대하여 하늘로부터 나타나나니(로마서 1:18)." '막는다hinder'는 『데살로니가후서』에 기록된 어구와 동일하다. 본문은 성령이 금세에 활동하는 불법을 막는다고 밝혔다. 따라서 세상은 하나님의 증언을 일부러 무시하고 경멸하여 사탄과 한통속이 되었고 하나님의 진노를 받고 말았다. 은혜가 허락되지 않는다면 주님의 진노는 정해진 때에 의의 심판을 집행할 것이다.

재차 말하지만, 사탄은 불순종의 자녀를 지휘하고 권세를 주는 주체로 밝혀졌다. "그는 허물과 죄로 죽었던 너희를 살리셨도다[1] 그 때에 너희는 그 가운데서 행하여 이 세상 풍조를 따르고 공중의 권세 잡은 자를 따랐으니 곧 지금 불순종의 아들들 가운데서 역사하는 영이라[2](에베소서 2:1~2)." 본문에 등장하는 실제 세력은 '역사한다worketh'는 어구의 의미에 따라 달라질 것이다. 이와 같은 어휘를 쓴 『빌립보서』는 하나님이 당신의 지혜와 권능을 신도에게 부여한다고 밝혔다.

"너희 안에서 행하시는worketh 이는 하나님이시니 자기의 기쁘신 뜻을 위하여 너희에게 소원을 두고 행하게do 하시나니(빌립보서 2:13)"

어원이 같은 어구를 쓴 다음 문장을 보면 이러한 관계의 실체를 푸는 실마리가 될 듯하다.

"또 사역은 여러 가지나 모든 것을 모든 사람 가운데서 이루시는 worketh 하나님은 같으니(고린도전서 12:6)"

"이 모든 일은(선물gifts은) 같은 한 성령이 행하사worketh 그의 뜻대로 각 사람에게 나누어 주시는 것이니라(고린도전서 12:11)"

"그의 힘의 위력으로 역사하심을 따라 믿는 우리에게 베푸신 능력의 지극히 크심이 어떠한 것을 너희로 알게 하시기를 구하노라19 그의 능력이 그리스도 안에서 역사하사wrought 죽은 자들 가운데서 다시 살리시고 하늘에서 자기의 오른편에 앉히사20(에베소서 1:19~20)"

"베드로에게 역사하사wrought effectually 그를 할례자의 사도로 삼으신 이가 또한 내게 역사하사mighty 나를 이방인의 사도로 삼으셨느니라(갈라디아서 2:8)"

"이를 위하여 나도 내 속에서 능력으로 역사하시는worketh 이의 역사를 따라 힘을 다하여 수고하노라(골로새서 1:29)"

"우리 가운데서 역사하시는worketh 능력대로 우리가 구하거나 생각하는 모든 것에 더 넘치도록 능히 하실 이에게(에베소서 3:20)"

에너지를 북돋우는 사탄의 힘을 두고도 어원이 같은 어구를 썼다.

"불법의 비밀이 이미 활동하였으나work 지금은 그것을 막는 자가 있어 그 중에서 옮겨질 때까지 하리라(데살로니가후서 2:7)"

"우리가 육신에 있을 때에는 율법으로 말미암는 죄의 정욕이 우리 지체 중에 역사하여work 우리로 사망을 위하여 열매를 맺게 하였더니(로마서 7:5)"

마지막 두 인용 구절에서 어구의 뜻은, 앞선 인용문에서와 마찬가지로, '부여된 힘energy'을 가리키므로 하나님의 권능을 연상시킨다.

그렇다면 성경의 증언을 토대로 결론을 도출하자면 사탄은 성령이 신도에게 하나님의 권능을 부여하는 것과 같은 방식으로 자신의 지혜와 힘을 불신자에게 전달한다고 볼 수 있다. 물론 성령과 사탄이 전달하는 힘을 서로 비교한 계시는 없다. 이러한 관계에서 더 나아가 주목할만한 점이 있다면 사탄이 부여하는 힘은 악마의 지배를 받는 한정된 소수가 아니라, 구원받지 못해 여전히 '어둠의 권세power of darkness'에 속한 모든 자에게 공통적인 상태라는 것이다.

『요한일서 5:19』를 번역한 원전에 따르면, 구원받지 못한 자와 사탄의 관계는 훨씬 더 중요하다고 한다. 개정역the Revised Version은 난외주를 덧붙이며 본문을 이렇게 옮겼다.

"또 아는 것은 우리는 하나님께 속하고 온 세상은 악한 자 안에 처한 것이며We know that we are of God, and the whole world lieth in the evil one."

인용 구절을 보면 그 관계에 대한 두 가지 단서가 두드러지게 나타난다. 첫째, '안in'이라는 어구는 신도가 그리스도 '안'에 있다는 의미를 나타내는 구절 모두에 사용된 것과 같다. 이때 '안'은 그리스도와의 유기적인 연합체를 상징하는데, 마치 가지가 포도나무 '안'

에 붙어 있듯이 신앙인도 그리스도 '안'에 붙어 있다는 것이다. '안'이 구원받지 못한 자를 두고 쓰였을 때는 그리스도와 신앙인 사이에 존재하는 유기적인 생명관계와 수준이 같을 리는 없겠으나 깊은 관계인 것은 분명하다. 그러므로 사탄은 자신이 힘을 부여하는 모든 자의 빛이자 감흥inspiration이며 실세인 것이다.

본문에 나타난 두 번째 단서는 '처하다lieth(혹은 눕다)'에서 찾을 수 있다("온 세상은 악한 자 안에 처한lieth 것이며"). 이는 '누워 잠들다lieth asleep'로 옮기기도 한다. '처해 있는(혹은 누운)' 상태는 악인의 고정된 위치position뿐 아니라 무의식적인 상태를 모두 아우르기 때문이다. 구원받은 자는 아버지의 손 안에 있고, 아래에는 영원한 팔이 있어(신 33:27) 어느 피조물도 그를 빼앗을 수 없다고 한다(요 10:29). 바꾸어 말하면, 사탄의 팔 안에는 구원받지 못한 다수가 있으며, 사탄이 자신을 분명히 드러내지 않기 때문에 그들은 모두 자신의 위치position와 관계를 의식하지 못할 것이다. 아주 기묘한 일도 아니다. 기록된 말씀은 확신에 차 있지만 사실, 신도는 자신이 성부의 손에 있다는 영광스런 위치와 안전을 감지할 능력이 없다. 마찬가지로, 사탄의 지휘 하에 하나님의 증언에 주목하지 않는 불신자 또한 자신의 위치가 사탄의 품이라는 사실은 직감할 수 없으리라.

이와 관련하여 또 다른 구절도 주목해 봄직하다. 『고린도후서』에서 사탄은 '세상의 신the god of this world'으로서 믿지 않는 자들의 마음을 가린다고blinding 기록되어 있다. 발췌한 구절은 아래와 같다.

"만일 우리의 복음이 가리웠으면 망하는 자들에게 가리어진 것이라[3] 그 중에 이 세상의 신이 믿지 아니하는 자들의 마음을 혼미하게 하여 그리스도의 영광의 복음의 광채가 비치지 못하게 함이니 그리스도는 하나님의 형상이니라[4](고린도후서 4:3~4)"

본문의 기록에 따르면, 의식하지 못하는 상태는 사탄의 힘이 가져온 결과이며, 생각을 가린 것은 한 가지 방침에 따른 것이라고 한다. 그들에게는 '복음the gospel'이 베일에 가려졌다는 이야기다. 본문에 언급된 복음은 예수의 일생도 아니요, '천국의 복음the Gospel of the Kingdom'도 아니다. 좋은 소식이나 기쁨을 전하는 소식으로, 은혜만을 통한 구원을 가리키는 정확한 용어인 것이다. 바울은 이를 '우리의 복음our gospel'이라고 불렀다. 그에게는 복음이 완성된 상태로 처음 펼쳐졌기 때문이다.

구원받지 못한 자들은 자신의 위치가 사탄의 품이라는 사실을 깨닫지 못하고, 은혜와 자비의 복음마저 생각할 수 없게 된 것이다. 영생이라는 유일한 소망도 가려지고 말았다. 사탄은 자애로운 어머니인 양, 몸을 숙여 그들을 두 팔로 안으며 머릿속에 '하나님의 보편적인 부성universal fatherhood'과 '인간의 보편적인 우애'라는 '진정제'를 주입시켰다. 자신의 도덕적인 인격과 육신의 삶을 통해서도 하나님 앞에서 자신이 가치가 있다는 사상을 일깨워주고, 박애주의적 업적을 비롯하여 개인의 교정과 사회질서의 개선을 위한 계획으로 진정한 믿음을 흉내 내려는 성향을 심어준 것이다. 하나님은 거듭남을 요구하시지만 이를 속속 제쳐둔, 눈먼 자들은 소망 없이 "총명이 어두워지고 그들 가운데 있는 무지함과 그들의 마음이 굳어짐으로 말미암아 하나님의 생명에서 떠나 있었던 것이다(에베소서 4:18)." 그러니 구원의 일환으로 펼쳐질 성령의 계몽사역이 얼마나 중요하겠는가! 성령은 이로써 베일을 걷어내고 마음의 문을 열어 그리스도 안에 있는 구원과 영광을 보는 새로운 비전을 열게 될 것이다! 하나님이 주신 비전이 없다면 인생의 방향을 이해할 리 없거니와 그리스도를 택할 지각도 갖추지 못할 것이다.

Chapter 04
사탄의 세상과 금세

　시대the ages를 연구하다 보면 하나님은 사탄이나 인간의 주제넘은 주장을 거짓이라 일축하는 것으로 만족하지 않으시고 모든 것을 시험대에 세우기로 결정하셨을지도 모른다. '시험'이라는 묘수는 분명한 장점이 하나 있다. 모두가 입을 다물고 전 인류가 명백히 어리석은 발상—하나님의 재량으로도 얼마든 물리칠 수 있겠지만—을 가감 없이 목도하게 되리라는 것이다. 인간은 자신의 양심만으로도 충분히 숭고한 운명(highest destiny, 궁극적으로는 구원을 일컫는다—옮긴이)에 이를 수 있다고 주장할 수가 없다. 온 인류는 양심이라는 토대 위에서 하나님 앞에 섰지만 타락이 극에 달해 결국에는 홍수를 통한 죽음이 불가피했다. 아울러 그리스도가 처음 세상에 출현하기 전 시대에서는 은혜를 받은 백성의 역사를 보더라도 인간은 스스로 정의를 행할 수도 없거니와 율법을 지킬 수도 없다는 것이 여실히 입증되지 않았던가! 금세의 인류는 자신의 힘으로도 족하니 하나님을 거부하겠다는 사상으로 창조주와 분리되고 말았다. 오늘날 하나님과 인간 사이에 놓인 문제는 인간이 그에 대한 하나님의 계획estimate을 인정하고 무익한 자기수련self-struggle을 단념하며, 인간이 필요한 변화를 이루어낼 수 있는 유일한 하나님께만 '올인' 하느냐일 것이다. 하나님의 사랑과 지혜와 권세는 이러한 조건을 인간에게 알리시기 위해 지금껏 역사해 오셨다. 이처럼 숭고한 최후의 노력이 거부된다면 인간의 최후 변론 기회는 영영 사라질 것이며 죄에 대한 심판은 오랜 기다림 끝에 공의로써 집행될 것이다.

앞서 지적한 바와 같이, 사탄은 하나님의 능력을 모두 시도하리라 마음먹었다. 성경에 따르면, 이 같은 사탄의 의중은 금세 전반에 걸쳐 허용되고 있다고 한다. 물론 자신의 역량을 벗어나진 못할 것이다. 사탄이 목적을 이루지 못하고 필패한다는 것은 애당초 예견된 사실이었음에도 하나님은 사탄의 야심이 자멸로 귀결되는 것과 아울러, 자신의 약점과 사악한 행태를 스스로 증명하도록 허락하신 것이다. 현재 사탄이 권능을 행사하고 있는 데다 금세의 종말에는 점차 확대될 권세가 참담하게 발현될 테니 달리 해결책은 없으리라.

사탄이 발휘하고 있는 권능은 완성된 것이 아니다.

> "불법의 비밀이 이미 활동하였으나 지금은 그것을 막는 자가 있어 그
> 중에서 옮겨질 때까지 하리라(데살로니가후서 2:7)"

본문은 사탄의 힘이 증대되는 것을 막고 제한한다는 성령의 사역을 기록하고 있다. 사탄은 어둠의 권세에서 해방되어 그리스도와 연합한 인간의 문제를 지휘할 능력은 없다(그들이 사탄에게 굴복하지 않는다면). 물론 그들 또한 세상 속에 살고 있기 때문에 지상에서의 삶이 세상사와 얽히고설켜있게 마련이긴 하다. 구원받은 사람은 (내주하시는 성령과 같이) 인간이 이른 시기에 부패되는 것을 막는 방부제인 셈이다. 재차 말하지만, 사탄의 지배권은 한정되어 있다.

"각 사람은 위에 있는 권세들에게 복종하라 권세는 하나님으로부터 나지 않음이 없나니 모든 권세는 다 하나님께서 정하신 바라(로마서 13:1)"

성경 본문이 밝힌 바와 같이, 사탄은 권세가 있지만 창조주로부터 아주 해방된 상태는 아니며, 세상을 통치하는 방향도 하나님의 허락이 없이는 스스로 정할 수가 없는 것이다. 따라서 사탄과 인간의 노력은 한계가 있는 데다 하나님이 당신의 이름을 걸고 이방인으로부터 하늘의 사람을 모으심으로써 영원한 목적이 실현되면 이 둘은 예정된 최후를 맞이할 것이다.

소수는 산업·사회의 문제를 두고 두려워 떠는 반면, 대다수는 인간의 지혜sagacity가 죄악을 억제할 뿐 아니라 사회질서를 점차 개선하리라 확신할 것이다. 부패와 환난이 작금의 세상에 잠복해 있고, 하나님의 전능한 역사가 지정된 시간까지는 중단되어야 할 상황인데도 인간은 주님의 고유한 권리를 헛되이 자신에게 부여하고 있다. 결국 고난은 구원받지 못해 사탄의 지배를 받는 인류에게서 하나님이 손을 떼면 순식간에 닥칠 것이다.

성경에 따르면, 사탄은 하나님의 억지력 안에 있음에도 사악한 세상에서 영향력을 행사하고 있으며, 구원받지 못한 자들은 그의 지휘 하에 무의식적으로 연합·조직화 되었다고 한다. 이러한 연합이 존재한다는 사실은, 성경에 기록되어 있다고는 하나, 번역본에서는 애매하게 나타나있다. 줄잡아 최소 30개 정도 되는 핵심 구절에서 아무런 단서도 없이 '세상'을 뜻하는 'world'가 재차 쓰였기 때문이다. 해당 구절은 사탄이 장악하고 있는 거대한 악의 체제system나 질서order를 언급하므로 '세상world'은 인간의 세상이자, 그들의 사악한 행적과 이상 및 연합을 가리킬 것이다. 이 연합은 구원받지 못한 타락한 인간을 모두 포함하고 있으며, 타락한 영과 협력하므로 하나님으로부터 독립된 삶과 행위를 추구하는 모두가 가담한 연합체인 셈이다. 사탄의 세상system은 구원받은 자의 것과는 상극을 이루는 이상과 원칙을 갖추고 있으나, 그럼에도 두 부류는 인간이 맺을 수 있는 관계만큼이나 촘촘히 부대끼며 살아갈 것이다.

연합체를 둘러싼 전반적인 진실은 사탄의 세상이 언급된 구절에 고스란히 담겨있다.

우선 사탄은 연합의 우두머리다. 예수는 사탄을 세 번이나 조직의 '임금the prince' 이라 불렀다.

"이제 이 세상에 대한 심판이 이르렀으니 이 세상(사탄의 세상)의 임금이 쫓겨나리라(요한복음 12:31)"

"이 후에는 내가 너희와 말을 많이 하지 아니하리니 이 세상(사탄의 세상)의 임금이 오겠음이라 그러나 그는 내게 관계할 것이 없으니(요한복음 14:30)"

"심판에 대하여라 함은 이 세상(사탄의 세상) 임금이 심판을 받았음이라 (요한복음 16:11)"

바울도 사탄을 "공중의 권세 잡은 자"요(에베소서 2:2), "이 세상의 신god of this age"이라(고린도후서 4:4) 지칭했다. 둘째 구절은 『에베소서』 와 같이 금세만을 언급하고 있다.

"우리의 씨름은 혈과 육을 상대하는 것이 아니요 통치자들과 권세들과

이 어둠의 세상 주관자들과 하늘에 있는 악의 영들을 상대함이라(에베소서 6:12)"

위의 인용절을 감안해 볼 때, 사탄이 그리스도에게 제안한 천하만국(혹은 사람들이 거하는 세상the then inhabited earty)은 전혀 허위가 아니었다는 점을 인정해야 할 것이다. 성경의 기록은 다음과 같다.

"마귀가 또 예수를 이끌고 올라가서 순식간에 천하만국을 보이며[5] 이르되 이 모든 권위와 그 영광을 내가 네게 주리라 이것은 내게 넘겨 준 것이므로 내가 원하는 자에게 주노라[6] 그러므로 네가 만일 내게 절하면 다 네 것이 되리라[7](누가복음 4:5~7)"

성경에서는 사탄이 '거짓말하는 자liar'로 기록되어 있다는 이유로 지상the earth의 소유권을 넘겨주겠다는 약속이 거짓이라는 주장도 더러 있긴 하다. 그러나 이러한 일설은 최소 두 가지 이유로 불가능하다. 첫째, 자신이 제안한 천하만국을 소유하지 않았더라면 이를 '시험temptation'이라 규정하지 않았을 것이고, 허위 주장이었다면 하나님의 아들인 예수가 이를 즉시 거짓으로 치부했을 것이기 때문이다. 다음 구절을 보더라도 사탄은 이 세상의 수장이 분명했다.

"자녀들아 너희는 하나님께 속하였고 또 그들을 이기었나니 이는 너희 안에 계신 이가 세상(사탄의 세상)에 있는 자보다 크심이라(요한일서 4:4)"

"또 아는 것은 우리는 하나님께 속하고 온 세상(사탄의 세상)은 악한 자 안에 처한 것이며(요한일서 5:19)"

『이사야 14:12~19』로 다시 돌아와 보면, 사탄의 별칭은 "아침의 아들 계명성(루시퍼)"이라 했다. 이사야 선지자가 환상 중에 사탄의 전 이력을 회고한 구절을 보면 그가 세상을 무소불위의 힘으로 장악하고 있음을 알게 될 것이다. 본문에 따르면, 그는 "땅을 진동시키고 열국을 놀라게 하며 세계를 황무하게 하며 성읍을 파괴하며 그에게 사로잡힌 자들을 집으로 놓아 보내지 아니하던 자"라 한다. 이 인용문의 각 구절은 모두가 계시로, 인간의 타락과, 사탄이 지상에서 누리고 있는 권세를 비롯하여, 하나님의 은혜를 통한 구원에 대적하는 그의 태도도 언급하고 있다. 사탄을 두고는 "세계를 황무하게 하고 그에게 사로잡힌 자들을 집으로 놓아 보내지 아니하던 자"라 규정하기 때문이다.

둘째, 성경에 따르면, 사탄의 세상은 전적으로 사악하다고 한다. 난해한 대목이다. 물론 모든 성경이 하나님의 거룩하심을 기준으로 기록되었다는 점과, 스스로 하나님과 주의 백성의 영향권에서 벗어난 사탄의 세상은 도덕적인 면모를 개선한 적이 없고 이미 하나님 앞에서 심판을 받았다는 사실(요한복음 3:18)을 깨닫지 못한 사람이라면 대개는 이를 부인할 것이다. 하나님 앞에서 타락하고 그리스도를 거부한 태도로 비추어 볼 때, 도덕과 자선에 대한 '차용된 관심borrowed interest'은 옹졸한 행위에 불과하다. 아울러 그들은 하나님의 기준을 이해할 수도 없다. 하나님의 생각이 그들의 생각과 다르고, 하늘이 땅보다 높은 것처럼 주님의 생각이 그들의 생각보다 높기 때문이다(이사야 55:8~9). 타락한 족속의 무능과 속성은 『로마서』에서 정확히 묘사되어 있다. 본문은 하나님의 거룩하심 앞에 설 때 그들의 '껍데기externals'가 모두 벗겨진다고 밝혔다.

"기록된 바 의인은 없나니 하나도 없으며[10] 깨닫는 자도 없고 하나님을 찾는 자도 없고11 다 치우쳐 함께 무익하게 되고 선을 행하는 자는 없나니 하나도 없도다[12] 그들의 목구멍은 열린 무덤이요 그 혀로는 속임을 일삼으며 그 입술에는 독사의 독이 있고[13] 그 입에는 저주와 악독이 가득하고14 그 발은 피 흘리는 데 빠른지라[15] 파멸과 고생이 그 길에 있어[16] 평강의 길을 알지 못하였고[17] 그들의 눈앞에 하나님을 두려워함이 없느니라 함과 같으니라[18](로마서 3:10~18)"

따라서 사탄의 지휘 하에 연합한, 타락한 인간은 하나님이 손을 떼는 즉시 본색을 드러낼 것이다. 거듭나지 못한 사람은 도덕적으로 살거나, 학문과 소양을 갖추었거나, 혹은 종교적이라 할지라도 하나님의 관점에서는 '의롭지' 못한 자일뿐이다. 성경은 그들의 혐의에 대해 "의인은 없나니 하나도 없으며, '모두'가 죄를 범하였으매 하나님의 영광에 이르지 못했다"고 밝혔다. 사탄의 세상이 가진 특성을 직접 언급한 아래 인용 구절은 세상이 이상적인 것으로 간주하는 조건에 대한 하나님의 생각을 열거한 것이다.

"이로써 그 보배롭고 지극히 큰 약속을 우리에게 주사 이 약속으로 말미암아 너희가 정욕 때문에 세상(사탄의 세상)에서 썩어질 것을 피하여 신성한 성품에 참여하는 자가 되게 하려 하셨느니라(베드로후서 1:4)."

"만일 그들이 우리 주 되신 구주 예수 그리스도를 앎으로 세상(사탄의 세상)의 더러움을 피한 후에 다시 그 중에 얽매이고 지면 그 나중 형편이 처음보다 더 심하리니(베드로후서 2:20)"

"하나님 아버지 앞에서 정결하고 더러움이 없는 경건은 곧 고아와 과부를 그 환난 중에 돌보고 또 자기를 지켜 세속(사탄의 세상)에 물들지 아니하는 그것이니라(야고보서 1:27)"

"간음한 여인들아 세상(사탄의 세상)과 벗된 것이 하나님과 원수 됨을 알지 못하느냐 그런즉 누구든지 세상과 벗이 되고자 하는 자는 스스로 하나님과 원수 되는 것이니라(야고보서 4:4)"

"무릇 하나님께로부터 난 자마다 세상(사탄의 세상)을 이기느니라. 세상을 이기는 승리는 이것이니 우리의 믿음이니라(요한일서 5:4)"

"이 후에는 내가 너희와 말을 많이 하지 아니하리니 이 세상(사탄의 세상)의 임금이 오겠음이라. 그러나 그는 내게 관계할 것이 없으니(요한복음 14:30)"

"예수를 시인하지 아니하는 영마다 하나님께 속한 것이 아니니 이것이 곧 적그리스도의 영이니라. 오리라 한 말을 너희가 들었거니와 지금 벌써 세상(사탄의 세상)에 있느니라(요한일서 4:3)"

이처럼 믿는 자는 "그리스도께서 이 악한 세대에서 우리를 건지셨고(갈라디아서 1:4), 혹암의 권세에서 건져내셨으니(골로새서 1:13) 이 세대를 본받지 말라(로마서 12:2)"고 한다.

이러한 판단은 하나님의 순결과 거룩의 관점에서 비롯된 것이다. 주님의 시각으로 볼 때, 구원받지 못한 세상이 이해할 수 있는 가장 숭고한 도덕·교육·종교적 이상은—하나님의 아들이 그들을 속죄할 구원자라는, 주님의 증언을 거부했다는 점이 결부되면—금세의 혼란과 혹암의 일부에 불과한 것이다.

결국 성경은 금세를 비롯하여 이때 나타난 거대 연합체가 하나님의 시선에서는 매우 불경하다는 점을 제시하고 있다.

셋째, 성경에 따르면, 사탄은 자기 백성의 물질적인 행복well-being을 몸소 좌지우지할 뿐 아니라, 특별히 허락된다면 하나님의 사람에게도 접근할 수 있다고 한다.

"자녀들은 혈과 육에 속하였으매 그도 또한 같은 모양으로 혈과 육을 함께 지니심은 죽음을 통하여 죽음의 세력을 잡은 자 곧 마귀를 멸하시며(히브리서 2:14)"

"하나님이 나사렛 예수에게 성령과 능력을 기름 붓듯 하셨으매 그가 두루 다니시며 선한 일을 행하시고 마귀에게 눌린 모든 사람을 고치셨으니 이는 하나님이 함께 하셨음이라(사도행전 10:38)"

"그러면 열여덟 해 동안 사탄에게 매인 바 된 이 아브라함의 딸을 안식일에 이 매임에서 푸는 것이 합당하지 아니하냐(누가복음 13:16)"

"사탄이 여호와께 대답하여 이르되 욥이 어찌 까닭 없이 하나님을 경외하리이까[9] 주께서 그와 그의 집과 그의 모든 소유물을 울타리로 두르심 때문이 아니니이까 주께서 그의 손으로 하는 바를 복되게 하사 그의 소유물이 땅에 넘치게 하셨음이니이다[10] 이제 주의 손을 펴서 그의 모든 소유물을 치소서 그리하시면 틀림없이 주를 향하여 욕하지 않겠나이까[11] 여호와께서 사탄에게 이르시되 내가 그의 소유물을 다 네 손에 맡기노라 다만 그의 몸에는 네 손을 대지 말지니라 사탄이 곧 여호와 앞에서 물러가니라[12](욥기 1:9~12)"

"시몬아, 시몬아, 보라 사탄이 너희를 밀 까부르듯 하려고 요구하였으나[31] 그러나 내가 너를 위하여 네 믿음이 떨어지지 않기를 기도하였노니 너는 돌이킨 후에 네 형제를 굳게 하라[32](누가복음 22:31~32 R.V.)"

"여러 계시를 받은 것이 지극히 크므로 너무 자만하지 않게 하시려고 내 육체에 가시 곧 사탄의 사자를 주셨으니 이는 나를 쳐서 너무 자만하지 않게 하려 하심이라(고린도후서 12:7)"

위 구절을 보면 금세에 나타난 사탄의 위력과 권세를 강조하고 있다는 뉘앙스가 읽힐지도 모르겠다. 하나님의 손바닥 아래서 그가 어느 정도까지 권세를 부릴 수 있을지는 밝혀지지 않았으나 사탄이 금세의 신이라는 것과 거대한 세상의 수장이요—저들에게는 미지의 존재이긴 하나—구원받지 못한 자의 정세를 지휘하는 자라는 것은 상식이 있는 사람이라면 누구도 부인할 수 없으리라.

넷째, 사탄의 세상이 행한 사역은 그가 원동력이 된 조직의, 가장 숭고한 이상과 동기를 밝힌 몇몇 구절에서 윤곽이 뚜렷이 드러난다. 한 구절에 모든 계시가 담긴 사례는 다음과 같다.

"이는 세상(사탄의 세상)에 있는 모든 것이 육신의 정욕과 안목의 정욕과 이생의 자랑이니 다 아버지께로부터 온 것이 아니요 세상(사탄의 세상)으로부터 온 것이라(요한일서 2:16)"

이와 동일한 정욕에 대한 만족은 동산에서 하와를 유혹한 것이기도 하다.

"여자가 그 나무를 본즉 먹음직도 하고 보암직도 하고 지혜롭게 할 만큼 탐스럽기도 한 나무인지라 여자가 그 열매를 따먹고 자기와 함께 있는 남편에게도 주매 그도 먹은지라(창세기 3:6)"

이러한 정욕에 대한 본성은 오로지 자기중심인 것으로, 하나님뿐 아

나라 주님의 성품을 전혀 생각하지 않는다는 인상을 주기 십상이다.

인간이 벌이는 모든 "싸움과 다툼"은(약 4:1) 거대 연합체가 가진 악한 본성의 당연한 결과일 뿐이다. 예수는 빌라도에게 말했다.

"내 나라는 이 세상(사탄의 세상)에 속한 것이 아니니라. 만일 내 나라가 이 세상(사탄의 세상)에 속한 것이었더라면 내 종들이 싸워 나로 유대인 들에게 넘겨지지 않게 하였으리라 이제 내 나라는 여기에 속한 것이 아 니니라(요한복음 18:36)

세상의 정부는 각국의 지위와 권세를 유지하기 위해 무력과 물리력에 의존하는 반면, 숭고한 사랑의 법은 사탄의 세상을 이루는 구성원이 이해할 수도, 적용할 수도 없을 것이다. 주목해 봄직한 이야기다.

다섯째, 지상의 모든 재산은 사탄의 세상에 속한 것이기 때문이다. 신도도 이를 쓸 수 있지만 남용할 수는 없다.

"누가 이 세상(사탄의 세상)의 재물을 가지고 형제의 궁핍함을 보고도 도와줄 마음을 닫으면 하나님의 사랑이 어찌 그 속에 거하겠느냐(요한 일서 3:17)"

"세상의 염려와 재물의 유혹과 기타 욕심이 들어와 말씀을 막아 결실하 지 못하게 되는 자요(마가복음 4:19)"

"형제들아, 내가 이 말을 하노니 그때가 단축하여진 고로 이후부터 아 내 있는 자들은 없는 자 같이 하며[29] 우는 자들은 울지 않는 자 같이 하며 기쁜 자들은 기쁘지 않은 자 같이 하며 매매하는 자들은 없는 자

같이 하며[30] 세상(사탄의 세상) 물건을 쓰는 자들은 다 쓰지 못하는 자 같이 하라 이 세상의 외형은 지나감이니라[31](고린도전서 7:29~31)"

여섯째, 그리스도를 십자가에 못 박은 사탄의 세상은 그리스도가 내주하는, 구원받은 자를 증오할 것이다.

"형제들아 세상이 너희를 미워해도 이상히 여기지 말라(요한일서 3:13)."

일곱째, 세상 조직의 무능과 한계는 명약관화한 사실이다. 세상의 지도자는 막강해도 그리스도에 비하면 열등한 존재일 수밖에 없다.

"자녀들아 너희는 하나님께 속하였고 또 그들을 이기었나니 이는 너희 안에 계신 이가 세상에 있는 자보다 크심이라(요한일서 4:4)"

따라서 세상의 지식knowledge과 지력understanding 또한 한계가 있게 마련이다.

"보라 아버지께서 어떠한 사랑을 우리에게 베푸사 하나님의 자녀라 일컬음을 받게 하셨는가, 우리가 그러하도다. 그러므로 세상이 우리를 알지 못함은 그를 알지 못함이라(요한일서 3:1 R.V.)"

"육에 속한 사람은 하나님의 성령의 일들을 받지 아니하나니 이는 그것들이 그에게는 어리석게 보임이요, 또 그는 그것들을 알 수도 없나니 그러한 일은 영적으로 분별되기 때문이라[14] 신령한 자는 모든 것을 판단하나 자기는 아무에게도 판단을 받지 아니하느니라[15](고린도전서 2:14~15, R.V.)"
"깨닫는 자도 없고 하나님을 찾는 자도 없고(로마서 3:11)"

"만일 우리의 복음이 가리었으면 망하는 자들에게 가리어진 것이라[3] 그 중에 이 세상의 신이 믿지 아니하는 자들의 마음을 혼미하게 하여 그리스도의 영광의 복음의 광채가 비치지 못하게 함이니 그리스도는 하나님의 형상이니라[4](고린도후서 4:3~4, R.V.)"

"그들은 세상(사탄의 세상)에 속한 고로 세상에 속한 말을 하매 세상(사탄의 세상)이 그들의 말을 듣느니라(요한일서 4:5, R.V.)"

세상의 근심에는 아무런 소망이 없다.

"하나님의 뜻대로 하는 근심은 후회할 것이 없는 구원에 이르게 하는 회개를 이루는 것이요 세상(사탄의 세상) 근심은 사망을 이루는 것이니라(고린도후서 7:10, R.V.)"

끝으로, 세상은 잠시 있다가 곧 지나갈 것이다.

"그러나 주의 날이 도둑 같이 오리니 그 날에는 하늘이 큰 소리로 떠나가고 물질이 뜨거운 불에 풀어지고 땅과 그 중에 있는 모든 일이 드러나리로다(베드로후서 3:10)"

"이 세상(사탄의 세상)도, 그 정욕도 지나가되 오직 하나님의 뜻을 행하는 자는 영원히 거하느니라(요한일서 2:17)"

Chapter 05
타락한 천사의 무리

그리스도는 바리새인들과의 논쟁에서 사탄을 왕이라고 밝혔다. 한 왕국을 다스리는 자를 두고 하는 말이다. 당시 그리스도가 "귀신 들려 눈 멀고 말 못하는 사람"을 치유했다는 사실을 두고 논쟁이 벌어진 것이다. 바리새인들은 '귀신의 왕the prince of demons'인 바알세불―예수는 논증에서 이를 사탄이라 부른다―에 힘입어 악마를 쫓아냈다고 주장했다. 관련 구절은 아래와 같다.

"그 때에 귀신 들려 눈 멀고 말 못하는 사람을 데리고 왔거늘 예수께서 고쳐 주시매 그 말 못하는 사람이 말하며 보게 된지라[22] 무리가 다 놀라 이르되 이는 다윗의 자손이 아니냐 하니[23] 바리새인들은 듣고 이르되 이가 귀신의 왕 바알세불을 힘입지 않고는 귀신을 쫓아내지 못하느니라 하거늘[24] 예수께서 그들의 생각을 아시고 이르시되 스스로 분쟁하는 나라마다 황폐하여질 것이요 스스로 분쟁하는 동네나 집마다 서지 못하리라[25] 만일 사탄이 사탄을 쫓아내면 스스로 분쟁하는 것이니 그리하고야 어떻게 그의 나라가 서겠느냐[26] 또 내가 바알세불을 힘입어 귀신을 쫓아내면 너희의 아들들은 누구를 힘입어 쫓아내느냐 그러므로 그들이 너희의 재판관이 되리라[27] 그러나 내가 하나님의 성령을 힘입어 귀신을 쫓아내는 것이면 하나님의 나라가 이미 너희에게 임하였느니라[28] 사람이 먼저 강한 자를 결박하지 않고서야 어떻게 그 강한 자의 집에 들어가 그 세간을 강탈하겠느냐 결박한 후에야 그 집을 강탈하리라[29] 나와 함께 아니하는 자는 나를 반대하는 자요 나와 함께 모으지 아니하는 자는 헤치는 자니라[30](마태복음 12:22~30)"

본문을 토대로 유추해 보면, 사탄의 왕국은 육신이 없는 영의 무리로 봄직하다. 그들의 기원은 정확히 추적할 수는 없지만, 사탄이 저들의 왕으로 창조된 것처럼 그들도 근본적인 영광을 입은 사탄의 백성으로 창조된 듯하다. 사탄은 그들을 지휘할 권세를 가진 자로 하나님의 처소로 자신을 밀어 넣기 위해 그들을 끌어들인 것이 분명하다.

아울러 사탄은 두 계열의 존재 즉, 지상에 둔 사탄의 세상과 공중에 있는 사탄의 무리를 부릴 권세가 있을 것으로 추정된다. 분명히 그는 '정복권right of conquest'을 통해 아담에게서 지상의 통치권을 확보한 반면, 공중의 무리에 대한 권세는 이미 창조 때부터 획득했다고 본다. 사탄이 태초부터 이 영들에 대해 권세를 행사해왔다면 그들은 여전히 사탄과 뜻을 같이하고 흔쾌히 시종willing service을 자처할 것이다. 다음 구절은 이러한 존재에 대한 사탄의 권세를 강조한다.

"만일 사탄이 사탄을 쫓아내면 스스로 분쟁하는 것이니 그리하고야 어떻게 그의 나라가 서겠느냐?(마태복음 12:26)"

"또 왼편에 있는 자들에게 이르시되 저주를 받은 자들아 나를 떠나 마귀와 그 사자들을 위하여 예비된 영원한 불에 들어가라(마태복음 25:41)"

악한 영의 무리를 둘러싼 현실과 특성은 성경이 가르치고 있다. 그들을 언급한 수많은 구절을 깊이 연구해보면 하나님은 말씀을 통해 이러한 주제가 신앙인의 '행복welfare'을 좌우한다는 점을 완벽히 일러주셨다는 사실을 알게 될 것이다.

신약성서 흠정역(KJV)과 개역성서(the Revised Version, 흠정역을 수정한 역본—옮긴이)에서는 이러한 영을 'devils(개역개정, 귀신)'라고 옮겼지만 'demons(NIV, NASB는 이를 demons로 번역했다—옮긴이)'라야 더 정확할 것이다.

악한 영들이 사탄을 위해 행하는 사역을 밝히려면 우선 '귀신 들렸다demon possession'와, '귀신의 영향을 받는다demon influence'는 표현의 차이를 구분하는 것이 중요하다. 귀신들렸다는 표현이 악한 영이 육신에 들어와 이를 장악해버린 것이라면, 귀신의 영향을 받는다는 것은 암시나 유혹 혹은 영향력을 통해 외부에서 벌어지는 전쟁을 두고 하는 말이다.

성경에서 귀신들린 사례를 찾아보면 …

첫째, 이 무리는 형체가 없는 영으로 이루어져 있으며 이를 뒷받침하는 구절은 다음과 같다.

> "더러운 귀신이 사람에게서 나갔을 때에 물 없는 곳으로 다니며 쉬기를 구하되 쉴 곳을 얻지 못하고[43] 이에 이르되 내가 나온 내 집으로 돌아가리라 하고 와 보니 그 집이 비고 청소되고 수리되었거늘[44] 이에 가서 저보다 더 악한 귀신 일곱을 데리고 들어가서 거하니 그 사람의 나중 형편이 전보다 더욱 심하게 되느니라 이 악한 세대가 또한 이렇게 되리라[45](마태복음 12:43~45)"

"이에 간구하여 이르되 우리를 돼지에게로 보내어 들어가게 하소서 하니(마가복음 5:12)"

둘째, 사람이나 짐승의 육체에 들어가길(육체를 장악해야 어느 정도 힘을 발휘하는 듯하다) 구할 뿐 아니라, 신약성서에 따르면, 그들은 끊임없이 육체에 들어온 것 같기도 하다. 몇 가지 구절을 인용하면 아래와 같다.

"저물매 사람들이 귀신 들린 자를 많이 데리고 예수께 오거늘 예수께서 말씀으로 귀신들을 쫓아 내시고 병든 자들을 다 고치시니(마태복음 8:16)"

"그들이 나갈 때에 귀신 들려 말 못하는 사람을 예수께 데려오니[32] 귀신이 쫓겨나고 말 못하는 사람이 말하거늘 무리가 놀랍게 여겨 이르되 이스라엘 가운데서 이런 일을 본 적이 없다 하되[33](마태복음 9:32~33)"

"무리가 빌립의 말도 듣고 행하는 표적도 보고 한마음으로 그가 하는 말을 따르더라[6] 많은 사람에게 붙었던 더러운 귀신들이 크게 소리를 지르며 나가고 또 많은 중풍병자와 못 걷는 사람이 나으니[7](사도행전 8:6~7)"

"우리가 기도하는 곳에 가다가 점치는 귀신 들린 여종 하나를 만나니 점으로 그 주인들에게 큰 이익을 주는 자라(사도행전 16:16)"

"예수께서 바다 건너편 거라사인의 지방에 이르러[1] 배에서 나오시매 곧 더러운 귀신 들린 사람이 무덤 사이에서 나와 예수를 만나니라[2] 그 사람은 무덤 사이에 거처하는데 이제는 아무도 그를 쇠사슬로도 맬 수 없게 되었으니[3] 이는 여러 번 고랑과 쇠사슬에 매였어도 쇠사슬을 끊고 고랑을 깨뜨렸음이러라 그리하여 아무도 그를 제어할 힘이 없는지라[4] 밤낮 무덤 사이에서나 산에서나 늘 소리 지르며 돌로 자기의 몸을 해치고 있었더라[5] 그가 멀리서 예수를 보고 달려와 절하며[6] 큰 소리로 부르짖어 이르되 지극히 높으신 하나님의 아들 예수여 나와 당신이 무슨 상관이 있나이까 원하건대 하나님 앞에 맹세하고 나를 괴롭히지 마옵소서 하니[7] 이는 예수께서 이미 그에게 이르시기를 더러운 귀신아 그 사람에게서 나오라 하셨음이라[8] 이에 물으시되 네 이름이 무엇이냐 이르되 내 이름은 군대니 우리가 많음이니이다 하고[9] 자기를 그 지방에서 내보내지 마시기를 간구하더니[10] 마침 거기 돼지의 큰 떼가 산 곁에서 먹고 있는지라[11] 이에 간구하여 이르되 우리를 돼지에게로 보내어 들어가게 하소서 하니[12] 허락하신대 더러운 귀신들이 나와서 돼지에게로 들어가매 거의 이천 마리 되는 떼가 바다를 향하여 비탈로 내리달아 바다에서 몰사하거늘[13](마가복음 5:1~13)"

셋째, 그들은 잔인하고 부정하며 사악하다. 이를 입증하는 구절도 적진 않을 것이다.

"또 예수께서 건너편 가다라 지방에 가시매 귀신 들린 자 둘이 무덤 사이에서 나와 예수를 만나니 그들은 몹시 사나워 아무도 그 길로 지나갈 수 없을 지경이더라(마태복음 8:28)"

"예수께서 그의 열두 제자를 부르사 더러운 귀신을 쫓아내며 모든 병과 모든 약한 것을 고치는 권능을 주시니라(마태복음 10:1)"

"배에서 나오시매 곧 더러운 귀신 들린 사람이 무덤 사이에서 나와 예수를 만나니라[2] 그 사람은 무덤 사이에 거처하는데 이제는 아무도 그를 쇠사슬로도 맬 수 없게 되었으니[3] 이는 여러 번 고랑과 쇠사슬에 매였어도 쇠사슬을 끊고 고랑을 깨뜨렸음이러라 그리하여 아무도 그를 제어할 힘이 없는지라[4] 밤낮 무덤 사이에서나 산에서나 늘 소리 지르며 돌로 자기의 몸을 해치고 있었더라[5](마가복음 5:2~5)"

"이에 데리고 오니 귀신이 예수를 보고 곧 그 아이로 심히 경련을 일으키게 하는지라 그가 땅에 엎드러져 구르며 거품을 흘리더라(마가복음 9:20)"

이에 덧붙여, 본문에는 이러한 영들이 보여주는 사악함의 정도도 투영된 것 같다. 『마태복음 12:43~45』에 따르면[18], 자신의 집에 돌아온 귀신은 "저보다 더 악한 귀신 일곱을 데리고 들어갔다"고 한다.

귀신들린 사람이 요즘에도 존재하느냐를 두고 의문이 자주 제기되곤 한다. 귀신의 통제에 대한 기록은 예수의 공생애인 3년 외에는 없지만, 그 전후로 존재하지 않는다는 설은 믿기가 어렵다. 이러한 맥락에서 그들은 지적인 존재이자—교활한 꾀와 지혜가 성경에 기록되어 있는—사탄의 명령과 지배를 받는다는 사실을 염두에 두어야 한다. 저들은 자신이 섬기는 군주와 같이, 시대와 장소의 물정the enlightenment에 따라 행동방식을 적응해가리라는 것이 합리적인 추론이리라. 육신에 침투해 이를 장악하는 성향이 예전 못지않다는 것은 분명한 사실이다. 그럼에도 요즘 사람들은 신들림 현상을 뜻밖의 사건으로 치부하곤 한다. 귀신이 도덕적으로 모범을 보이는 사람도 홀

---

18 "더러운 귀신이 사람에게서 나갔을 때에 물 없는 곳으로 다니며 쉬기를 구하되 쉴 곳을 얻지 못하고[43] 이에 이르되 내가 나온 내 집으로 돌아가리라 하고 와 보니 그 집이 비고 청소되고 수리되었거늘[44] 이에 가서 저보다 더 악한 귀신 일곱을 데리고 들어가서 거하니 그 사람의 나중 형편이 전보다 더욱 심하게 되느니라. 이 악한 세대가 또한 이렇게 되리라[45](마태복음 12:43~45)"

릴 수 있다거나, 영매의 신이 육신을 장악한다는 사실을 모르고 있기 때문이다. 이교도의 땅에 파송된 선교사의 기록을 보면 더 혐오스런 사건도 있다고 한다. 귀신들은 자신의 왕인 사탄과 같이 "빛의 천사"로 가장하거나 "우는 사자"처럼 삼킬 자를 찾으며 이때 '빛의 천사'로 나타난다면 하나님의 사역과 전쟁을 벌이는 가운데 무시무시한 행적을 더욱더 넓힐 수 있을 것이다.

사탄의 사역과 마찬가지로, 귀신의 영향력이 발동하는 동기 또한 —인간을 위한 하나님의 목적을 방해하고, 사탄의 권세를 확장한다—둘을 꼽는다. 따라서 그들은 왕의 명령이 떨어지면 하나님의 명예를 더럽히는 짓을 위해 기꺼이 협력할 것이다. 귀신은 구원받지 못한 자를 호도하고 신도들과는 끊임없이 전쟁을 벌이기 위해 영향력을 행사해왔다(에베소서 6:12).[19]

귀신의 동기는 그들이 그리스도의 권세와 신성뿐 아니라, 자신이 처할 영원한 운명도 알고 있다는 대목에서 조금이나마 엿볼 수 있다. 이러한 맥락에서 다음 인용 구절은 매우 중요하다.

"이에 그들이 소리 질러 이르되 하나님의 아들이여 우리가 당신과 무슨 상관이 있나이까 때가 이르기 전에 우리를 괴롭게 하려고 여기 오셨나이까 하더니(마태복음 8:29)"

"마침 그들의 회당에 더러운 귀신 들린 사람이 있어 소리 질러 이르되[23] 나사렛 예수여 우리가 당신과 무슨 상관이 있나이까 우리를 멸하러 왔

---

19 "우리의 씨름은 혈과 육을 상대하는 것이 아니요 통치자들과 권세들과 이 어둠의 세상 주관자들과 하늘에 있는 악의 영들을 상대함이라(에베소서 6:12)"

나이까 나는 당신이 누구인 줄 아노니 하나님의 거룩한 자니이다[24] 예수께서 꾸짖어 이르시되 잠잠하고 그 사람에게서 나오라 하시니[25](마가복음 1:23~25)"

"악귀가 대답하여 이르되 내가 예수도 알고 바울도 알거니와 너희는 누구냐 하며(사도행전 19:15)"

"네가 하나님은 한 분이신 줄을 믿느냐 잘하는도다. 귀신들도 믿고 떠느니라(야고보서 2:19)"

성경은 금세 후반에 귀신이 자행할 계략을 이렇게 증언하고 있다. 그들은 종교라는 허울empty form로 거짓말을 덮고 모든 수단을 동원해서 이를 진리로 둔갑시켜 구원받은 자와 그러지 못한 자를 그리스도 안에 있는 소망에서 떼어놓을 것이다.

"그러나 성령이 밝히 말씀하시기를 후일에 어떤 사람들이 믿음에서 떠나 미혹하는 영과 귀신의 가르침을 따르리라 하셨으니[1] 자기 양심이 화인을 맞아서 외식함으로 거짓말하는 자들이라[2](디모데전서 4:1~2)"

진정한 믿음에서 떠난다는 것은 귀신이 말세에 영향력을 행사했다는 증거가 될 것으로 보인다. 즉, 『데살로니가후서』의[20] 말씀대로 '주의 날'에 앞서 배교하는 자가 무더기로 속출한다는 이야기다.

---

20 "영으로나 또는 말로나 또는 우리에게서 받았다 하는 편지로나 주의 날이 이르렀다고 해서 쉽게 마음이 흔들리거나 두려워하거나 하지 말아야 한다는 것이라[2] 누가 어떻게 하여도 너희가 미혹되지 말라 먼저 배교하는 일이 있고 저 불법의 사람 곧 멸망의 아들이 나타나기 전에는 그 날이 이르지 아니하리니[3](데살로니가후서 2:2~3)"

이처럼 끝 모를 전쟁통에서도 결국 신도는 안전하다는 사실은 나중에 언급할까 한다. 그러나 승리를 차지하기 위한 하나님의 지정 수단이 '육신을 삼가고bodily control' 기도하는 것뿐 아니라, 『에베소서』의 '전신갑주'를 통한 구원의 능력에서 기록된 바와 같이, 그리스도를 신앙인의 만족으로 삼는다는 것이라는 대목은 주목해 봄직하다.

"그러나 이런 귀신은 기도와 금식이 아니면 나가지 않는다(마태복음 17:21)"

"그러므로 하나님의 전신갑주를 취하라 이는 악한 날에 너희가 능히 대적하고 모든 일을 행한 후에 서기 위함이라[13] 그런즉 서서 진리로 너희 허리띠를 띠고 의의 호심경을 붙이고[14] 평안의 복음이 준비한 것으로 신을 신고[15] 모든 것 위에 믿음의 방패를 가지고 이로써 능히 악한 자의 모든 불화살을 소멸하고[16] 구원의 투구와 성령의 검 곧 하나님의 말씀을 가지라[17] 모든 기도와 간구를 하되 항상 성령 안에서 기도하고 이를 위하여 깨어 구하기를 항상 힘쓰며 여러 성도를 위하여 구하라[18](에베소서 6:13~18)"

사탄은 전능하신 하나님의 보좌를 차지하려 했지만 전능한 존재는 아니다. 하지만 세력과 사역의 범위는 귀신의 무리와 협력하여 헤아릴 수 없을 만큼 증대되었다. 사탄은 전지적인 존재도 아니나, 지식은 그를 지원하는 귀신의 지혜와 식견이 합쳐져 엄청나게 확대되었다. 아울러 사탄은 무소부재한 존재도 아니지만 "레기온(Legion, 다수 혹은 군대)"이라 불릴 만큼 많은 무리의 복종에 힘입어 소재를 막론하고 사역을 계속 이어갈 수 있게 되었다.

Chapter 06
사탄의 동기

　성경에 따르면, 사탄의 으뜸가는 동기는 지극히 높으신 자를 닮겠다는 목적에 있다고 한다. 이러한 목적은 인류가 창조되기 훨씬 전부터 마음에 품었음에도 그때부터 지금까지 줄곧 진행 중이다. 아울러 사탄은 현재 특별한 권세를 누리고 있으며 이를 행사할 수 있는 허락을 받았다는 것도 성경의 가르침이다. 사탄을 비롯한 모든 추종 세력들의 주장이 창조주에게서 벗어나면 우둔한 발상으로 전락하고, 결국 그들은 속절없이 비참한 최후를 당하게 되리라는 것을 전 인류 앞에서 몸소 입증시키기 위해서라는 것이다. 『디모데후서』가 이를 예견하고 있다. 세상이 하나님과 아주 분리되고 나면 결국에는 …

　　"그들이 더 나아가지 못할 것은 그들의 어리석음이 온 민족에 드러날 것이기 때문이라(디모데후서 3:9)."

　대환난은 저들이 하나님의 손을 거부하기만을 기다린다는 기록도 있다. 환난을 앞당기는 모든 요인이 구원받지 못한 자의 심중에 잠재해 있기 때문이라는 것이다(로마서 3:9~18).[21] 처참한 환란의 때, 사탄은 최강의 권세를 행사할 것이며 인류의 사악한 성정은 하나님과 온전히 분리되려는 삶 속에서 밝히 드러날 것이다.

타락한 인간이라도 처음에는 숭배의 대상이자 연합체의 수장이 사탄이라는 사실은 인정하지 않으려 할 것이다. 즉, 사탄이 우두머리(요한계시록 13장에 등장하는 첫 번째 짐승의 역할을 할 것이기 때문)로 인정되는 사회는 하나님에 대한 불경과 무법이 세대를 거듭할수록 더욱 창궐해지면서 발전했을 공산이 크다. 사탄은 자신의 지휘 아래 권세를 준 사람들에게서 자신의 본모습과 계획을 감추어야 했을 것이다. 때문에 이 부류에 속한 사람은 현실을 믿지 않을 뿐 아니라, 자신의 지도자인 사탄이 불가사의한 인격체라는 사실을 거부한다. 무지의 소치인 것이다. 결국 지도자는 매개체인 우상이나, 그가 여호와의 화신이라는 교리를 통해 숭배의 대상이 되고, 왕이나 백성의 음성으로 들리는 수단으로 통치가 이루어질 것이다. 오늘날 세상이 몹시도 불경해졌다는 사실은 『다니엘』 11장과 『데살로니가후서』 2장 및 『요한계시록』 13장에서 예견된 바와 같이 사탄이 자신을 밝히 드러낼 때가 다가오고 있다는 전조로 봄직하다.

성경에는 사탄의 속임수 전략이 모든 민족과 전 세계로 확대된다는 기록이 있다.

---

21 "그러면 어떠하냐 우리는 나으냐 결코 아니라 유대인이나 헬라인이나 다 죄 아래에 있다고 우리가 이미 선언하였느니라[9] 기록된 바 의인은 없나니 하나도 없으며[10] 깨닫는 자도 없고 하나님을 찾는 자도 없고[11] 다 치우쳐 함께 무익하게 되고 선을 행하는 자는 없나니 하나도 없도다[12] 그들의 목구멍은 열린 무덤이요 그 혀로는 속임을 일삼으며 그 입술에는 독사의 독이 있고[13] 그 입에는 저주와 악독이 가득하고[14] 그 발은 피 흘리는 데 빠른지라[15] 파멸과 고생이 그 길에 있어[16] 평강의 길을 알지 못하였고[17] 그들의 눈 앞에 하나님을 두려워함이 없느니라 함과 같으니라[18](로마서 3:9~18)"

"악한 자의 나타남은 사탄의 활동을 따라 모든 능력과 표적과 거짓 기적과[9] 불의의 모든 속임으로 멸망하는 자들에게 있으리니 이는 그들이 진리의 사랑을 받지 아니하여 구원함을 받지 못함이라[10](데살로니가후서 2:9~10)"

"큰 용이 내쫓기니 옛 뱀 곧 마귀라고도 하고 사탄이라고도 하며 온 천하를 꾀는 자라 그가 땅으로 내쫓기니 그의 사자들도 그와 함께 내쫓기니라(요한계시록 12:9)"

"용을 잡으니 곧 옛 뱀이요 마귀요 사탄이라 잡아서 천 년 동안 결박하여[2] 무저갱에 던져 넣어 잠그고 그 위에 인봉하여 천 년이 차도록 다시는 만국을 미혹하지 못하게 하였는데 그 후에는 반드시 잠깐 놓이리라[3](요한계시록 20:2~3)"

"천 년이 차매 사탄이 그 옥에서 놓여[7] 나와서 땅의 사방 백성 곧 곡과 마곡을 미혹하고(요한계시록 20:7~8)"

완전한 자의 표상이자 아름다움과 지혜가 가득한 자요, 땅을 진동시키고 온 나라를 뒤흔든 그는 세상에게서 '실체가 없는 존재a being without reality'라는 조롱을 달갑게 받아왔다. 사탄은 이로써 자신의 깊은 욕망을 깨닫게 될 것이다.

재차 말하지만, 사탄이 거느리는 백성은 그의 실세와 권세를 명백히 기록한 성경의 가르침을 등한시해왔다. 그들에게 사탄은 그저 상상 속에서나 나올 법한 악령이었고, 불행한 사람이 당하는 환난을 즐거워하는 자요, 자신의 거처를 지옥에 둔 자이며, 잔인하고 사악한 모든 것의 화신이었던 것이다. 사실, 그는 실존하는 자요, 구원받지 못한 세상이 영접한 최고의 이상이 구현된 존재—모든 이상의 귀감이 된 자이기 때문이다—인데도 말이다. 그는 스스로 증오하지 않거니와, 세상에서 가장 고상한 자와 같이 백성의 역겨운 죄에 동조하지도 않는다. 그는 할 수만 있으면 악마의 모습을 철저히 숨기고 이를 발설하지 않을 것이다. 『야고보서』의 기록처럼 사탄은 고삐 풀린, 타락한 천성이 낳은 당연한 결과이기 때문이다.

"오직 각 사람이 시험을 받는 것은 자기 욕심에 끌려 미혹됨이니[14] 욕심이 잉태한즉 죄를 낳고 죄가 장성한즉 사망을 낳느니라[15](야고보서 1:14~15)"

"속에서 곧 사람의 마음에서 나오는 것은 악한 생각 곧 음란과 도둑질과 살인과[21] 간음과 탐욕과 악독과 속임과 음탕과 질투와 비방과 교만과 우매함이니[22] 이 모든 악한 것이 다 속에서 나와서 사람을 더럽게 하느니라[23](마가복음 7:21~23)"

죽어가는 주정뱅이와 방탕한 여인과, 무고한 자의 고난은 사탄의 목적이 실현된다기보다는 그가 실각한다는 방증일 것이다.

그가 하나님 앞에서 저지른 죄는 세상의 눈으로 보기에는 대가를 치르지 않을 것이다. 세인이 이상으로 떠받들고 찬사를 보내는 대상이기 때문이다. 사탄은 죄 가운데서 최고의 지위를 열망했고, 자족self-sufficiency과 권세로써 자신의 이상을 실현하고자 했다. 사실, 그는 다른 존재를 통치할 권세와, 경배의 대상이 된다는 지위를 내세워 하나님과 경쟁을 벌이고 있다는 수준으로까지 창조주를 낮잡아 보았다. 그러나 이토록 불경한 야심과 창조주에 대한 불손은 사탄의 세상이 세운 기준으로 볼 땐 매우 칭찬할만한 처사일 것이다. 세인의 언어로 사탄은 "자수성가한self-made" 존재요, 창조주 하나님에 대한 태도는 세상이 권하고 실천하는 삶의 원칙이기 때문이다. 일거수일투족이 그렇다.

사탄은 자신을 감추지만—하나님이 정한 한계를 두고—인간사를 다스리는 것을 흡족해 했고 세인의 경배 받는 것을 크게 기뻐했다. 때문에 하나님의 옛 백성이 지키던 율법에서는 귀신에게 제물을 바쳐선 안 된다고 신신당부하기도 했다. 이는 주변에 자리 잡은 이방 민족의 풍습이었다(레위기 17:7, 신명기 32:17). 또한 여로보암 이런 법을 어기고 귀신을 숭배하는 제사장을 세웠는데(역대하 11:15) 신약성서 기자는 귀신 숭배 사상이 금세를 통틀어 계속될 거라고 기록했다.

"무릇 이방인이 제사하는 것은 귀신에게 하는 것이요 하나님께 제사하는 것이 아니니 나는 너희가 귀신과 교제하는 자가 되기를 원하지 아니하노라[20] 너희가 주의 잔과 귀신의 잔을 겸하여 마시지 못하고 주의 식탁과 귀신의 식탁에 겸하여 참여하지 못하리라[21](고린도전서 10:20~21)"

"이 재앙에 죽지 않고 남은 사람들은 손으로 행한 일을 회개하지 아니하고 오히려 여러 귀신과 또는 보거나 듣거나 다니거나 하지 못하는 금, 은, 동과 목석의 우상에게 절하고(요한계시록 9:20)"

다시 강조하건대, 사탄의 야심은 특별한 기회를 얻은 만큼, 지혜와 힘이 닿는 대로 금세를 완벽에 가깝게 만들기 위해 자신을 채찍질하고 있다. 이런 맥락에서 사탄의 야심은 악령이 아니라 지극히 높은 하나님처럼 되는 것이었다는 점도 주목해 봄직하다. 따라서 그는 선하고 도덕적인 모든 업적을 성취하는 데 부단히 노력하는 동시에 하나님을 경외하려는 천성에서 인간을 떼어놓으려 할 것이다. 때가 되면 그들은 두려움 없이 자신을 인정하게 될 것이다. 금세에 사탄이 이루려는 이상은 사회질서의 개선이자, 도덕적이고도 교양 있는 인간이다. 즉, 허울뿐인 종교 형식과 예식으로 여호와를 예배한다고 생각하지만, 실상은 자신을 독실하게 예배하는 자요, 하나님을 무시하는 불신자이며 사탄만이 모든 생각을 발동시키는energized 자를 두고 하는 말이다. 하나님의 메시지가 성령의 힘으로 거듭나는 것이라면 사탄이 금세에 들려주는 메시지는 회심reformation과 자기계발self-development일 것이다.

사탄은 지존하신 하나님을 모방하여 지상에 도덕과 화평을 이룬, 시대를 초월한 왕국을 건설하기 위해 노력하고 있다. 이는 짐승의 통치 아래 일시적으로나마 실현될 것이다(요한계시록 13장). 사탄의 이상과 하나님의 목적이 서로 다른 점은—전자는 어리석은 작태이고 후자는 확실한 영광이라는 점은 차치하고— '방법'과 '시간'에 있다. 사탄의 계획에 따르면, 현재의 사회질서는 자신이 보좌에 앉은 채 이상적인 인류애brotherhood로 발전할 것이며 이때 모든 인류는 선하고 도덕적인 덕목을 실천할 것이라고 한다. 반면, 금세를 흑암darkness과 공해 pollution가 창궐한 악한 시대로 규정하고 사탄과 인간의 죄악이 만천하에 입증되며 이를 통해 하나님은 자신의 이름을 걸고 하늘의 사람을 모으리라는 것이 하나님의 계획이다. 의의 왕국은 그리스도가 보좌에 앉고 사탄이 축출되는 사건을 통해 공고히 세워질 것이며 바로 이때 완전한 인류와 사회질서가 정립될 것이다. "작은 자부터 큰 자까지 모두가 주님을 알게 되고(예레미야 31:34)," "물이 바다를 덮음 같이 의와 평강이 세상을 덮을 것"이기 때문이다(하박국 2:14).

사탄은 자신의 열정에 못 이겨 계략의 성공뿐 아니라 여호와와의 끝없는 전쟁을 위해 안간힘을 쓸 것이다. 계략의 성취와 전쟁은 서로 떼려야 뗄 수가 없는 관계이다. 사탄은 스스로 왕국을 세우고 발전시킬 수 없으며, 설령 자신의 백성이 산 세력living power으로서 사탄에게 불리한 증거가 되더라도 그들을 다른 왕국으로 내보낼 리는 없기 때문이다. 또한 하나님의 계획이 성취되는 것을 호락호락 방관할 리도 없다. 예언된 바와 같이, 주님의 계획이 성취된다는 것은 곧 그의 운명이 가까이 왔다는 방증일 테니 말이다. 따라서 사탄에게 금세는 자신의 생존뿐 아니라 지나간 시대의 야심을 실현하기 위해 몸부림치는 시대인 것이다. 그에게 전쟁은 지나가는 여흥거리가 아니다. 자신의 목적을 성취하지 못하면 처참한 심판대에 서야 할 것이다.

우주에서 '깨어있는 존재enlightened beings'에게 펼쳐진 광경은 막강한 천상의 존재이자 지상의 신the god이 보는 것과도 같다. 그는 창조될 때부터 지혜와 아름다움이 완전했고 지금은 자신의 야심을 실현하고 지존자의 일거수일투족을 방해하기 위해 절체절명의 전쟁을 벌이고 있다. 그는 자신이 패배할 경우 조금의 자비도 허락되지 않으며 오랫동안 예견된 바와 같이 참담한 파국을 맞이하게 되리라는 것을 알고 있다. 사탄은 하나님을 모독하려는 목표가 생겼을 때 온전히 성공하거나 무서운 심판을 받는다는 사실을 의식하고 있었다는 것이다. 이 대립의 이면에는 말세에 대한 고도의 냉정함perfect calmness과 확정성이 있다. 심판과 선고는 이미 과거에 이루어진 것이기 때문이다. 그러나 진정한 신앙인은 지상에서의 고난과 헤어짐이 의로움 안에서 속히 종식될 수 있도록 '때를 얻든 못 얻든' 은혜의 계획 안에 거하라는 주문을 듣고 있다.

크리스천이라면 서로 판이하게 다른 계획의 관점에서, 자신의 모티프(동기)를 숙고해보고 왕을 맞이하는 신부를 위한, 하나님의 목적에 기꺼이 합력하겠다는 겸허한 의지가 있는지, 아니면 사탄의 왕국을 세우겠다는 불경한 의도로, 곧 오실 그리스도의 왕국을 부인하려는 사탄의 이상에 빠져든 건 아닌지 자문해보길 바란다.

세상이 '낙관론optimistic'이라 찬양하는, 사탄의 계획은 그가 지향하는, 개선된 사회라는 목적에 달려있는 반면 하나님의 계획은—금세를 불신하게 만든다는 점에서 '비관주의pessimistic'로 통한다—주님의 무한한 지혜와 사랑과 권세에 달려있으며 매우 확실하고 근접해 있는 까닭에 크리스천은 이와 같은 영광스러운 종말을 지향하는, 하나님의 첫 사역the first Divine movement을 '지켜보고watch' '기다리며 wait' '대비해야be ready' 한다고 배운다.

Chapter 07
사탄의 술책

앞서 언급한 바와 같이, 사탄의 두 가지 굵직한 행태는 '불법의 사람the Man of sin'과 관계가 있다고 『데살로니가후서』 기자는 말한다. 그는 사탄의 막강한 현시manifestation로 최후에 나타날 것이다. 성경은 이 존재를 이렇게 밝혔다.

"그는 대적하는 자라, 신이라고 불리는 모든 것과 숭배함을 받는 것에 대항하여 그 위에 자기를 높이고 하나님의 성전에 앉아 자기를 하나님 이라고 내세우느니라(데살로니가후서 2:4)"

사탄은 하나님으로 불리거나 숭배함을 받는 모든 것 위에 자신을 높이려 하는 한편, 하나님과 대적하는 전쟁을 통해서만 자기의 명맥을 잇고 수하에 있는 백성을 확보할 수 있다는 점에서, 기록에 나타난 두 가지 행태는 서로 떼려야 뗄 수가 없는 것이다. 십자가에서의 판결과 우월한 하나님의 권세가 명백함에도 사탄이 자신의 승리를 믿고 있는지는 밝혀지지 않았다.

사탄은 하나님의 사람—이들에게서 사탄은 두려움을 느낀다—뿐 아니라 하나님의 진정한 자녀를 증오한다는 점도 드러났다. 이 사실은 아무리 강조해도 부족한 듯싶다. 사탄은 구원받지 못한 백성과는 전쟁이나 논쟁을 벌이지 않지만, 신도의 삶과 예배를 망치기 위해 부단히 노력한다는 것을 보여주는 기록은 차고 넘친다. 이렇게 안간힘을 쓰는 이유는 그들이 신성한 성품에 참여하는 자가 되었으므로(베드로후서 1:4) 하나님의 사람을 향해 불화살을 당길 기회를 노리기 위해서라는 것이다. 이때 크리스천은 하나님의 사람과 사탄의 세상이 연결되는 매개체가 된다. 하나님은 믿는 자를 통해 구원받지 못한 자도 사랑하지만(로마서 5:5) 사탄과 그의 백성은 하나님의 사람(믿는 자)을 공격할 기회를 엿보고 있기 때문이다. 크리스천이 공격 대상이 되고 있다는 구절을 찾아보면 아래와 같다.

"이것을 너희에게 이르는 것은 너희로 내 안에서 평안을 누리게 하려 함이라 세상에서는 너희가 환난을 당하나 담대하라 내가 세상을 이기었노라(요한복음 16:33)"

"무릇 그리스도 예수 안에서 경건하게 살고자 하는 자는 박해를 받으리라(디모데후서 3:12)"

"형제들아 세상이 너희를 미워하여도 이상히 여기지 말라(요한일서 3:13)"

"너희 염려를 다 주께 맡기라 이는 그가 너희를 돌보심이라[7] 근신하라 깨어라 너희 대적 마귀가 우는 사자 같이 두루 다니며 삼킬 자를 찾나니[8] 너희는 믿음을 굳건하게 하여 그를 대적하라 이는 세상에 있는 너희 형제들도 동일한 고난을 당하는 줄을 앎이라[9](베드로전서 5:7~9)"

"끝으로 너희가 주 안에서와 그 힘의 능력으로 강건하여지고[10] 마귀의 간계를 능히 대적하기 위하여 하나님의 전신 갑주를 입으라[11] 우리의 씨름은 혈과 육을 상대하는 것이 아니요 통치자들과 권세들과 이 어둠의 세상 주관자들과 하늘에 있는 악의 영들을 상대함이라[12](에베소서 6:10~12 R.V.)"

위 구절은 사탄이 신도뿐 아니라, 풍족한 하나님으로부터 단절된 신도의 '무력함helplessness'마저 증오한다는 것을 가르친다. 예수의 기도—"내가 비옵는 것은 그들을 세상에서 데려가시기를 위함이 아니요 다만 악에 빠지지 않게 보전하시기를 위함이니이다(요한복음 17:15)"—에 대한 분명한 응답이 없었다면 신도의 삶은 크게 망가졌으리라는 점에서 증오의 수위도 가늠할 수 있으리라. 크리스천이 일상에서 귀신과 첨예하게 대립한다는 것과, 믿음만으로도 세상을 이길 수 있다는 것을 예견해야 하는 근거는 부지기수로 많다.

신도는 사탄이 공격하는 대상이기도 하다. 화목하게 하는 위대한 직분이 신도에게 부여되었고, 생명과 말씀 안에서 신도의 증언과 기도를 통해 구원이라는 진리가 전 세계에 전달될 수 있는 데다, 신도의 예배를 마비시킬 수 있다면 사탄은 하나님의 목적에 저항하는 데 많은 것을 성취할 수 있기 때문이다. 기독교가 거친 역사의 암흑기나, 교회가 전 세계 복음주의에 처절히 실패한 것이나, 혹은 종파의 분열과 이기적인 무관심을 두고 다른 설명은 적절치 않다.

어두운 사탄이 반기를 들고 있다는 점은 잃어버린 자를 구원하려는 노력 곳곳에서 볼 수 있다. 개인의 호소가 이 은혜로운 땅에서조차 대다수에게 전파되지 않았다는 사실과 더불어, 행여 그렇다손 치더라도 지엽적인 주제에 대한 토론으로 변질되거나 화제가 전환되기

일쑤라는 점에서도 그렇다. 신실한 목회자나 복음주의자가 매우 심각한 타격을 받을 때 사탄은 온갖 수단을 총동원하여 가장 중요한 메시지인 '은혜Grace'를 대수롭지 않은 것으로 왜곡해 버린다. 결단을 내려야 한다는, 복음주의자의 호소는 구원의 조건이라는 실언이나 오해의 소지가 있는 것으로 지장을 받으므로 결국 호소는 사라지고 모든 노력은 허사가 된다는 것이다. 사탄의 행위는, 은혜만을 통한 구원과 그리스도를 믿는 겸허한 메신저마저 경계를 늦추는 데다, 대다수가 외적인 종교행사—복음이라고는 하나 도덕이고, 그리스도 안에 있는 구원도 교묘히 부인한다—를 추진한다는 점에서도 엿볼 수 있을 것이다.

사탄이라는 반대 세력은 그리스도가 베푼 사역이라는 문제에서도 감지될 것이다. 교육과 문화 및 육신의 위안을 구하지 않아도 수백만이 이를 누리고 있지만, 전 세계 복음화는 그것이 가진 수치스런 한계점과 빚debts으로 지연되고 있는 것이 틀림없다. 무엇보다도 사탄이 벌인 전쟁은 신도의 기도생활에서 훨씬 크게 부각되고 있다. 기도생활은 사탄이 위세를 떨칠 뿐 아니라 마찰이 빚어지기 쉬운 영역이기 때문이다. 이를 감안해볼 때 오늘날의 기도는 비교적 널리 확산되진 않았지만 방식은 열려있고 약속은 확실하다고 봄직하다. 크리스천이 온갖 유혹에도 그리스도를 부인하거나 외면하지 않더라도, 지엽적인 진리를 지나치게 강조하거나 숲은 보지 못한 채 편협적인 증언으로써 자신의 영향력을 감퇴시킬 수도 있을 것이다.

사탄이 하나님의 목적을 상대로 벌이는 전쟁은 구원받지 못한 자들을 몸소 훼방한다는 것을 보면 분명히 알 수 있다. 그들은 복음을 볼 수 없으며, 성령이 그들을 인도한다손 쳐도 마음은 원인 모를 두려움과 왜곡된 시각으로 가득할 때가 더러 있을 것이다. 그리스도에 헌신할 수 없는 현실은 그들이 풀 수 없는 불가사의이며, 깨우침을 주시는 성령의 권능만이 그들의 눈을 뜨게 하고 칠흑 같은 흑암에서 그들을 구원할 수 있는 것이다.

사탄은 자신의 술책을 시대와 환경에 맞게 적응해왔다. 일단 주목을 받을라치면 진리를 아주 부인해 버리거나, 설령 진리를 인정해야 하는 상황이라 해도 구원에 중대한 사실은 누락시킨다는 조건하에 이를 받아들였다.

이처럼 오늘날의 세상은 진리를 편파적으로 인정할 것을 요구하고 있다. 이유인 즉, 신도가 사탄의 세상에 대해 증언한 직접적인 결과는 신부를 모으는 데 방향이 설정되었다면, 세상에 대한 증언의 간접적인 결과는 그들로 하여금 이상적인 모든 선은 이미 성경에 기록되어 있고 예수의 삶에 고스란히 담겨 있으며, 인도적인 동정이나 의로운 통치의 모든 원리는 진리의 성경에 드러나 있다는 것을 알게 했기 때문이다. 그리하여 성경과 그리스도의 사례가 주는 도덕적인 가르침의 가치를 의식하는 사람들이 다소 증가한 것이다. 결국 이런 환경은 어떤 새로운 체제나 독트린이 저 나름의 입장이 있다손 치더라도 반드시 성경에 근거를 두어야 하고 예수라는 인물과 그의 교훈을 포함시켜야 할 만큼 만연해졌다. 다수는 세상이 성경의 가치를 일부나마 인정해왔다는 사실을 영광의 하나님이 승리한 것으로 해석하지만, 타락한 인간이 하나님이 정한 구원의 조건을 옛 세대보다 더 인정한다는 것은 입증될 수 없는 이야기다.

세상이 하나님의 증언을 편파적으로 인정하는 것은 가짜 진리의 발판이 마련되었다는 방증이리라. 예언에 따르면, 이는 사탄의 전쟁에서 최후에 벌어질 가장 두려운 술책이라고 한다. 이와 관련하여, 사탄이 자신의 입장에서 동의한 것은 전혀 없다는 사실은 마땅히 인정되어야 한다. 물론 구원을 좌우하는 것을 제외한, 모든 진리의 원칙은 시인할 수밖에 없었겠지만 말이다. 사탄은 편협적인 인정을 통해 우위를 차지하고 있다. 허위의 가치와 망상은 진실과 크게 닮았기 때문이다. 사탄은 진리의 허위체제라는 허울로 숱한 진리를 옹호함으로써 겉으로 보이는 세상의 종교적 욕구를 충족시키고 인간의 유일한 희망을 억제함으로써 자신의 목적을 성취할 수 있게 되었다. 따라서 단순히 선하다거나, 성경의 가르침이 포장되어 있다는 이유로 보편적인 선을 약속하는 어떤 대상에 맹목적으로 지지의사를 밝히는 것은 더 이상 안전을 보장할 수 없게 되었다. 선과 악이 각각 한쪽에 몰려 있지는 않기 때문이다. 사실, 악은—어떤 한 가지 이슈가 선악을 구별하기 전까지는—고의로 선을 전용해왔다. '편협한 진리의식Part-truth-ism'은 '온전한 진리의식whole-truth-ism'과 충돌했으니 이를 분별하지 못하는 자는 화가 있을지어다. 전자는 겉으로는 종교를 표방하나 사탄에 속한 것으로 추종자를 하나님의 임재로부터 영원히 추방당할 운명에 빠뜨린 반면, 후자는 하나님께 속했으며 "오늘뿐 아니라 앞으로도 있을 생명을 약속받았다."

'이교도infidel'라는 용어가 한 세대가 흔히 쓰는 어휘에서 사라졌다는 점과, 진리를 공개적으로 부인하는 태도가 거의 포기되다시피 했다는 점도 주목할 만하다. 그러나 진정한 교회는 원수를 잃은 적이 여태 없었다. 지금은 수효도 늘었고 교묘한 데다 전보다 더 악랄해졌다. 현존하는 원수는 겨자나무에 앉은 부정한 새처럼 가지 아래 보금자리를 폈고 순수한 떡에 든 누룩 같이 가장 신성한 제단과 제도에 침투하여 이를 도용하고 있다. 이 독수리들은 교회 안팎에서 사탄에 눈이 먼 채로 세상에 선을 약속하고 성경에 근거를 둔 것처럼 보이는 이론을 수용하거나, 이와 동일한 부류의 계략에 헌신하는 다수가—하나님의 원수를 지원하고 있다는 사실은 거의 깨닫지 못한 채—먹이를 주고 있는 실정이다.

기만은 사탄이 하나님의 목적에 저항하는 가장 본질적인 방법이다. 기만을 통해 지극히 높으신 이와 같아지고 싶다는 욕망을 실현시킬 수 있기 때문이다. 전과는 달리, 말세에 나타나리라 예언된 환경을 구축하기 위한 모든 수단이 손아귀에 놓여 있다. 이 예언 중 하나는 『디모데후서』에서 찾을 수 있을 것이다.

"너는 이것을 알라 말세에 고통하는 때가 이르러[1] 사람들이 자기를 사랑하며 돈을 사랑하며 자랑하며 교만하며 비방하며 부모를 거역하며 감사하지 아니하며 거룩하지 아니하며[2] 무정하며 원통함을 풀지 아니하며 모함하며 절제하지 못하며 사나우며 선한 것을 좋아하지 아니하며[3] 배신하며 조급하며 자만하며 쾌락을 사랑하기를 하나님 사랑하는 것보다 더하며[4] 경건의 모양은 있으나 경건의 능력은 부인하니 이 같은 자들에게서 네가 돌아서라[5](디모데후서 3:1~5)"

현재의 사회적 경향을 감안해 볼 때 위 예언은 각별히 연구해 볼 가치가 있다. 5절은 진리를 기만한다는 주제와 관련하여 특히 중요하다.

"경건의 모양은 있으나 경건의 능력은 부인하니 이 같은 자들에게서 네가 돌아서라"

본문에 따르면, 말세에는 하나님의 능력을 부인하는 경건의 모양이 나타날 터인데 신도는 그런 지도자에게서 떠나야 한다는 것이다. '모양forms'에는 없는 진정한 믿음의 주된 구성요소는 다른 성경구절에서도 세심하게 규정하고 있다.

"내가 복음을 부끄러워하지 아니하노니 이 복음은 모든 믿는 자에게 구원을 주시는 하나님의 능력이 됨이라 먼저는 유대인에게요 그리고 헬라인에게로다(로마서 1:16)"

"우리는 십자가에 못 박힌 그리스도를 전하니 유대인에게는 거리끼는 것이요 이방인에게는 미련한 것이로되[23] 오직 부르심을 받은 자들에게는 유대인이나 헬라인이나 그리스도는 하나님의 능력이요 하나님의 지혜니라[24](고린도전서 1:23~24)"

그런즉 '모양'에서 교묘히 빠뜨린 요소는 그리스도 안에 있는 구원일 것이다. "천하 사람 중에 구원을 받을 만한 다른 이름을 우리에게 주신 일이 없을 뿐 아니라(사도행전 4:12)" 구원을 통해서만 흑암의 세력에서 구조가 가능하기 때문이다. 이러한 구원이 없다면 사탄은 여전히 자신의 구원을 주장할 수 있을 것이다. 덧붙여 말하자면, 바울서신에서 미루어보건대, 바울이 부끄러워하지 않는다는 이 구원은 성령이 '새롭게 하시는 것(regeneration, 중생)' 못지않은 약속undertaking이었다. 이는—다른 이론이야 어떻든—성령이 사도 바울을 통해 가르치신 메시지로 봄직하다.

따라서 종말에 나타나는 한 가지 특징은 구원에 있는 하나님의 능력을 교묘히 부인하는 경건의 모양일 것이다.

사탄은 '후일에' 진리나 교리를 장려하는 주체가 될 것이다.

"성령이 밝히 말씀하시기를 후일에 어떤 사람들이 믿음에서 떠나 미혹하는 영과 귀신의 가르침을 따르리라 하셨으니[1] 자기 양심이 화인을 맞아서 외식함으로 거짓말하는 자들이라[2](디모데전서 4:1~2)"

본문에 예언된 사탄의 세상은 세밀하게 기록되어 있다. 사탄이 제시하는 조건은 구미가 당기기도 하고 겉으로는 종교를 표방하고 있어 '믿음에서 멀어질' 자가 현혹될 것이다. 즉, 미혹하는 영에 속절없이 당한다는 이야기다. 이처럼 미혹하는 체제는 사탄에게서 비롯된 것으로 그 자체가 양심에 화인 맞은 사람들이 '외식함으로 하는 거짓말'이기도 하다. 이보다 뇌리에 더 와 닿는 표현은 없을 듯싶다. 외식이 덮어버린 거짓이란 그들이 신도에 속하려는 노력을 기울인다는 것이고, 양심이 무뎌졌다(화인 맞았다)는 기록은 양심의 가책이나 후회 없이도 하나님의 증언을 왜곡하는가 하면 다른 영혼을 스올로 이끌 수 있다는 뜻이리라.

귀신devils의 가르침doctrine은 『요한계시록』에 재차 언급한 바와 같이 "사탄의 깊은 것"이며(요한계시록 2:24), 이는 '(성령이 하나님을 사랑하는 자들에게 보여주시는) 주님의 깊은 것'에(고린도전서 2:10) 대한 사탄의 속임수를 두고 하는 말이다.

따라서 말세에 대한 예언은 그리스도 안에 있는 구원의 능력을 부인하는 경건의 모양이자, '사탄의 깊은 것' 즉 '귀신의 가르침'으로 알려진 체제system로, 이는 추종자가 진정한 믿음에서 벗어나게 하고 외식함으로 거짓을 일삼는다는 것이다. 두 구절은 같은 시대를 언급하고 있으니 동일한 대상을 기록했다는 점을 어찌 의심하랴? 한 구절에 나타난 거짓말이 다른 구절에서는 구원을 은밀히 부인한 것을 가리킬 수 있다.

사탄에게도 회중이나 총회가 있으며 이는 가시적인 교회를 본뜬 모조품에 불과하다. 사탄의 회중은 『요한계시록 2:9, 3:9』에서 '사탄의 회당synagogue of Satan'으로 기록된 바 있다. 하나님의 깊은 것과 마찬가지로, 사탄의 깊은 것에 대한 증언에 중요한 역할을 하는 조직적인 회중을 두고 하는 말이다.

마태복음 13장에서 가라지는 밀 사이에 나타나고, 기록된 바에 따르면 밀을 파종한 뒤에 모습을 드러낸다고 한다. 그러므로 '악한 자의 자녀' 또한 눈에 띌 때 교회 안에 조직되고 그에 속한 경우가 더러 있을 것이다.

사탄의 회는 자칭 '가시적인 교회의 지체' 라 하여 목회자와 교사를 둘 것이다. 이는 『고린도후서』 2:13~15에 기록된 바와 같다.

> 그런 사람들은 거짓 사도요 속이는 일꾼이니 자기를 그리스도의 사도로 가장하는 자들이니라[13] 이것은 이상한 일이 아니니라 사탄도 자기를 광명의 천사로 가장하나니[14] 그러므로 사탄의 일꾼들도 자기를 의의 일꾼으로 가장하는 것이 또한 대단한 일이 아니니라 그들의 마지막은 그 행위대로 되리라[15](고린도후서 11:13~15)"

사탄의 기만술의 정도를 계시하는 대목이 눈에 띈다. 본문에 따르면, 그들은 "거짓 사도요 속이는 일꾼이니 자기를 그리스도의 사도와, 의의 일꾼으로 가장하나" 실은 스스로 빛의 천사를 가장한 사탄(속이는 자의 대표)의 대리인에 불과하다고 한다. 분명한 사실은 이런 기만술이 그리스도의 참된 일꾼을 모방한다는 것이다. 거짓 사도들은 '경건의 모양' 을 메시지에 담고 가장 교묘한 위선으로 거짓말을 덮고 나면 그제야 모습을 드러낼 수 있다는 것이다. 악은 이런 방식 밖에서는 모습을 감출 것이요, '또 다른 복음' 이나, 앞서 인정된 진리를 포괄적으로 이해하는 대안으로 선포될 것이다. 이는 그리스도의 일꾼이자, 의심할 여지없이 큰 시험에서 해방된 자들—'빛의 천사'가 가진 아름다움을 반영한다—이 선언했으니 좀더 매혹적으로 다가올 것이다. 그러나 거짓 일꾼들은 자신의 사역을 모를 수도 있다. 그들은 사탄의 세상하에서 회개하지 않은 탓에 진정한 복음에 눈을 뜨진 못했으나 신실한 자들인지라, 빛의 천사를 기탄없이 선포하고 가르칠 것이다. 그들의 복음은 인간의 이성이요, 인간적인 수단resources에 호소한다. 그들은 하나님뿐 아니라 당신의 아들인 예수 그리스도를 알지 못하므로 창조주의 계시 또한 알 수 없으리라. 이 모든 것이 사실일진대, 호감이 가는 일꾼과 종교 지도자들이 자신의 신분을 주장하고, 또한 미덥다는 이유로—은폐된 사탄의 위선과 하나님의 진실을 구별할 수 있는 유일한 잣대인 '교리doctrine'라는 최후의 시금석을 알지 못하는—그들을 추종하는 다수의 태도는 얼마나 위험천만한 결과를 초래하겠는가? 요한은 이러한 맥락에서 다음과 같이 경고했다.

"누구든지 이 교훈을 가지지 않고 너희에게 나아가거든 그를 집에 들이지도 말고 인사도 하지 말라(요한이서 1:10)"

사탄의 속임수 계획에는 그럴싸한 외양과 심오한 교리, 교회 및 일꾼과 아울러 주된 요소가 하나 더 있다. 이른바 '불법의 사람the Man of Sin'이라 하여 신성한 그리스도를 모독하는 모조체counterfeit로 아직은 출현하지 않았으나 훗날 사탄의 화신으로 나타날 것이다. 기록된 바, "악한 자의 나타남은 사탄의 활동을 따라 모든 능력과 표적과 거짓 기적과[9] 불의의 모든 속임으로 멸망하는 자들에게 있으리니 이는 그들이 진리의 사랑을 받지 아니하여 구원함을 받지 못함이라[10](데살로니가후서 2:9~10)"와 같다. 하나님이 금세에 이루실 궁극적인 목적이 그리스도의 재림에서 성취되듯, 하나님의 계획을 모방하는 사탄도 어떤 이를 지정할 것이다(데살로니가후서 2:9). 그는 사탄의 현현이므로 사탄은 그에게 자신의 비상한 지혜와 권세와 아름다움을 부여할 것이다. 이 인물은 8장에서 구체적으로 다룰 참이다.

사탄을 일컫는 복수의 명칭은 신성한 삼위일체를 자신의 위격person으로 모방하려는 시도를 암시한다. 예컨대, 그는 성부 하나님의 표상인 '이 세상의 신'으로 출현하는가 하면, 성자 하나님을 본뜬 '세상의 임금'으로, 혹은 참 신도 안에 거하며 그들을 격려하는 성령 하나님을 모방, '순종의 자녀에게 힘을 주는 영'으로 나타나고 있다는 것이다. 사탄은 지극히 높으신 자를 닮으려는 욕망 때문에 삼위일체의 각 위격마저 흉내 내려는 신성모독을 일삼아왔다. 그러나 사탄이 방해하고자 했던 속량(redemption, 예수가 십자가에 못박혀 인류의 죄를 대속함으로써 인류를 구원함—옮긴이)이 제2의 위격인 성자 하나님의 사역인 까닭에 그는 이름과 사역 면에서 더 자주 그리스도의 모사counterfeit로 등장할 것이다. 사탄은 스올로 추방되기 전, 최후의 심판이 시작되기 전에 그를 통해 필사적으로 안간힘을 쓸 것이다.

Chapter 08
불법의 사람

지상에 벌어질 환난의 시기는 이미 언급되어 있다. 성경에서 이때는 다양한 비유로 기록되었다. "큰 환난(계 2:22)"과 "야곱의 환난의 때(렘 3:7)"요, "캄캄하고 어두운 날이요 구름과 흑암의 날(스바냐 1:15)"이라고 기자는 말한다. 금세 말로 예견된 환난의 때는 신약성서의 후기 서신에서 강조된 바와 같이, 배교 사태의 결과로 나타난다고 한다. 서신은 대대적인 배교가 아직 벌어지진 않았다는 점을 의식하면서도 배교의 싹은 서신이 기록될 당시에도 눈에 띄고 있었다는 점을 가르쳤다. 이 같은 사도의 가르침은 성서 마지막 책인 『요한계시록』에서 결과가 밝혀지게 마련이다. 아울러 배교의 구체적인 경위와 환난의 때에 만연하게 될 상황도 이 책에 장황하게 기록되어 있다. 구·신약성경의 다른 구절도 이와 정확히 일치한다.

환난의 때를 두고 바울은 예견된 바와 같이 『데살로니가후서』에서 이렇게 밝혔다.

"누가 어떻게 하여도 너희가 미혹되지 말라 먼저 배교하는 일이 있고 저 불법의 사람 곧 멸망의 아들이 나타나기 전에는 그 날이 이르지 아니하리니(데살로니가후서 2:3)"

환난의 때는 주님의 날이 오기 전이자, 필자가 앞서 서술한 바와 같이(요한계시록 19장) 환난이 종식되는 날로 보인다. 따라서 환난의 때는 왕국시대the Kingdom Age 전에 도래하여 왕이신 그리스도가 영광의 옷을 입고 나타남으로써 종지부를 찍을 것이다.

재차 말하지만, 환난은 진정한 교회가 자리를 옮긴 후에 임할 것이다. 기록된 바와 같이, 진정한 신도는 "장차 온 세상에 임하여 땅에 거하는 자들을 시험할 때(요한계시록 3:10)"에서 구원을 받으리라는 것을 기억해야 한다(바꾸어 말하면, 신도는 천국 시민권자이므로 지상에 거하는 자들은 포함되지 않을 것이다). 주님의 재림과 관련된 이 예언에 대해서는 오해하는 경우가 더러 있다. 예수 그리스도는 우선 지상이 아니라 공중에서 신부를 만나 (자고 있든, 깨어 있든 관계없이) 그들을 모을 것이다.

> "주께서 호령과 천사장의 소리와 하나님의 나팔 소리로 친히 하늘로부터 강림하시리니 그리스도 안에서 죽은 자들이 먼저 일어나고[16] 그 후에 우리 살아남은 자들도 그들과 함께 구름 속으로 끌어 올려 공중에서 주를 영접하게 하시리니 그리하여 우리가 항상 주와 함께 있으리라[17](데살로니가전서 4:16~17)"

재림이 약속된 이후, 이 예언은 현재뿐 아니라 과거에도 임박한 것이었고, 교회는 환난 전에 실현될 이 예언을 소망하고 이를 위해 기도하라고 배웠다. 신부가 무아지경의 환희와 행복을 누릴 것이기 때문이다. 앞서 언급한 바와 같이, 인간성의 해체는 거듭나지 못한 심령에 숨어있고(로마서 3:10~18) 그것이 맞닥뜨릴 환난은 신의 모든 구속이 풀릴 때만을 기다리고 있다. 따라서 환난은 그리스도가 당신의 교회를 위해 재림하실 때 나타나는 첫 사건 후, 지상에서 즉시 시작되리라는 해석이 성경적으로나 이성적으로 옳을 것이다.

사탄과 인간의 신성모독적인 주장이 입증되고 하나님의 증언이 정당화되는 때, 지상에서 치러질 전대미문의 환난은 그리스도가 재림할 때 나타날 두 사건이 경계가 될 것으로 보인다. 이를테면, 그리스도가 자신의 신도들을 위해 강림하여(데살로니가전서 4:16~17) 천국시민을 모으는 때요, 하나님이 지상의 인간과 맺은 언약을 그리스도가 신도와 함께 온전히 성취할 때를 두고 하는 말이다(요한계시록 19:11~21).

이 시기의 과정은 『다니엘』에 기록되어 있다.

"네 백성과 네 거룩한 성을 위하여 일흔 이레를 기한으로 정하였나니 허물이 그치며 죄가 끝나며 죄악이 용서되며 영원한 의가 드러나며 환상과 예언이 응하며 또 지극히 거룩한 이가 기름 부음을 받으리라[24] 그러므로 너는 깨달아 알지니라 예루살렘을 중건하라는 영이 날 때부터 기름 부음을 받은 자 곧 왕이 일어나기까지 일곱 이레와 예순두 이레가 지날 것이요 그 곤란한 동안에 성이 중건되어 광장과 거리가 세워질 것이며[25] 예순두 이레 후에 기름 부음을 받은 자가 끊어져 없어질 것이며 장차 한 왕의 백성이 와서 그 성읍과 성소를 무너뜨리려니와 그의 마지막은 홍수에 휩쓸림 같을 것이며 또 끝까지 전쟁이 있으리니 황폐할 것이 작정되었느니라[26] 그가 장차 많은 사람들과 더불어 한 이레 동안의 언약을 굳게 맺고 그가 그 이레의 절반에 제사와 예물을 금지할 것이며 또 포악하여 가증한 것이 날개를 의지하여 설 것이며 또 이미 정한 종말까지 진노가 황폐하게 하는 자에게 쏟아지리라 하였느니라 하니라[27](다니엘 9:24~27)"

본문에서 시기는 셋으로 뚜렷이 구분된다. 첫째, 환상의 때로부터 "영원한 의"가 드러나고 거룩한 자가 기름부음을 받을 때까지, 즉 환상의 때에서, 앞으로 실현될 그리스도의 지상 왕국까지 70주요, 둘째는 같은 시기부터 혹은, 바벨론 왕이 예루살렘을 회복하라는 명령에서, '메시아(기름부음 받은 자)가 끊어진다'고 기록된 대로 그리스도가 죽을 때까지 69주요, 끝으로 한 주는 가증한 것이 창궐하고, 진노가 황폐한 자에게 쏟아질 것이다.

역사는 본문에 암시된 시기를 이렇게 풀이했다. 왕이 예루살렘을 재건하라고 명령한 시점에서 그리스도가 죽으신 시점까지 483년인 즉, 이는 7×69주(7×7+62×7)를 의미한다. 그러면 영원한 의가 도래하기까지는 70주 중 한 주만 남게 되는데, 이 한 주는 황폐한 것과 가증한 것이 창궐하는 시기로 백성이 다른 임금과의 언약 하에 놓이는 때를 일컫는다. 금세는 이 셈에 포함되지 않으므로 유대 역사에서 삽입된 시기로 봄직하며 성취되지 않은 70주 중 마지막 주(7년)는 지상에 왕국이 서기 전 시기로, 교회를 모으고—삽입된 금세의 목적이 완성되는 사건—왕국이 마지막으로 도래하는 때 사이일 것이다.

그러나 황폐해질 7년간의 종말은 그리스도의 말씀에 따르면 축소된다고 한다.

> "이는 그 때에 큰 환난이 있겠음이라 창세로부터 지금까지 이런 환난이 없었고 후에도 없으리라[21] 그 날들을 감하지 아니하면 모든 육체가 구원을 얻지 못할 것이나 그러나 택하신 자들을 위하여 그 날들을 감하시리라[22](마태복음 24:21~22)"

이 환난은 여느 때와 혼동할 수 없다는 점도 눈여겨볼 대목이다. 예전이나 앞으로도 이런 환난은 없을 거라고 하니 말이다(다니엘 12:1, 요엘 2:2, 마태복음 24:21~22).

기자는 '불법의 사람the Man of Sin'이 등장하는 상황을 소상히 밝히기 위해 환난의 때를 장황하게 언급했다. 막강한 권력으로 세상을 통치하는 그는 지상이 캄캄한 흑암의 날, 곧 하나님의 빛이 물러난 날 등장할 것이다. 이때 세상은 속절없이 아수라장이 되고 말 것이다. 그는 체제의 우두머리가 하늘에서 지상으로 쫓겨나면 사탄의 대리인으로서 환난 중에 등장할 것이다(요한계시록 12:7~12). 불법의 사람이 멸망하는 날도 이미 밝혀져 있다. 기록에 따르면, 이는 그리스도가 영광중에 오시는 때 벌어질 사건이라고 한다(다니엘 2:44, 7:11~14, 데살로니가후서 2:8, 요한계시록 19:20). 따라서 그는 사탄의 발악이 최고조에 이를 때 출현하며 인물상을 면밀히 살펴보면 사탄이 하나님에 대한 적개심을 품고 만들어낸 가장 가공할만한 위력의 결과물이라는 사실을 알게 될 것이다.

불법의 사람의 시기와 관련하여, 신도는 그를 몸소 경계해야 한다기보다는 그가 출현할 때를 위한 예비 단계로서 창궐하게 될 사태에 경계하라는 메시지를 듣게 된다는 점도 주목해봄직하다. 이유인 즉, 진정한 신도는 '사악한 자Wicked one'가 출현하기 전부터 그리스도 앞에 모이게 되므로 그가 출현하기 이전과, 그의 도래를 준비하는 과정에 벌어질 사태에 영향을 받을 가능성이 있다는 것이다. 불법의 사람은 금세의 전 과정과 최후를 다루는 구절에서만 상세히 기록되어 있다.

불법의 사람 또한, 사탄의 사람과 사역을 기술한 바와 같이, 거룩하신 하나님의 관점에서 기록되었다는 점도 기억해야 한다. 세상이 완벽한 이상이라며 영광스레 찬양하는 그는—하나님의 시각에서는—반란과 신성모독과 반역의 화신인 것이다.

이방 시대에서 전 세계를 다스리고 통치하는 자들의 체제는 다니엘에게 환상으로 계시되어 『다니엘』에 기록·해석된 바 있다. 환상 속에서 불법의 사람은 '작은 뿔(다니엘 7장)'로 묘사되는가 하면 하나님의 명예를 더럽히는 최후의 통치자요, '황폐하게 하는 자desolator(다니엘 9:27)'요, '마음대로 행하는 왕willful King(다니엘 11:36)'이자 '멸망의 가증한 것abomination of desolation(마태복음 24:15)'이며 '불법의 사람Man of Sin(데살로니가후서 2:3)'이며, '흰 말을 탄 자the rider on the white horse(요한계시록 6:2)'요, '첫 짐승the first Beast(요한계시록 13장)'이라 기록되어 있다. 이처럼 형상과 이름은 여럿이나 신분이 확실한 데다, 사탄과 마찬가지로, 특징과 활동시기와 사역이 특이한 탓에 다른 대상과 혼동하기란 쉽지 않을 것이다.

『다니엘』 2장에 기록된 왕국들의 체제는 거대한 형상으로 비유되고 있는데 결국에는 "손대지 아니한 돌이" 이를 산산조각 낸다고 한다. 이때 돌은 건축자가 버린 돌이자 모퉁이돌인 그리스도를 가리킨다. 이 형상의 발과 발가락은 인간 통치의 최후를 보여주는 것으로, 돌이 부서뜨린 형상의 지체일 것이다. 지상의 통치가 종식된다는 계시는 『다니엘』에 기록되어 있다.

"이 여러 왕들의 시대에 하늘의 하나님이 한 나라를 세우시리니 이것은 영원히 망하지도 아니할 것이요 그 국권이 다른 백성에게로 돌아가지도 아니할 것이요 도리어 이 모든 나라를 쳐서 멸망시키고 영원히 설 것이라[44] 손대지 아니한 돌이 산에서 나와서 쇠와 놋과 진흙과 은과 금을 부서뜨린 것을 왕께서 보신 것은 크신 하나님이 장래 일을 왕께 알게 하신 것이라 이 꿈은 참되고 이 해석은 확실하니이다 하니[45](다니엘 2:44~45)"

이 장으로 미루어, 메시아 왕국의 건설은 홀연히 이루어지는 동시에 인류의 통치체제를 파괴한다고 했으므로 발전·진보하는 시대가 낳은 결과로 볼 순 없을 것이다.

『다니엘』 7장에서 기록된 바와 같이, 불법의 사람이 10개의 뿔 중 '작은 뿔'로 형상화된 것은 거대한 형상에 달린 10개의 발가락과 같이, 인간의 권세와 권력의 말단을 암시한다. 이 환상에서 지상 왕국은 매우 대담한 통치자요, '입으로 큰 것을 말하는' '작은 뿔'이자, 가장 비범한 외모를 가진 자를 끝으로 막을 내릴 것으로 보인다. 성도들과 전쟁을 벌이되 '옛적부터 항상 계신 자the Ancient of days'가 오기 전까지 승리를 쟁취하는 자는 그를 두고 하는 말이다. 환상에 대한 해석 중 귀감이 되는 대목은 다음과 같다.

"모신 자가 이처럼 이르되 넷째 짐승은 곧 땅의 넷째 나라인데 이는 다른 나라들과는 달라서 온 천하를 삼키고 밟아 부서뜨릴 것이며[23] 그 열 뿔은 그 나라에서 일어날 열 왕이요 그 후에 또 하나가 일어나리니 그는 먼저 있던 자들과 다르고 또 세 왕을 복종시킬 것이며[24] 그가 장차 지극히 높으신 이를 말로 대적하며 또 지극히 높으신 이의 성도를 괴롭게 할 것이며 그가 또 때와 법을 고치고자 할 것이며 성도들은 그의 손에 붙인 바 되어 한 때와 두 때와 반 때를 지내리라[25] 그러나 심판이 시작되면 그는 권세를 빼앗기고 완전히 멸망할 것이요[26] 나라와 권세와 온 천하 나라들의 위세가 지극히 높으신 이의 거룩한 백성에게 붙인 바 되리니 그의 나라는 영원한 나라라 모든 권세 있는 자들이 다 그를 섬기며 복종하리라[27](다니엘 7:23~27)"

『다니엘』 11장에서는 불법의 사람이자 방종한 왕의 통치가 구체적으로 예언되어 있다. 최후 통치자의 지배와 신성모독적인 태도는 애당초 하나님의 목적에 포함되어 있었다는 것이다. 그런 의미에서 인용한 단락은 주목해 봄직하다.

"그 왕은 자기 마음대로 행하며 스스로 높여 모든 신보다 크다 하며 비상한 말로 신들의 신을 대적하며 형통하기를 분노하심이 그칠 때까지 하리니 이는 그 작정된 일을 반드시 이룰 것임이라[36] 그가 모든 것보다 스스로 크다 하고 그의 조상들의 신과 여자들이 흠모하는 것을 돌아보지 아니하며 어떤 신도 돌아보지 아니하고[37] 그 대신에 강한 신을 공경할 것이요 또 그의 조상들이 알지 못하던 신에게 금 은 보석과 보물을 드려 공경할 것이며[38] 그는 이방신을 힘입어 크게 견고한 산성들을 점령할 것이요 무릇 그를 안다 하는 자에게는 영광을 더하여 여러 백성을 다스리게도 하며 그에게서 뇌물을 받고 땅을 나눠 주기도 하리라[39](다니엘 11:36~39)"

이 단락은 하나님을 심각하게 모독한 것과 아울러, 중요한 계시를 담고 있기도 하다. 첫째, '그의 조상들의 신the God of his fathers'이라는 표현은 불법의 사람이 그리스도인의 계보에서 출생했다는 점을 암시한다. 둘째, 여자들이 흠모하는 것을 돌아보지 않는다는 것은 그가 참 메시아를 증오한다는 방증이다. 본문은 유대 여성들이 메시아의 어미가 되고자 하는 욕구를 밝힌 기록으로 보이기 때문이다. 셋째, 조상들이 알지 못하던 신(사탄)—그가 공경하는 신—을 인정하는 자들은 번영을 누리고 그들에게는 땅이 배분될 것이며, 그는 저들에게 권세와 영광을 하사할 것이다.

신약성서에서 죄에 속한 사람은 "자기 이름으로 온 자(사람들은 그를 영접할 것이다)(요한복음 5:43)"와, "불법의 사람"이자 "멸망의 아들(데살로니가후서 2:3)"이요, "사악한 자(데살로니가후서 2:8)"이며 "짐승beast(요한계시록 13:1)"으로 기록된 바 있다. 사탄은 그리스도에게 제시한 권세와 영광을 모두 그에게 부여할 것이다(누가복음 4:5~6). 그를 언급한 구절이 다수 있지만 상세히 기록한 단락은 둘뿐이다. 첫째, 그는 땅에 대한 하나님의 구속이 풀린 직후에 출현하고(데살로니가후서 2:1~10), 둘째(요한계시록 13:1~8), 기록된 바와 같이 그는 사탄이 하늘에서 지상으로 쫓겨난 직후에 나타나며(요한계시록 12:7~12) 『요한계시록』 19~20장에 기록된 대로 그리스도가 영광스럽게 재림하실 때까지 활동을 이어갈 것이다.

첫 구절은 아래와 같다.

"형제들아 우리가 너희에게 구하는 것은 우리 주 예수 그리스도의 강림하심과 우리가 그 앞에 모임에 관하여[1] 영으로나 또는 말로나 또는 우리에게서 받았다 하는 편지로나 주의 날이 이르렀다고 해서 쉽게 마음이 흔들리거나 두려워하거나 하지 말아야 한다는 것이라[2] 누가 어떻게 하여도 너희가 미혹되지 말라 먼저 배교하는 일이 있고 저 불법의 사람 곧 멸망의 아들이 나타나기 전에는 그 날이 이르지 아니하리니[3] 그는 대적하는 자라 신이라고 불리는 모든 것과 숭배함을 받는 것에 대항하여 그 위에 자기를 높이고 하나님의 성전에 앉아 자기를 하나님이라고 내세우느니라[4] 내가 너희와 함께 있을 때에 이 일을 너희에게 말한 것을 기억하지 못하느냐[5] 너희는 지금 그로 하여금 그의 때에 나타나게 하려 하여 막는 것이 있는 것을 아나니[6] 불법의 비밀이 이미 활동하였으나 지금은 그것을 막는 자가 있어 그 중에서 옮겨질 때까지 하리라[7] 그 때에 불법한 자가 나타나리니 주 예수께서 그 입의 기운으로 그를 죽이시고 강림하여 나타나심으로 폐하시리라[8] 악한 자의 나타남은 사탄의 활동을 따라 모든 능력과 표적과 거짓 기적과[9] 불의의 모든 속임으로 멸망하는 자들에게 있으리니 이는 그들이 진리의 사랑을 받지 아니하여 구원함을 받지 못함이라[10](데살로니가후서 2:1~10)"

예언에서 이 유력자는 "신으로서 성전에 앉은" 하나님이 되고, 경이로운 힘과 표적과 기적으로 다수에게 숭배를 받으며 멸망하는 모든 자, 곧 구원을 받으리라는 진리의 사랑을 받지 아니하는 자를 속일 거라고 한다.

좀더 충격적인 구절은 『요한계시록』에 기록되어 있다.

"내가 보니 바다에서 한 짐승이 나오는데 뿔이 열이요 머리가 일곱이라 그 뿔에는 열 왕관이 있고 그 머리들에는 신성 모독 하는 이름들이 있더라[1] 내가 본 짐승은 표범과 비슷하고 그 발은 곰의 발 같고 그 입은 사자의 입 같은데 용이(사탄) 자기의 능력과 보좌와 큰 권세를 그에게 주었더라[2] 그의 머리 하나가 상하여 죽게 된 것 같더니 그 죽게 되었던 상처가 나으매 온 땅이 놀랍게 여겨 짐승을 따르고[3] 용이(사탄) 짐승에게 권세를 주므로 용에게 경배하며 짐승에게 경배하여 이르되 누가 이 짐승과 같으냐 누가 능히 이와 더불어 싸우리요 하더라[4] 또 짐승이 과장되고 신성 모독을 말하는 입을 받고 또 마흔두 달 동안 일할 권세를 받으니라[5] 짐승이 입을 벌려 하나님을 향하여 비방하되 그의 이름과 그의 장막 곧 하늘에 사는 자들을 비방하더라[6] 또 권세를 받아 성도들과 싸워 이기게 되고 각 족속과 백성과 방언과 나라를 다스리는 권세를 받으니[7] 죽임을 당한 어린 양의 생명책에 창세 이후로 이름이 기록되지 못하고 이 땅에 사는 자들은 다 그 짐승에게 경배하리라[8](요한계시록 13:1~8)"

우선, 본문에서 가장 중요한 대목은 머리 하나가 죽게 되었다가 죽게 된 상처가 나았다는 것이다. 이를 두고 혹자는 이전의 정치적 패배 후에 복권되는 것을 가리킨다고 주장해왔으나, 이 표현은 사탄이 (불법의 사람의 형상으로) 그리스도의 궁극적인 기사—죽음과 부활—를 모방하려는 시도를 연상시키는 매우 중요한 구절로 보인다. 사탄의 노력은 성공한 것이 분명하다. 성경에 따르면, "그 죽게 되었던 상처가 나으매 온 땅이 놀랍게 여겨 짐승을 따른다"고 했으므로 단순한 정권교체의 성공에 국한되진 않을 것이다. 성경은 놀랍게 여긴 그들이 짐승을 따른다고 기록한다. 그들은 놀라운 이적을 행한 사탄을 숭배하고는 짐승에게 경배하며(요한계시록 13:4) "누가 이 짐승과 같으냐, 누가 능히 이와 더불어 싸우리요?"라고 말한다. 불법의 사람이 일삼은 신성모독은 그를 언급한 모든 구절에서 강조되어 왔지만 본문에서는 훨씬 더 생생히 묘사되고 있다.

기록에 따르면, 그의 활동 기간은 마흔 두 달간(3년 반) 지속되는데 이는 환난 기간의 절반에 해당되므로 비유적인 구절로 볼 수는 없을 듯하다. 그는 초자연적인 권세와 지혜로써 사탄의 세상에 속한 모든 생명체보다 월등한 권세를 얻으나, 예외적으로 어린 양의 생명책에 기록된 자들은 그의 권세 아래 놓이진 않을 것이다.

이 장 후반부에는 또 다른 유력자가 등장하는데 그 또한 '짐승'이라 불리지만 나중에는 거짓 선지자로 나타난다(요한계시록 19:20). 아울러 그는 첫 번째 짐승의 권세를 행사하며 그 권세는 사탄인 용에게서 얻는다고 한다. 둘째 '짐승'을 두고도 기록이 적지 않으나 그의 사명은 이목을 자신에게 집중시키는 것이 아니다. 그는 (죽음의 상처가 치유된) 첫 번째 짐승이 세인의 숭배를 받고 권세를 누리는 일에 협력한다. 둘째 짐승은 사람들을 직접 상대하며 놀라운 이적과 기사와 권세를 통해 첫 번째 짐승을 섬기도록 충성을 강요할 것이다. 이를테면, 하늘에서 불이 떨어지고 말 못하는 우상이 말을 하고 생기를 띠게 된다는 것이다. 그는 매매하는 모든 자를 통합시키고 그들에게 사형을 선고할 권력을 행사함으로써 첫 번째 짐승의 이권을 확대해 나갈 것이다. 이를 기록한 구절은 다음과 같다.

"내가 보매 또 다른 짐승이 땅에서 올라오니 어린 양 같이 두 뿔이 있고 용처럼 말을 하더라[11] 그가 먼저 나온 짐승의 모든 권세를 그 앞에서 행하고 땅과 땅에 사는 자들을 처음 짐승에게 경배하게 하니 곧 죽게 되었던 상처가 나은 자니라[12] 큰 이적을 행하되 심지어 사람들 앞에서 불이 하늘로부터 땅에 내려오게 하고[13] 짐승 앞에서 받은 바 이적을 행함으로 땅에 거하는 자들을 미혹하며 땅에 거하는 자들에게 이르기를 칼에 상하였다가 살아난 짐승을 위하여 우상을 만들라 하더라[14] 그가 권세를 받아 그 짐승의 우상에게 생기를 주어 그 짐승의 우상으로 말하게 하고 또 짐승의 우상에게 경배하지 아니하는 자는 몇이든지 다 죽이게 하더라[15] 그가 모든 자 곧 작은 자나 큰 자나 부자나 가난한 자나 자유인이나 종들에게 그 오른손에나 이마에 표를 받게 하고[16] 누구든지 이 표를 가진 자 외에는 매매를 못하게 하니 이 표는 곧 짐승의 이름이나 그 이름의 수라[17] 지혜가 여기 있으니 총명한 자는 그 짐승의 수를 세어 보라 그것은 사람의 수니 그의 수는 육백육십육이니라[18](요한계시록 13:11~18)"

두 번째 짐승은 '성령 하나님the Holy Spirit of God'을 본뜬 모조격임을 강력히 시사한다. 성령은 자신을 드러내지 않고 그리스도를 영화롭게 하고 모든 신도를 연합시켜 경배와 찬양으로 인도하기 위해 오셨기 때문이다. 두 번째 짐승은 '적그리스도Anti-christ'와 일치할 공산이 크다. 요한서신에만 등장하는 '적그리스도'는 그리스도와 그의 희생을 대대로 부인해온 거짓 교사의 완성체consummation로 보인다.

'불법의 사람'을 둘러싼 성경의 모든 증언을 감안해 볼 때, 분명 사탄에게서 초인적인 힘을 얻은 그는 한 인간으로 나타나며, 천국 백성이 옮겨진 후 대환난이 진행되는 동안, 즉 하나님과의 대립과 사탄의 교만이 최고조에 이를 때 출현한다고 한다. 그는 전대미문의 최후 통치자로 능가할 자가 없는 영향력을 통해 비범한 말을 하고 심오한 지혜를 보여줄 것이다. 그는 겉으로는 종교색을 띠고 의로운 계획과 원칙을 추진하는 자이나 하나님이 보시기에는 그리스도를 부인하는 교묘한 동기 탓에 위선과 신성모독으로 비쳐질 뿐이다. 아울러 그는 자연스런 과정으로 대중의 마음을 사로잡을 것이다. 그를 비롯한 선지자가 놀라운 이적을 행할 테니 말이다. 이를테면, 하늘에서 불이 떨어지고 말 못하는 우상이 말을 하고 생기를 띠는가 하면 자신은 부상으로 죽게 되었으나 곧 살아날 것이다. 이 같은 초자연적인 기사로 그가 하나님이라는 것을 사람들이 인정하니 그는 전 세계 최고의 이상ideal으로 등극할 것이다. 사람들은 경외심에 도취되고 그의 발 앞에 엎드려 경배할 것이며 결국에는 광신에 빠진 채 그와 동등한 대상을 만들 수 있으냐며 목소리를 높일 것이다. ("누가 이 짐승과 같으냐?") 그는 상처로 죽었으나 살고 세상이 본 큰 이적을 행사하며 가르침은 성경에 근거를 두므로 육신을 입은 하나님의 현현이 될 것이 분명하다. 그의 지혜와 아름다움과 위엄은 찬양을 받을만한 이유로 봄직하다.

따라서 '불법의 사람'은 사탄의 기만술 중 최고로 손꼽힐 것이다. 기만술은 그리스도의 몸인 참 교회가 부르심을 받아 옮겨지기 전인 금세 말에 시작되며, 귀신의 교활한 교리는 이른바 '교회'라 불리는 회중의 신조로 채택될 것이요, 이 '심오한deep' 교리는 도덕적인 개혁 moral improvement을 위한 사탄의 야심과 맞물리며, 그리스도의 사도요 의의 일꾼으로 보이는 성직자가 주장할 것이다. 그러나 하나님의 시각에서는 모두가 파렴치한 거짓과 위선일 뿐이다. 하나님의 진리를 왜곡하고 그의 구속을 교묘히 부인하기 때문이다.

앞서 밝힌 바와 같이, 이는 인간이 사탄을 신으로 인정하고, 사탄이 지극히 높으신 자를 닮을 수 있도록 인간을 준비시킨 과정일 뿐이다. 이 계략은 하나님의 목적 안에 허용될 것이다. 기록된 바, "이는 그 작정된 일을 반드시 이룰 것임이라(다니엘 11:36)" 함과 같다. 사탄의 계략은 한동안만 지속되다가 '예부터 계신 이Ancient of Days'가 속절없이 강림하시면 백일하에 드러날 것이요, 원수는 추방되고 오랫동안 예언된 바대로 주께서 영원한 복을 내리시며 장엄히 이 땅을 통치하실 것이다.

Chapter 09
치명적인 계략

말세에는 "경건의 모양은 있으되 능력은 부인하고," "외식으로 거 짓말하는," "귀신의 심오한 가르침"이라는 속임수가 창궐할 것이다. 이를 다룰 9장의 주제를 어느 정도는 예상했을 성싶다. 이 장에서는 참 신앙에 매우 중요하지만 거짓의 일환으로 교묘히 누락시킬 이슈 를 살펴볼까 한다. 이는 진리를 더욱 강하게 만들지만 이것이 없다면 거짓은 더할 나위 없는 속임수로 전락하고 말 것이다. 만상은 이 한 가지 구분점에 따라 좌우되는데 이유인 즉, 예언에 따르면 말세에는 거짓과 진리 사이에 존재하는 구분점이 한 가지뿐이라고 단언하기 때 문이다. 따라서 9장의 주제는 목숨만큼이나 중요할 것이다.

앞서 살펴본 바와 같이, 기만술이 성공하려면 사탄은 진리의 모든 원칙을 거짓 체제 안에서 전용·통합해야 한다. 짝퉁을 그럴싸하게 속이려면 진품과 유사하게 꾸며야 하니까 말이다. 겉으로 보기에 진 리와 비슷한 대상을 '거짓'이나 '속임수'로 규정해야 하는 이유가 여기에 있다. 하나님의 진리를 포장하여 신도들에게서 소망의 근간을 빼앗는 체제system보다 더 큰 수렁은 없으리라. 독자는 그런 체제와 이를 부추기는 선동꾼을 성경이 신랄하게 정죄하고 있다는 사실을 알게 될 것이다.

거짓과 진리를 판가름하는 구분점을 발견하기 위해서는 우선 창조주와 타락한 인간 사이에 존재하는 왜곡된 관계부터 살펴봐야 할 것이다. 하나님이 속량을 통해 성취하고자 했던 목적의 당위성이 여기서 드러나기 때문이다.

사탄의 교리doctrine 중 두 가지 주요 핵심은 그가 에덴동산에서 첫 여인(하와)과 대면했을 때 몸소 밝힌 바 있다. 이 둘은 인류 역사를 통틀어 세상의 신조를 구성하는 핵심이 되어 왔다. 첫째는 하나님이 긍정하신 말씀을 과감히 부인하는 것이었다. 당시 사탄은 "너희가 결코 죽지 아니하리라" 주장했다. 사탄이 단순히 하나님 말씀의 진리를 부인한 것인지, 자신의 권세를 과대평가하여 하나님이 정하신 운명으로부터 그들을 보호하려 한 것인지는 분명치가 않다. 사탄의 근본적인 목적과 진심은 후자의 견해에 부합하다고 본다. 지극히 높으신 하나님과 같이 되려 할 만큼 사탄의 가치관이 비뚤어져 있었다면, 인간이 자신의 뜻에 충성하여 심판을 감당하게 되었으니 그들을 심판으로부터 보호해주려 했으리라는 추론은 매우 타당할 것이다. 어쨌든 사탄은 자신의 휘하에 있는 자들의 삶을 '자기계발self-development'—인간에 대한 하나님의 목적을 치환할 것이다—로 인도하는 데 안간힘을 쓰고 있다.

사탄은 두 번째 주장에서 이 독립적인 행동을 통해(열매를 먹기만 하면) "하나님과 같이 될 것"이라고 하와를 확신시켰다. 이는 약속된 죽음은커녕 가장 숭고한 인간의 이상을 즉시 깨닫는 계기가 된 듯하다. 천지창조 당시 창조주는 본디 사람이 하나님 당신과 같아지게 되는

데 목적을 두셨을 것이다. 죄가 들어오지 않고 드러나지 않았더라면, 상황은 이런 수순대로 진행되었을 것이다. 인간이 죄를 범한 탓에 가장 고귀한 신분에서 추락한 이후에도 하나님은 목적을 포기하지 않으셨다는 것과, 능히 헤아릴 수는 없지만 때 묻고 타락했더라도 풍성한 은혜를 통해 인간의 모든 소망을 초월하는 것도 실현이 가능하다는 사실은 충분히 알 수 있을 것이다. 인간을 변화시키는 하나님의 사역이 완성된다는 기록은 다음과 같다.

"하나님이 미리 아신 자들을 또한 그 아들의 형상을 본받게 하기 위하여 미리 정하셨으니 이는 그로 많은 형제 중에서 맏아들이 되게 하려 하심이니라(로마서 8:29)."

"사랑하는 자들아 우리가 지금은 하나님의 자녀라 장래에 어떻게 될지는 아직 나타나지 아니하였으나 그가 나타나시면 우리가 그와 같을 줄을 아는 것은 그의 참모습 그대로 볼 것이기 때문이니(요한일서 3:2)."

"우리 생명이신 그리스도께서 나타나실 그 때에 너희도 그와 함께 영광 중에 나타나리라(골로새서 3:4)."

"능히 너희를 보호하사 거침이 없게 하시고 너희로 그 영광 앞에 흠이 없이 기쁨으로 서게 하실 이에게(유다서 1:24)."

"그러나 우리의 시민권은 하늘에 있는지라 거기로부터 구원하는 자 곧 주 예수 그리스도를 기다리노니[20] 그는 만물을 자기에게 복종하게 하실 수 있는 자의 역사로 우리의 낮은 몸을 자기 영광의 몸의 형체와 같이 변하게 하시리라[21](빌립보서 3:20~21)."

사탄은 불손한 야심의 목적을 단연 인간에게 제시했을 것이다. 특히 그는 인간과 신을 이간함으로써 인간을 지배하는 권세를 주장, 그토록 열망하던 숭배의 대상이 될 수 있었다.

인간의 위상을 끌어올릴 수 있는 방편은 최소 둘이 있는데 하나는 사탄의 것이요, 또 하나는 창조주의 방법으로 극명하게 대조된다. 두 방편은 같은 목표를 겨냥하므로―이상을 서로 비교할 가치는 없겠지만―방법 자체가 논의의 첫 주제가 될 것이다.

인간은 사탄의 지배하에 있을 때 창조주와의 관계라는 문제가 매번 기묘하리만치 영향을 받아왔다. 인간도 절망적이지만 하나님에 대해 독립적인 지위를 확보하고자 안간힘을 써왔는데 이러한 비정상적인 관계에서 그는 저 나름대로 해결책을 모색하고 맹목적으로 자신만의 기질을 세우며 교육과 계발로, 하나님께서 인간은 치유할 수 없다고 선언했던 본연의 마음natural heart을 개선하려 안간힘을 써왔다. 아울러 그는 하나님이 정한 '노동labor'을 피하기 위한 수단을 개발하고자 자신의 창의력을 왜곡키도 했다. 대개 인간의 이기적인 탐욕은 땀을 흘려야 하는 수고를 대신 감당할 대상을 매수하려는 욕구에서 비롯된 것이다. "그의 모든 사상에는 하나님이 없으며(시편 10:4)" 하나님의 도움을 구할 어떠한 기질도 없다. 사탄의 술책은 자기계발self-help을 비롯하여, 한정된 자원을 개발하는 과정을 통해 인간으로 하여금 신이 되도록 부추긴다.

전 세계의 자기계발 사상에 종교적인 행태가 도입된다는 것은 개연성도 높고 당연한 결과이기도 하다. 신이 되고자 하는 사람과 종교활동의 영역이 작지 않은 데다, 인간은 불가능한 일마저도 가능하게 해주십사 청원하는 기도의 소재 또한 무궁무진하기 때문이다. 따라서 경건한 영성devout spirit은 사탄의 교리 중 일부를 차지하며 성경이 예언한 "경건의 모양forms of godliness"도 당연히 등장할 수밖에 없는 것이다.

하나님께 자신을 구원해 달라고 간청하는 기도와, 자신이 자신을 구원할 수 있도록 도와달라는 기도는 판이하게 다른 것이다. 그중 후자는 단연 사탄의 계획이며, 이에 하나님이 은혜를 베푸시리라는 보장은 받은 일이 없다. 겉으로는 그럴싸하고 진심이 느껴진다손 치더라도, 이 같은 종교활동 탓에 도덕률에 열심인 자들moral aspirants은—타락한 자들과 마찬가지로—하나님의 임재로부터 영원히 분리·추방될 운명에 처하고 말 것이다.

"이런 것들은 자의적 숭배와 겸손과 몸을 괴롭게 하는 데는 지혜 있는 모양이나 오직 육체 따르는 것을 금하는 데는 조금도 유익이 없느니라 (골로새서 2:23)."

앞선 기도와 종교활동은 구원사역을 하나님의 손에 맡기기는커녕, 창조주 당신을 모독하고 무시하는 행태를 적극 장려하고 지원해 달라며 조롱하듯 요구하는 것과 같다. 물론 합리적이지도 않거니와 개연성도 전무한 이야기다.

타락하지 않은 인간이 높은 경륜에 이를 수 있을 법한 과정은 밝혀지지 않았지만, 지금처럼 과거에도 창조주를 전적으로 의지했으리라는 점은 의심할 여지가 없을 것이다. 현재 인간이 하나님께로부터 독립했다는 발상은 타락한 본성의 무지몽매한 망상일 뿐이다. 육신을 입은 존재에게 완전한 독립은 결코 가당치가 않기 때문이다. 그렇다면 영적인 존재는 얼마나 더하겠는가!

재차 말하지만, 자신을 구원한다는 발상은 바보 같은 허상에 불과하다. 하나님은 인간에게 불가능한 자질을 요구하시는데, 그렇다고 해서 하나님의 요구가 비합리적이라는 뜻은 아니다. 주님은 당신이 요구한 모든 것을 은혜로 주시겠다고 말씀하신다. 하나님의 절대적인 경건은 주님이 인정하는 모든 사람의 경건을 요구하신다. 하나님은 "인간 자신이 인정받을 수 있도록 기도하라"고 주문한다거나, 이를 친히 도와주겠다며 인간을 조롱하신 적이 없다. 진정한 구원은 전적으로 하나님의 사역이기 때문이다. 구원은 완성된 사역이자 선물이므로 구원받은 자가 이를 스스로 완성하거나 후불로 상환할 의무는 없을 것이다. 물론 구원받은 자는 좀더 영광스런 의욕을 가지고 섬기기 위해 부르심을 받았지만 말이다.

하나님과 같이 된다는 신적인 용어는 분명 성경에 기록되어 있으나, 이처럼 가망이 없는 발상은 하나님이 최고의 인간 본성에 부여하신 것이다. 인간은 자신이 가진 모든 것을 선물로 받는 동시에, 채권자이신 하나님의 영원한 채무자가 되리라는 것이 논리적인 필연일 터이나, 사탄에게서 영감을 받아 자족한다는 인간은 이를 항상 거부해왔다. 이런 관계는 타락한 인간과 창조주 사이에서 정당하게 존재할 수 있는 합당한 것이다. 하지만 사탄은 잃어버린 자가 믿지 못하도록 그들의 눈을 멀게 하여 합리적이고 당연한 것을 그렇지 않은 것처럼 보이도록 미혹해왔다. 그들은 사탄이 조장한 자족과, 하나님으로부터의 독립을 포기할 수 없어 결국에는 창조주가 보시기에 좋았던 모든 것을 선물로 받을 수 없게 되었다.

사탄이 지배하는 인간과, 하나님이 벌이는 논쟁은—자기의와 성품을 스스로 계발하는 것이든, 성령의 열매로써 의와 성품을 지니든—양자의 방편method으로 구분된다. 이를테면, 인간은 자신을 구원하고

자 노력할 것인가, 아니면 다른 신적인 존재에게 겸허히 엎드려 구원을 받으려 하겠는가? 그는 선과 진리 여부를 알 수 없는 존재의 뜻을 스스로 준수하겠는가, 아니면 하나님의 능력에 힘입어 그리스도의 형상으로 변화를 받겠는가? 윤리적 종교적 사람이 되기 위해 진심어린 노력을 제물로 헌납하겠는가, 아니면 하나님이 모든 죄를 대속하기 위해 준비한 제물을 인정하겠는가? 자신의 업적을 근거로 하나님 앞에 서겠는가, 아니면 그리스도가 그를 위해 완성한 사역에서 안식을 누리겠는가? 타락한 본성을 계발하고자 안간힘을 쓰겠는가, 아니면 예수 그리스도를 믿음으로써 하나님의 권세를 통해 주님의 아들이 되겠는가?

첫 번째 방편은 전적으로 자신을 의지하여 스스로 깨닫고 인간에게만 영광을 약속한다는 것으로, 그 기원은 사탄이 '지극히 높으신 분'과 같아지리라는 마음을 품었던 미지의 때로 거슬러 올라간다. 반면 둘째 방편은 하나님만 의지하기 때문에 깨달음을 위해 믿음이라는 태도를 요구한다. 이는 홀로 찬양받기에 합당하신 창조주께 해당될 것이다. 둘째는 사탄의 방편과는 달리, 하나님이 창세 전부터 결심하셨던 목적에서 기원을 찾을 수 있다. 이때 하나님은 세대를 초월한 복을 내리시고 풍성한 은혜를 베푸시며 인간을 변화시키는 사역을 통해 전능하신 주님의 권세를 나타낼 것이다. 두 가지 방편을 혼동하는 유일한 이유는 둘 다 보편적인 결과에 목표를 두고 있다는 오해 때문이다. 사실 둘의 결과는 각자의 방편처럼 서로 양립할 수 없을 뿐 아니라, 하나님의 섭리가 인간의 지혜보다 높은 만큼이나 상극을 이룬다.

구원을 둘러싼 신의 계시는, 인간보다는 하나님이 구원 사역을 완성하리라는 사실에 한정되었을지도 모른다. 추정건대, '속량

redemption'과 관련된 위대한 사역은 대부분 인간이 이해할 수 있는 수준으로 축소되지도 않았고 그럴 수도 없겠지만 하나님은 구원의 방법(속량)을 제시할 때 신의 입장과 인간의 입장 모두에 필요한 대목은 밝히는 것이 타당하다고 판단하셨다. 인간의 속죄atonement라는 개념은 완전하진 않지만 그리스도가 희생제물로 죽으셨다는 기사가 성경에는 분명히 기록되어 있으므로 속죄의 가치는 굳이 따지지 않더라도 적용할 수는 있을 성싶긴 하다. 구원은 인간이 이해한 바에 따라 결정되는 것 아니라 그가 하나님의 능력을 기대하고expectation 이에 순응하려는willingness 태도로 가능하기 때문이다.

사탄의 속임수로 감춰질 진리를 정확히 파악하려면 '인간으로서의 그리스도'와 그의 '사역'을 구분하는 것이 중요하다. 인간인 그리스도라 함은 가르침과, 공생애 및 죽음에 이르기까지 그리스도가 몸소 실천한 사례examples를 일컫는 반면, 사역은 세상의 죄를 대신 감당하고 자신을 희생하며 속죄를 위해 죽으신 사건을 가리킬 것이다. 예수의 가르침과 사례의 가치를 두고는 논란의 여지가 없지만, 십자가의 보혈에 대해서는 세상의 지혜가 점차 수위를 높여가며 적대시하고 있는 추세다. 이 같은 적대감이 하나님의 말씀에 근간을 둔 적은 없었다. 물론 성경도 이를 부인하진 않는다. 적대하는 사상은 자만과 인간의 이성에 호소하며, 특정 대목을 두고는 성경의 명확한 메시지에 이의를 제기하려든다. 이때 진리가 대거 은폐된다. 구약에 기록된 희생제물의 모든 의미와, 신약에서 속량을 둘러싼 모든 언약이 십자가의 보혈과는 떼려야 뗄 수 없는 관계이기 때문이다. 유대인에게는 걸림돌이요, 헬라인에게는 어리석은 발상일지도 모르나 유대인과 헬라인 중 부르심을 받은 자들에게는 "하나님의 능력이요, 하나님의 지혜가 될 것이다."

"곧 창세 전에 그리스도 안에서 우리를 택하사 우리로 사랑 안에서 그 앞에 거룩하고 흠이 없게 하시려고(에베소서 1:4)"

"우리는 그리스도 안에서 그의 은혜의 풍성함을 따라 그의 피로 말미암아 속량 곧 죄 사함을 받았느니라(에베소서 1:7)"

"이는 이제 교회로 말미암아 하늘에 있는 통치자들과 권세들에게 하나님의 각종 지혜를 알게 하려 하심이니(에베소서 3:10)"

"이는 그리스도 예수 안에서 우리에게 자비하심으로써 그 은혜의 지극히 풍성함을 오는 여러 세대에 나타내려 하심이라(에베소서 2:7)"

"그러므로 이제부터 너희는 외인도 아니요 나그네도 아니요 오직 성도들과 동일한 시민이요 하나님의 권속이라[19] 너희는 사도들과 선지자들의 터 위에 세우심을 입은 자라 그리스도 예수께서 친히 모퉁잇돌이 되셨느니라[20](에베소서 1:19~20)"

구약에서 한 영혼을 거듭나게 하시는 창조주의 권능을 정확히 강조한 비유는 극명한 대조를 이룬다. 이를테면, 『시편』에서는 태양계의 창조가 하나님의 '손가락'으로 지으신 사역으로 언급되고 있다.

"주의 손가락으로 만드신 주의 하늘과 주께서 베풀어 두신 달과 별들을 내가 보오니(시편 8:3)"

반면 이사야에서는 그리스도가 대속물로 희생된 것을 가리켜 창조주의 '팔'이 감당한 사역으로 언급되고 있다.

"우리가 전한 것을 누가 믿었느냐 여호와의 팔이 누구에게 나타났느냐 (이사야 53:1)"

우주를 창조한 것은 하나님의 손가락이 하신 일이요, 영혼을 거듭 나게 한 것은 권능의 팔이 한 사역이라는 본문의 주장은 과장이 아니다. 속량의 대가는 금이나 은 같이 썩어질 것으로는 측정할 수 없기 때문이다. 다만 흠 없고 점 없는 어린 양 같은 그리스도가 흘린 보혈로만 살 수 있는 것이다(베드로전서 1:19).

거듭남과 구속 사역이 십자가의 보혈이라는 토대 위에 완성되었다는 성경 기록은 적지가 않다. 혹시라도 이런 구절이 거부된다면 그런 논의는 성경을 해석한 것이 아니라 성경에 기록된 증언의 권위에 이의를 제기하는 것이리라. 범례가 될 만한 구절을 몇 가지만 꼽자면 다음과 같다.

"그는 실로 우리의 질고를 지고 우리의 슬픔을 당하였거늘 우리는 생각하기를 그는 징벌을 받아 하나님께 맞으며 고난을 당한다 하였노라[4] 그가 찔림은 우리의 허물 때문이요 그가 상함은 우리의 죄악 때문이라 그가 징계를 받으므로 우리는 평화를 누리고 그가 채찍에 맞으므로 우리는 나음을 받았도다[5] 우리는 다 양 같아서 그릇 행하여 각기 제 길로 갔거늘 여호와께서는 우리 모두의 죄악을 그에게 담당시키셨도다 (이사야 53:4~6)"

"인자가 온 것은 섬김을 받으려 함이 아니라 도리어 섬기려 하고 자기 목숨을 많은 사람의 대속물로 주려 함이니라(마태복음 20:28)"

"이튿날 요한이 예수께서 자기에게 나아오심을 보고 이르되 보라 세상 죄를 지고 가는 하나님의 어린 양이로다(요한복음 1:29)"

"이 예수를 하나님이 그의 피로써 믿음으로 말미암는 화목제물로 세우셨으니 이는 하나님께서 길이 참으시는 중에 전에 지은 죄를 간과하심으로 자기의 의로우심을 나타내려 하심이니(로마서 3:25)"

"우리가 아직 죄인 되었을 때에 그리스도께서 우리를 위하여 죽으심으로 하나님께서 우리에 대한 자기의 사랑을 확증하셨느니라8 그러면 이제 우리가 그의 피로 말미암아 의롭다 하심을 받았으니 더욱 그로 말미암아 진노하심에서 구원을 받을 것이니9(로마서 5:8~9)"

"하나님이 죄를 알지도 못하신 이를 우리를 대신하여 죄로 삼으신 것은 우리로 하여금 그 안에서 하나님의 의가 되게 하려 하심이라(고린도후서 5:21)"

"그리스도께서 하나님 곧 우리 아버지의 뜻을 따라 이 악한 세대에서 우리를 건지시려고 우리 죄를 대속하기 위하여 자기 몸을 주셨으니(갈라디아서 1:4)"

"제사장마다 매일 서서 섬기며 자주 같은 제사를 드리되 이 제사는 언제나 죄를 없게 하지 못하거니와11 오직 그리스도는 죄를 위하여 한 영원한 제사를 드리시고 하나님 우편에 앉으사12 그 후에 자기 원수들을 자기 발등상이 되게 하실 때까지 기다리시나니13 그가 거룩하게 된 자들을 한 번의 제사로 영원히 온전하게 하셨느니라14(히브리서 10:11~14)"

"친히 나무에 달려 그 몸으로 우리 죄를 담당하셨으니 이는 우리로 죄에 대하여 죽고 의에 대하여 살게 하려 하심이라 그가 채찍에 맞음으로 너희는 나음을 얻었나니(베드로전서 2:24)"

"그리스도께서도 단번에 죄를 위하여 죽으사 의인으로서 불의한 자를 대신하셨으니 이는 우리를 하나님 앞으로 인도하려 하심이라 육체로는 죽임을 당하시고 영으로는 살리심을 받으셨으니(베드로전서 3:18)"

"그는 우리 죄를 위한 화목 제물이니 우리만 위할 뿐 아니요 온 세상의 죄를 위하심이라(요한일서 2:2)"

앞선 구절로 미루어 볼 때, 성경에 따르면, 거듭남이라는 기상천외한 변화는 하나님의 가장 위대한 사역일 뿐 아니라 그리스도의 보혈과 죽음을 통해 완성되는 것으로, 약속된 성령이 이를 안전하게 봉인해 둔 듯싶다.

그리스도가 친히 제물이 되어 죽으심은 타락한 인간이 사탄의 권세와 궁극적인 운명에서 벗어나 하나님의 영광과 초월적인 빛으로 들어가는 유일한 통로가 된다. 사탄이 문화와 세상의 지혜, 그리고 종교라는 허울로 포장된 '십자가라는 실족거리offence of the Cross'를 심어주었다는 사실은 당연지사일 것이다. 바울이 활동했던 시대에도 그리스도의 십자가와 원수였던 사람들이 있었다.

"내가 여러 번 너희에게 말하였거니와 이제도 눈물을 흘리며 말하노니 여러 사람들이 그리스도의 십자가의 원수로 행하느니라(빌립보서 3:18)"

그리스도의 공생애와 전례에서 밝혀진 바와 같이 그들은 기독교계에서 저명한 리더로, 의심할 여지없이 '인간으로서의 예수the Person of Jesus'를 신봉하는 자였을 것이다. 그러나 바울은 그들의 설교에서 생명만큼이나 중대한 메시지가 빠졌다는 사실을 밝히는 데 주저함없이 눈물을 언급했다. 그들은 그리스도가 지신 십자가의 원수였기 때문이다.

『베드로후서』에서 예견한 바와 같이, 십자가에 대한 적대감은 강렬히 일어날 터였다.

"그러나 백성 가운데 또한 거짓 선지자들이 일어났었나니 이와 같이 너희 중에도 거짓 선생들이 있으리라 그들은 멸망하게 할 이단을 가만히 끌어들여 자기들을 사신 주를 부인하고 임박한 멸망을 스스로 취하는 자들이라. 여럿이 그들의 호색하는 것을 따르리니 이로 말미암아 진리의 도가 비방을 받을 것이요(베드로후서 2:1~2)"

재차 말하지만, 본문에서 '부인한다'는 것은 인간으로서의 예수나 성품보다는 대속이나 속량이라는 그리스도의 사역을 부인한다는 이야기다. 이를테면 자신을 가르친 주님께는 헌신할지언정 자신을 '사신bought' 주님은 대적하겠다는 심산이랄까. 전에도 그랬듯이, 사탄의 대리인들은 진정한 신앙으로 교역자가 된 듯하지만, 실은 그리스도 안에 있는 속량을 교묘히 에둘러 거부하며 정죄 받은 이단사설을 들여올 것이다. 거듭나지 못한 장님에 불과한 그들은 그리스도의 사도요, 의의 일꾼이 되었다고 주장하나 인도주의적인 꿈은 지칠 줄 모르는 노력과 열성에 불을 지피고 그들의 교리는 전 세계에 영향력을 행사할지도 모르겠다. 아울러 성경의 명령을 들먹이며 막강한 교회 조직을 조종할 수도 있다. 하지만 일단 베일이 벗겨지면 그들이 섬기는 '빛의 천사'는 사탄이라는 사실이 밝혀질 것이요, 사탄은 그들을 통해 하나님의 목적에 저항하기 위해 발버둥칠 것이다. 사탄의 대리인은 양심이 화인을 맞아 외식함으로 거짓말을 일삼고, 높은 지위를 등에 업은 채 복음에서 구원에 이르는 권세를 빼앗아 영생하는 영혼을 지옥으로 끌어들일 것이다.

세상에 존재하는 불가해한 사실에 견주어 보면 존재할 수 없는 십자가의 신비에 반감을 갖는다는 건 이상한 일도 아니다. 사탄의 일꾼은 그리스도의 사도와 의의 일꾼으로 출현, 진리가 족족 밝혀질 때마다 자신의 권위를 진리의 성경에 근거한다면서도 하나님과 사탄의 관심사를 구분하는 유일한 기준을 교묘히 은폐하거나 이를 강력히 부인함으로써 거짓과 외식을 공고히 할 터인데 이 또한 이상한 일은 아닐 것이다. 아울러 거듭남의 진리를 슬며시 빼고 선을 위한 자기노력과 인격수양이 이를 대신할 수 있다는 주장으로 '진리를 수정하라'는 요구가 팽배해지는 현상도 그러하며, 세상에서 현명하고 교양 있는 자들의 심미적 본성이 십자가의 보혈에 충격을 받겠지만 그들은 자신의 가증스런 타락(거룩하신 하나님의 시각에서는)을 전혀 눈치 채지 못하리라는 점도 그러하며, 하나님의 지혜가 나타났다고들 말하는 것을 세상은 이미 능가했다 자부하고 하나님의 모든 증언을 굳게 믿는 모든 사람을 편협하다거나 무지하다거나 혹은 미덥지 못한 자로 매도한다는 것도 그러하며, 피로 죄를 사한다는 개념을 은폐시킨 것 또한 이상한 일은 아닐 것이다. 지금은 사탄과 흑암의 권세가 지배하는 때인지라 하나님의 친자녀는 영광이 밝아오고 그림자가 물러날 때까지, 십자가에 달린 주가 당한 비방을 감내해야 할 것이다.

Chapter 10
현존하는 계교

교회의 역사를 통틀어, 백년가약을 맺은 주님의 재림을 기다리는 것은 교회의 사명이자 특권이었다. 신랑을 기다리던 시선이 정처 없이 흔들리지 않았다면 교회는 그리스도가 오실 때 큰 슬픔과 수치를 당하진 않았을 것이다. 교회는 성경적인 인성을 잃었고 "주께서 그리스도의 오심을 지연시키셨노라"하며 분별력을 상실하고 말았다. 그때부터 교회는 남종과 여종을 구타하는 지경에 이르렀고 세상 술에 취하게 된 것이다.

모름지기 그리스도에 진심으로 헌신한다는 것은 주님과 함께 있고, 그분과 대면하고픈 욕망에서 출발해야 한다. 물론 주님이 재림할 때의 상황을 두고는 배운 바도 없거니와 호도될 가능성도 매우 높지만 주님의 언약을 묵상하면 헌신하는 마음 중에 소망이 불일 듯 일어날 수 있을 것이다. 이는 주님을 지극히 사랑한다고는 하나, 주님이 재림하신다는 약속에는 무관심하고 그분과 단절된 상황에서도 만족을 누리는 행태와는 대립된다. 그리스도에 대한 헌신을 이해할 리 없는 세상은 신도를 비방하고, "그리스도가 하나님 오른편에 앉아계신 곳" 이를테면, 위에 있는 것에 애정을 품을 때 이를 "딴 세상의 것other worldness"이라 폄하하고, "우리 생명이신 그리스도께서 나타나실 그 때에 너희도 그와 함께 영광 중에 나타나리라(골로새서 3:4)"는 소망으로 가슴이 설렐 때도 그들을 책망할 것이다.

사탄은 그리스도가 재림한다는 '축복의 소망'을 교회로부터 빼앗아야 한다. 그래야 세상을 개선하겠다는 자신의 노력에 이목이 집중되고 '금세의 지배자'라는 권세를 세울 수 있을 테니 말이다. 인류가 연합하고, 종교기관이 사탄의 계략 안에서 서로 협력하기 전, 하나님이 정하신 길lines은 대부분 방기되고 말 것이다.

따라서 그리스도의 재림이 임박했다는 핵심진리는 불신의 대상이 된후, 하나님의 아들이 가진 신성과 그의 죽음에 대한 공격이 이어졌다. 이 공격은 더 강성해지고 있으며 종말까지 그렇게 될 것이다. 주님의 재림을 둘러싼 진리는 매우 방대한 까닭에 그분의 언약을 과감히 믿는, 겸손하고 독실한 신도는 항상 존재해왔으며 교회의 파수꾼은 부족하나마 신실한 교회를 지켜왔다.

그리스도가 오시리라는 소망을 꺾기 위해 사탄이 손에 쥔 강력한 수단은 단순했다. 이를테면, 성경에 기록된 말씀을 외면한 채 재림의 날을 특정하려는 열혈 추종자가 백일하에 드러나는 것이었다. 이때 예정된 날이 불발되면 교회에 속한 수많은 신도와 세인은 그들을 손가락질하며 비웃었다. 아쉽게도 그들은 "그리스도가 재림한다는 약속이 어디에 있어?"라며 하나님의 언약마저 조롱거리로 만들고 말았다. 말세에 예언된 말씀을 저들이 성취한 셈이다.

"먼저 이것을 알지니 말세에 조롱하는 자들이 와서 자기의 정욕을 따라 행하며 조롱하여[3] 이르되 주께서 강림하신다는 약속이 어디 있느냐 조상들이 잔 후로부터 만물이 처음 창조될 때와 같이 그냥 있다 하니[4](베드로후서 3:3~4)"

이렇게 하여 사탄의 권세는 더욱 견고해져 가는 것이다.

그리스도가 재림하시는 정확한 시간은 밝혀진 바가 없으며 여느 선지자도 이를 예언하지 않을 것이다. 그럼에도 성경은 "형제들아 너희는 어둠에 있지 아니하매 그 날이 도둑 같이 너희에게 임하지 못하리니[4] 너희는 다 빛의 아들이요 낮의 아들이라 우리가 밤이나 어둠에 속하지 아니하나니[5](데살로니가전서 5:4~5)"라고 덧붙였다. 주님이 강림하신다는 언약을 기뻐하고 주님의 때가 가까이 왔다는 전조를 직감하는 것은 그들의 특권이다. 마치 약혼녀가 애인을 학수고대하는 마음이랄까. 그리스도 안에서 연인과 하나가 되는 것과, 진정한 신도의 영광은 얼마 남지 않았다. 그는 믿음의 눈을 들어 지상의 대환란 이후를 내다보고 복을 받은 자들의 승리를 예견할 것이며, 주님이 강림하신다는 소망 안에서 기뻐하며 "그럴지라도, 주 예수여 오시옵소서" 기도할 것이다.

따라서 신부가 모이고, 사탄이 지배력을 확대시키기까지 시간이 얼마나 남았는지는 누구도 알 수 없을 것이다. 그러나 말세에 예언된 사건은 지난 세대에서 정확히 성취되기 시작했고, 지금도 인간이 헤아릴 수 있는 것보다 더 빠르게 진행되고 있다는 점은 분명한 사실이리라.

시대의 징조는 지면에 전부 기록하진 않았으나 이미 다룬 것은 사탄의 사역과 직접적으로 관련된 대목이다.

십자가의 보혈로 죄를 속량하신 것은 중심이 되는 진리요, 진정한 믿음의 가치이며 "구원을 주시는 하나님의 능력(로마서 1:16; 고린도전서 1:23~24)"이 되므로, 이를 고의로 빠뜨리려는 짝퉁 교리는 부차적인 진리를 부각시키는 데 안간힘을 쓸 것이다. 거짓 교리에서는 인간의 보편적인 관심사—육신의 건강이나 영생, 필멸 혹은 종교적인 형식 등—를 다룬 성경의 주제가 핵심적인 교리를 대신할지도 모를 일이다. 이러한 곁가지 주제도 엄밀히는 진정한 신앙의 중요성이나 바른 관계와 무관하지 않으므로, 사탄은 사람이 그런 주제에 흥미를 느낀다는 사실을 기화로 인간의 관심을 끌며 거짓된 짝퉁 교리 안에서 곁가지 주제를 중심적인 진리로 삼을 것이다. 부차적인 데 시선을 고정시키도록 유도하려는 계략에 수많은 사람이 속절없이 넘어가면 온전한 진리는 관심 밖으로 밀려날 터인데, 특히 곁가지 화제는 눈에 보이고 손으로 만질 수 있는 반면, 본질적인 진리는 영적인 것이라 눈에 보이지 않기 때문에 더욱 외면당하는 것이다. 사탄은 영원한 가치를 볼 수 없도록 그들의 눈을 가려왔다.

예컨대, (한 가지는 제외하고) 성경의 모든 진리를 담고 있다는 어느 교리는 인간이신 그리스도는 찬양하지만 속죄사역은 접어둔 채 부차적인 진리를 핵심인 양 강조할 것이다. 눈이 가려진 인간은, 구원에 이르게 하는, 하나님의 진정한 능력에서 떠났음에도 이를 흔쾌히 수용할 것이다.

사탄이 감흥을 주는 교리에는 효용도 권세도 없으리라는 주장이 제기될 법도 하다. 그런 교리에 하나님의 은혜가 설 리 없기 때문인데, 사탄의 실세를 두고 오해가 널리 퍼진 까닭에 그런 가설이 나올 수 있는 것이다. 사탄을 기록한 성경을 인정한다면 그에게 기적적인 힘이 있으며 전 세계가 놀라 숭배할만한 기사를 행할 수 있다는 사실도 알게 될 것이다. 성경에 따르면, 사탄은 기적을 일으킬 수 있는 힘을 타인에게 부여할 수도 있다고 한다(요한계시록 13:2). 따라서 의의 일꾼으로 포장된, 사탄의 일꾼이 그의 계략에 직접적으로 보탬이 될 때 초인적인 힘을 발휘할 수 있다는 사실은 그리 놀랄 일도 아닐 것이다.

"내가 본 짐승은 표범과 비슷하고 그 발은 곰의 발 같고 그 입은 사자의 입 같은데 용이 자기의 능력과 보좌와 큰 권세를 그에게 주었더라 (요한계시록 13:2)"

사탄의 큰 권세는 과거의 모든 세대에 걸쳐 이러한 일꾼을 통해 발휘되어 왔다. 인간이 아무런 대가도 없이 맹목적으로 다른 신을 섬겼을 리는 만무하기 때문이다. 숭배를 받아온 대상은 사탄 자신이었다 (레위기 17:7, 역대하 11:15, 요한계시록 9:20).

따라서 초인적인 힘을 보였다는 것이 하나님의 교리임을 입증하는 궁극적인 증거는 될 수 없으며, 어떤 모양으로든 기도의 응답을 받았다는 사실이 전능자가 응답했다는 결정적인 증거는 될 수 없는 것이다. 하나님의 사역은 필경 당신의 거룩한 법에 한정되어 있고, 예수의 보혈만으로, 즉 육신을 통해 성별된, 새로운 살 길을 통해서만 그분 곁에 다가갈 수 있다(히브리서 10:19~20). 기도로 하나님 앞에 나아간다면서 이 진리를 외면한다면 한 없이 거룩하고 순결하신 하나님을 패악으로써pollution 모욕하는 것이리라. 전능자의 자리를 호시탐탐 노리는 사탄은 자신의 백성이 올린 기도에—초월적인 존재에 전달된다는 사실은 알 길이 없지만—응답할지도 모른다. 물론 사탄이 지배하는 세상은 예수의 피로 하나님 앞에 실현되는 것은 아니다.

"그러므로 형제들아 우리가 예수의 피를 힘입어 성소에 들어갈 담력을 얻었나니[19] 그 길은 우리를 위하여 휘장 가운데로 열어 놓으신 새로운 살 길이요 휘장은 곧 그의 육체니라[20](히브리서 10:19~20)"

거짓 교리는 항상 존재해왔지만 속임수로 위장하는 행태는 말세에 뚜렷이 나타나는 특징이다. 이 같은 교리는 마지막 세대 안에서 이미 출현했고 급속도로 확산되고 있다는 것 또한 중요한 사실이다. 핵심을 제외한 신앙의 모든 면을 차용한 교리는 곁가지에 불과하지만 때때로 기적적인 위력을 과시한다는 점을 강조하며 두각을 나타내고 있다. 종교적인 모양새가 그럴싸해 보이기도 하고, 실질적인 결과가 나타난다는 점에서 수많은 사람들이 이 교리에 마음을 빼기고 있는 것이다.

육신의 건강만큼 보편적으로 관심을 끄는 주제는 없을 듯싶다. 그러나 최근에는 '크리스천 사이언스(과학)(Christain Science, 약품을 쓰지 않고 신앙 요법을 특색으로 하는 기독교의 한 파; 그 신자는 크리스천 사이언티스트 Christian Scientist—옮긴이)'가 출현, 육신의 건강을 크게 강조하고 있다. 크리스천 사이언스는 기독교뿐 아니라 과학과도 무관한 자료를 모으는데, 특히 심리학 분야에서 많은 것을 끌어다 쓰고 있다. 아울러 오류가 없는 성경해석을 위장해 예수를 가장 숭고한 주창자요 교사로 삼지만 죄를 대속하기 위해 그리스도가 희생해야 할 필요성이나 죄의 실체조차 부인하고 있다. 추종자들은 크리스천 사이언스의 종교적 주장뿐 아니라, 심신이 확실히 변화된다는 점에서 마음이 끌리고 있는 것이다. 그 주장이 실체라는 것을 조금이나마 부인하려는 발상은 무지의 소치로 치부될 것이다. 크리스천 사이언스에 교단과 사역자와 심오한 신비가 있고, 육신의 변화를 입증할 수 있다고는 하지만 그것이 사탄의 권세를 능가하는 것은 아니다. 이는 십자가 보혈의 필요성을 부인할 뿐 아니라, 성경에 기록된 하나님과 십자가를 분리하여 후자에 사탄의 위장막을 씌우고 있다.

앞서 언급한 바와 같이, 인간의 공통적인 관심사에는 영생도 있다. 영생의 베일 안을 들여다보기 위해 얼마나 끈질기게 노력해왔던가! 하나님께서 당신의 말씀으로 밝히신 것 외에 인간이 발견한 사실은 거의 없었다! 죽은 자들의 뒤를 따라 미지의 세계로 들어가려는 욕망은 얼마나 간절하며, '강신술Spiritism'은 얼마나 교활한가! 영생이라는 문제를 미끼삼아 슬픔에 눌린 자들로 하여금 그리스도의 보혈에 있는 유일한 소망을 외면하도록 미혹하고 있으니 말이다.

강신술은 일찍부터 존재했으며 자격이 없음에도 성경을 규탄해왔다. 그러나 지난 반세기간 강신술은 '심령연구Psychical Research'라는 현대식 이름으로 바꿔 새로운 관심과 권위를 얻게 되었다. 심령연구는 허무맹랑한 가설로 진리의 유일한 주창자요, 과학을 위해 연구한다는 주장을 늘어놓았다. 변화무쌍한 과학이 계시보다 더 신빙성이 높은 것으로 인정받았기 때문이다. 심령연구는 가설의 궁극적인 증거로 망자의 진술을 대변한다는 점을 내세웠다.

강신술은 성경에 기록된 바가 비교적 적고, 예상하다시피 거듭남의 교리와도 정면으로 대립된다.

미지의 존재가 인간의 간청에 지적으로intelligent 응답한다는 것도 그렇지만, 메시지가 들리고 신묘한 기사acts가 자주 벌어진다는 것을 부인하긴 어려울 성싶다. 그러나 이러한 현상이 사람의 혼령에서 비롯된 것이라는 주장은 입증이 불가능하다. '거짓의 영'도 사람의 일거수일투족을 대변할 수 있을 만큼 그를 잘 알 수 있기 때문이다. 강신술은 모두 사탄에 속한 것이라는 점은 명백한 사실이다. 또한 속량이라는 인간의 유일한 소망을 부인하기 때문에 하나님의 진리에는 포함되지 않을 것이다. 강신술은 사탄의 사역을 보여주는 흔적도 지니고 있다.

'신New'이 붙는 사상의 또 다른 축은 '새롭다'고는 하나 철학만큼이나 역사가 오래된 것으로 형이상학적인 믿음을 전용해왔다. 이른바 '신사고 운동(New Thought, 19세기 미국에서 시작된 정신치료운동. 궁극적 실재의 본성에 관한 종교적·형이상학적 가정에 바탕을 두고 있다—옮긴이)'의 중심사상은 인간의 육body과 혼soul과 영spirit을 온전히 계발한다는 데 있다. 이를테면, 인간의 능력을 최대한 활용하고 창조주를 자각한다는 것이다. 하나님의 말씀은 입맛에 맞게 취사선택해서 인용한다. 신사고 운동의 추종자들에 따르면, 그리스도는 모든 이상의 완전한 모델인 동시에 이를 실현한 인물이라고 한다. 심리학 중 새로 밝혀진 이론도 여기에 포함되는데, 결국 신사고의 모든 교훈은 자신의 노력으로도 하나님 같이 될 수 있다고 주장한 자의 모든 이상을 구현한 실체인 셈이다. 신사고 운동은 성경에 기록된 중생(거듭남regeneration)을 전적으로 부인한다. 거듭날 필요도 없거니와 중생은 사실이 아니라는 것이다. 다만 말세에 예언된 대로, 자신을 숭배하는 사상인 것이다 (디모데후서 3:2).* 신사고 운동에서는 인생에서 승리할 원동력인 의지력 계발이, 하나님이 성령을 통해 죄를 이기게 하신 승리를 대신한다. 신사고를 추종하는 자들은 성경에서 명백히 밝힌 진리는 보지 못하면서도 하나님의 말씀 중 곁가지에 불과한 진리를 이해할라치면 스스로 깨달은 듯한 이치에 감탄하곤 한다. 신사고 운동은 '크리스천 사이언스'와 마찬가지로, 추종자가 수십 만 가량 된다. 그들은 다수의 간행물을 후원하고 그들의 가르침은 전 세계에서 읽히고 인정도 받고 있다.

앞서 언급한 교리에는 하나님의 귀한 진리가 다분히 내포되어 있긴
하지만 사탄의 잔인한 갈고리를 덮는 미끼로만 쓰이고 있다. 이를 통
해 사탄은 인간의 영혼을 하나님에게서 떼어놓고 영벌로 끌어당길 것
이다. 인간의 미래뿐 아니라, 인간이 하나님을 만나기에 적합한가 여
부도 긍정적인 기록은 없다. 영생을 믿는 신앙은 하나님의 계시에서
차용된 것이다. 앞선 교리들은 사탄에게 넘겨진 탓에 하나님이 예비하
실 영원eternity이 필요하다는 발상에서 인간의 주의를 딴 곳으로 돌
리게 할 것이다. 이런 교리를 추종하는 자들에게는 '삶life'이 중요하
므로 그들은 믿음이 중요하지 않다고 공공연히 주장하여, 결국 본
성이나 영원한 축복은 '삶'이 아니라 믿음으로 결정된다는 불가피한
진실은 불신의 대상이 되고 말 것이다.

이들은 오늘날 전 세계를 휩쓸고 있는 수많은 교리 중 일부에 지
나지 않으며, 다른 가면을 쓰고 사람들의 오해를 조장하도록 이름
만 바꿔 다시 출현하는 경우도 더러 있다. 교리가 인정하는 진리와
그들이 휘두르는 권세는 하나님이 당신의 성자들에게 후히 베푼 것이
라고는 하나 막상 진리를 밝히고 권세를 발휘할라치면 하나님의 목
적을 교묘히 빠뜨려 거짓말을 미화하고 이를 덮는 위선으로 전락할
것이다.

재차 말하지만, 가시적인 교회의 외형이 강조되다보니 수많은 사람
들이 속고 있다. 그러나 이를 자세히 살펴보면 교회를 대표하는 공
인 목회자는 자신의 인성을 앞세워 권세를 유지하고, 성경뿐 아니라
윤리를 다룬 저작물에서 끄집어낸 윤리·도덕적 교훈을 설파하고 있

는 실정이다. 기도할 때는 신실한 종교적 관습을 통해 신에게 인류를 맡기며 저들을 도와달라고 간곡히 애원한다. 하나의 예술 장르인 음악이 주는 쾌감은 막대한 돈을 쏟아 부어가며 만끽하고 있다. 하나님의 성령이 감흥을 주는 찬송은 음악에 자리를 내주고 말았다. 친목회는 형제의 사랑과 성령의 교통하심을 대신하기 위해 조직되고 있다. 교회는 십자가를 통한 거듭남(중생)이 아니라 더 나은 세상을 만들겠다며 인도주의를 외친다. 진정한 복음은 위장술로 이를 부인할 일이 없으면 한 해에서 이듬해까지도 언급하지 않을 것이다. 잠자는 신도는 진리를 조롱하는 데 흡족해한다. 영혼을 지옥으로 인도하고, 영벌로 가는 길목에서 자기계발 self-development에 좀더 분발하라는 교리에 만족해하는 모습이다. 사회에서 교회와 인연을 맺지 않으면 더는 선한 모양새를 갖추기가 어렵게 되었다. 그러나 구원에 이르는 유일무이한 기본 진리는 다수의 신도가 이해하거나 인정한 적이 없을지도 모른다. 세상을 다스리는 신god은 자신의 목적을 이루고 있으며 눈먼 추종자들은 신앙인 사이에 편입되고 있다. 사악한 새가 겨자나무에 몰려들고 썩은 누룩이 밀가루에 스며들고 있는 것이다.

가시적인 교회의 역사가 거치게 될 최후의 모습은 성경에 예언되어 있다. 이때 교회는 이렇게 말할 것이다.

"네가 말하기를 나는 부자라 부요하여 부족한 것이 없다 하나 네 곤고한 것과 가련한 것과 가난한 것과 눈 먼 것과 벌거벗은 것을 알지 못하는도다[17] 내가 너를 권하노니 내게서 불로 연단한 금을 사서 부요하게 하고 흰 옷을 사서 입어 벌거벗은 수치를 보이지 않게 하고 안약을 사서 눈에 발라 보게 하라[18] 무릇 내가 사랑하는 자를 책망하여 징계하노니 그러므로 네가 열심을 내라 회개하라[19] 볼지어다 내가 문 밖에 서서 두드리노니 누구든지 내 음성을 듣고 문을 열면 내가 그에게로 들어가 그와 더불어 먹고 그는 나와 더불어 먹으리라[20](요한계시록 3:17~20)"

성경의 언어와 비유가 뭔가를 의미한다면 본문은 주님이 애원하시는, 거듭나지 않은 교회를 가리킬 것이다. 하나님은 바로 이 교회에서 물러나 밖에 서서 문을 두드리고 계신 것이다. 하나님의 소망은 거짓 신도를 송두리째 바꾸는 데 집중되어 있지는 않다. 주님의 은혜는 몸소 교통·교제하실 '모든 사람any man'에게 해당되기 때문이다.

이런 교회의 모습은 안타깝기 그지없다. 매주 모일 때마다 인간의 철학에 현혹되고, 교회의 유일한 근간과 영원에 대한 소망을 부인하는 데도 이에 저항하는 목소리를 높이지 못하고 있으니 말이다! 이런 사역자들보다는 과거 세대의 이교도가 훨씬 더 존경할만했다. 그들은 전적으로 교회 밖에 있었기 때문이다. 작금의 모순적인 행태를 보라! 교회의 예복에 가려진 사람들은 성찬식을 거행하고 교회의 자선으로 후원을 받으면서도 예수 그리스도를 모든 공의와 성화와 속량의 유일한 근간으로 삼으신 하나님의 지혜를 대놓고 공격하고 있다. 종말의 날을 둘러싼 예언은 거짓 체제와 교리뿐 아니라 가시적인 교회에서도 성취될 것이다.

"때가 이르리니 사람이 바른 교훈을 받지 아니하며 귀가 가려워서 자기의 사욕을 따를 스승을 많이 두고[3] 또 그 귀를 진리에서 돌이켜 허탄한 이야기를 따르리라[4](디모데후서 4:3~4)"

규모가 큰 종교활동은 신앙을 구해야 하는 곤란한 상황에 부딪치지 않고도 얼마든 가능하다. 200만 명이 그리스도를 모른 채 사망한 것보다는, 돌연 사망한 술주정꾼 10만 명에 더 관심이 가는 것도 그렇고, 이교도의 육신과 교육의 필요에는 관심을 쏟지만 정작 그들이 거듭나야 한다는 당위성은 외면하는 것도 가능해졌다. 사탄은 심지어 '선교 사역'을 통해서도 자신의 목적을 이뤄낼 것이다. 무지한 신도를 속여 사탄의 이상을 벗어날 수 없도록 사역에 한계선을 그을 수 있기 때문이다. 죄와 싸운다면서도 구세주를 밝히지 않는다거나, 가장 숭고한 성경의 이상을 촉구하면서도 이를 성취하기 위한 합리적인 방안은 제시하지 않는 것도 가능해졌다.

인도주의를 표방하면서도 외형과 이름이 종교에 가까운 사역에는 묘한 매력이 있다. 성경 교리 말고, 인류를 돕는 것이 만족스런 사역이자 관심사라는 지도자도 묘하게 끌리는 구석이 있긴 하다. 그러나 구원에 이르는 방법에 대한 메시지가 짝을 이루지 않는다면 그의 사역은 이미 상실한 것이요, 관심은 한도 끝도 없을 것이다. 이는 매우 신중한 구별이 필요한 방법을 진정으로 이해한다는 뜻이기도 하다.

최근 실용주의자들은 모든 조직과 이론 및 교리를 측정하는 시금석을 나타내기 위해 '실용주의pragmatism'라는 용어를 널리 쓰고 있다. 실용주의적 탐구는 조직이나 이론 혹은 교리에 적용하면 '그것이 주장하는 바가 실제로 충족되고 있는가?'라는 의미로 이해할 수도 있다. 실용주의는 상당한 진전을 이루어내고 있지만 기원은 태곳적까지 거슬러 올라가며, 성경에서 검증된 것으로 알려져 있다. 예수께서 "그들의 열매로 그들을 알리라(마태복음 7:20)"고 말씀하셨기 때문이다. 그러나 검증에 대한 부담이 이렇게 높았던 적은 없었다. 전대미문의 요상한 이론들이 난무했던 적은 여태 없었으니 말이다. 그리스도 안에서의 구원을 부인하는 교리들은 실용주의라는 미명하에 강성해지고 있다. 제시된 근거는 비교적 미미하지만 저 나름의 주장을 충족시킬 수는 있었다. 예컨대, '크리스천 사이언스'는 심신의 상태를 어느 정도 바꾸었고 '강신술'은 보이지 않는 대상이 증거를 제시하면 그것이 가시화되기도 했다. 아울러 '신사고 운동'은 전인적인 사람의 계발을 주장했는데 '실용주의'라는 시금석을 통해 번영을 누리기도 했다. 그와 유사한 교리도 그랬으니 아직 출현하지 않은 교리도 필경 그렇게 될 것이다. 최후에 하나님의 아들로 위장해 신성을 모독했을 때 드러난 바와 같이, 그것이 사탄의 계략이기 때문이다. 기록에 따르면(요한계시록 13:3~4), 그들은 불법의 사람이 일으킨 기적에 놀라 그를 경배했다고 한다. 이 악한 세대에서 기적을 경외하는 무지한 자여, 십자가 보혈의 중요성과 가치를 의식하지 못하는 자에게는 화가 있을지어다. 숭배에 빠지기까지는, 이를테면 죄의 가증함을 잊고, 보혈을 통한 자비의 언약을 모두 파기했다는 존재—세상이 죄와 속량이라는, 참을 수 없는 구태적 발상에서 벗어났다는 데 기뻐하는 자요, 예배자는 타락한 인간의 본성을 비롯하여 '하나님의 보편적인 부성universal fatherhood of God과 인간의 우애'라는 토대 위에서 자유롭게 그 존재 앞에 나아갈 것이다—를 숭배하기까지는 한순간이다.

이 교리를 다스리는 신은 누구이며, 이 백성에 힘을 주는 실세와 그들의 기도에 응답하는 자는 누구인가? 물론 성경에 기록된 하나님은 아닐 것이다. 당신 자신을 부인할 리도 없거니와, 말씀을 없앨 리도 없으시기 때문이다! 계시록은 이런 일이 가능한 존재를 지목했다. 아울러 성경은 그의 동기가 충분하다는 점과 이 세대에서 '대립각을 세우고oppose' '자신을 높이리라'는 예언도 분명히 밝히고 있다.

부차적인 진리 중에는 하나님의 자녀가 받은 유산이 다수를 차지한다. 그러나 이를 선택할 권리가 있다손 치더라도 지혜가 있다면 사탄이 내보일 수 있는 곁가지 '패values'는 다 합해봐야 잠깐이면 모두 없어질 터이니, 예수 그리스도 안에 있는 영원한 은혜의 풍성함과는 족히 비교할 수 없다는 사실을 직감할 것이다.

Chapter 11
크리스천의 현주소

성경은 각 세대에 사는 사람들에게 전하는 하나님의 메시지를 담고 있다. 그런 까닭에 특정 세대나 사람들에 관한 진리가 명쾌하게 전달되려면 바르게 구분되어야 마땅할 것이다. 수많은 세대에 적용되는 공통된 진리도 물론 적지는 않지만 그런 사실 때문에 성경을 피상적으로 인용하면 성경책이 전 세대를 아우르는 모든 사람에게 직접 전달된 메시지로 해석되어 (앞서 밝힌 바와 같이) 하나님의 계획을 이해하는 데 상당한 혼선이 빚어질 수밖에 없었다.

금세에 적용되는 성경의 특정 내용을 발견했다면 그 역시도 구분이 필요하다. 금세 또한 지상에 거하는 백성이 혼재된 시대이기 때문이다. 이를테면, 하나님의 성도는 사탄에 속한 시민과 (임시로) 더불어 살고 있으며 보편적인 일상을 제외하면 그들과의 공통분모는 존재하지 않는다.

금세를 사는, 하나님의 자녀에 적용되는 진리 중 어느 대목은 '관계적 진리Positional Truth'라 하고, 어느 대목은 '생활진리Life Truth'로 구분한다. 관계적 진리는 신도가 하나님과, 하늘에 속한 자와 현 세상과의 관계를 기록한 반면, 생활진리는 행실과 섬김의 책무를 비롯하여, 하나님의 공급하심을 통해 성도가 주님의 모든 뜻을 온전히 성취한다는 사상도 포함된다. 생활진리의 일부는 마지막 장에서 거론하고 이 장에서는 신도의 현 위치와 세상과의 구별을 다룰까 한다.

관계적 진리의 중요성은 성경의 맥락에서 생활진리보다 앞서 기록함으로써 역설의 근간을 이루고 있다는 사실로 미루어 짐작할 수 있다. 이를테면, 교리를 기록한 바울서신의 순서를 볼 때 기자는 먼저 대의를 이루는 관계적 진리를 언급한 뒤에 그 진리와 일치하는 삶을 호소한다는 것이다. 『로마서』의 첫 부분(1~8장)은 대의적인 구원에 대한 사실을 밝히고 나서(9~11장은 세대별 삽입구the dispensational parenthesis로 생략) 마지막 장에 가서는(12~16장) 구원받은 사람이 살아야 할 삶을 구체적으로 기록했다. 본문은 다음과 같은 당부로 시작한다.

"그러므로 형제들아 내가 하나님의 모든 자비하심으로 너희를 권하노니 너희 몸을 하나님이 기뻐하시는 거룩한 산 제물로 드리라 이는 너희가 드릴 영적 예배니라[1] 너희는 이 세대를 본받지 말고 오직 마음을 새롭게 함으로 변화를 받아 하나님의 선하시고 기뻐하시고 온전하신 뜻이 무엇인지 분별하도록 하라[2](로마서 12:1~2)"

『에베소서』의 첫 부분에서도(1~3장) 신도의 지위가 명시되고 나서 거룩한 행실에 대한 권고가 연이어(4~6장) 기록되어 있다. 본문은 이렇게 시작한다.

"그러므로 주 안에서 갇힌 내가 너희를 권하노니 너희가 부르심을 받은 일에 합당하게 행하여 모든 겸손과 온유로 하고 오래 참음으로 사랑 가운데서 서로 용납하고[1] 평안의 매는 줄로 성령이 하나 되게 하신 것을 힘써 지키라[2](에베소서 4:1~2)"

앞선 순서를 따르지 않는다거나, 그리스도 안에서 누리는 새로운 삶이라는 위대한 사실에 근거하지 않는다면 크리스천의 삶에서 신실해야 한다faithfulness는 권고는 적절하지도 않거니와 설득력도 없을 것이다. 관계적 진리를 외면한다거나 등한시한 탓에—도덕률에 대한 권면에도—시류에 편승하려는 세속적인 교회에서 그에 합당한 열매를 맺었는지도 모른다.

성경을 보면 '조화harmony'를 잘 보여주는 사례가 있다. 금세의 악이 분명히 밝혀졌음에도 하나님의 자녀는 그와의 관계에서 매우 세심히 구별되어 있을 뿐 아니라, 세상의 모든 권세의 지배를 받지 않는 까닭에, 영적인 흑암에 둘러싸여 있을지라도 주님과의 교통·교제를 계속 이어가며 그분과 동행할 수 있다는 것이다. 금세에 점차 짙어지는 흑암을 기록한 말씀을 믿지 않는다손 치더라도, 이 세대의 죄와 실패가 관영해 있다는 암울한 배경을 자각하지 못한다면 신도가 금세와 구별된다는 기록은 아무런 의미가 없을 것이다. 특히 작금의 교리는 구원받은 자와 구원받지 못한 자의 구별에 주목하지 않는다. 미래를 경시하기 때문인데, 이는 앞선 두 진리가 중생(거듭남)에 좌우된다는 사실과도 일맥상통하는 이야기다. 본디 사탄은 이 진리에 저항하기 위해 이런 교리들을 만들어냈다.

신도의 지위(혹은 위상)는 최소 일곱 가지 계시에 규정되어 있다. 세 가지 계시에는 신도가 사탄의 어둠에서 하나님의 빛으로 변하는 경위를, 둘은 신도와 천계heavenly sphere의 관계를 다루었고 나머지 둘은 사탄의 위계order와 신도의 관계를 밝혔다. 이와 관련된 주요 단락을 깊이 연구해보면 속량Redemption의 위대한 실체가 드러날 것이다.

성령의 중보기도 이후, 사람의 구원을 위한 하나님의 첫 사역은 성령이 밝히신다. 이와 동일한 사역은 성령이 '정죄하거나convicting' '확신시키는 행위convincing'로 언급되어 있다. 하나님의 사역에서 그는 사탄이 가린 눈이 잠시나마 밝아져, 하나님의 시야로 영광의 주님과 그분을 통한 영생의 길을 볼 것이다. 그러나 은혜를 받았음에도 재차 돌이켜 주님과 영생의 길을 거부하는 자에게는 화가 있을 지어다! 성경은 이를 두고 다음과 같이 기록했다.

"한 번 빛을 받고 하늘의 은사를 맛보고 성령에 참여한 바 되고[4] 하나님의 선한 말씀과 내세의 능력을 맛보고도[5] 타락한 자들은 다시 새롭게 하여 회개하게 할 수 없나니 이는 그들이 하나님의 아들을 다시 십자가에 못 박아 드러내 놓고 욕되게 함이라[6] 땅이 그 위에 자주 내리는 비를 흡수하여 밭 가는 자들이 쓰기에 합당한 채소를 내면 하나님께 복을 받고[7] 만일 가시와 엉겅퀴를 내면 버림을 당하고 저주함에 가까워 그 마지막은 불사름이 되리라[8] 사랑하는 자들아 우리가 이같이 말하나 너희에게는 이보다 더 좋은 것 곧 구원에 속한 것이 있음을 확신하노라[9] (히브리서 6:4~9)"

본문은 성령의 빛을 거부한 자가 사탄의 눈가림으로 영원히 돌아간다는 것을 선언한 대목으로, 성경이 밝힌 바대로 주님을 시인하는 자에게 펼쳐질 환상(비전)과 영광도 밝히고 있다. 그가 '구원에 속한 것'을 소유할 것이기 때문이다.

눈을 밝히는 성령의 사역은 바울이 아그립바 왕에게 전한 내용이다. 이때 그는 섬기는 일을 위임받았다고 말한다. 바울은 영광 중 그에게 말씀하신 예수에게 지명을 받았다고 주장하며, 직분을 위임받은 그는 "그 눈을 뜨게 하여 어둠에서 빛으로, 사탄의 권세에서 하나님께로 돌아오게 하고 죄 사함과 나를 믿어 거룩하게 된 무리 가운데서 기업을 얻게 하기 위해(사도행전 26:18)" 파송되었다고 밝혔다. 하나님의 구속 사역에 대한 정확한 순서가 이렇다. 즉, 먼저 성령의 빛이 눈을 밝히고 나서 뭐든 이루어진다는 것이다. 근대 복음주의에서 앞서 언급한 성령의 예비사역만큼이나 홀대를 받은 진리는 없을 것이다. 그러나 성령의 예비사역은 인간의 의지에서 비롯된 지적 행위the intelligent action에 대해 하나님께서 예비하신 것이므로, 옳은 선택이 이루어진다면 향후 온 세대의 눈을 가린 베일은 벗겨질 것이다.

『요한복음』에 가감 없이 기록된 바와 같이, 눈을 밝히는 성령의 주요 사역은 십자가를 통해 모든 죄를 심판하고, 하늘에 계신 의로운 그리스도를 보게 하며, 주님을 저버린 죄를 깨닫게 하시는 것이다. 기록된 바, "그러나 내가 너희에게 실상을 말하노니 내가 떠나가는 것이 너희에게 유익이라 내가 떠나가지 아니하면 보혜사가 너희에게로 오시지 아니할 것이요 가면 내가 그를 너희에게로 보내리니[7] 그가 와서 죄에 대하여, 의에 대하여, 심판에 대하여 세상을 책망하시리라[8] 죄에 대하여라 함은 그들이 나를 믿지 아니함이요[9] 의에 대하여라 함은 내가 아버지께로 가니 너희가 다시 나를 보지 못함이요[10] 심판에 대하여라 함은 이 세상 임금이 심판을 받았음이라[11](요한복음 16:7~11)"와 같다. 따라서 하나님의 친자녀true child란 성령이 그 안에서 사탄의 눈가림을 벗기고 지금도 그리스도의 숭고한 영광을 밝히 드러내시는 자를 가리킬 것이다. 죄는 가증스런 현실reality이 되었고 십자가와 보혈은 하나님을 확신하는 근거가 되어왔다.

신도의 현 위치를 달리 계시한 대목은 그가 성령의 중생을 통해 하나님의 본성을 갖게 되었다는 것이다. 이는 수많은 구절에 기록되어 있는데 일부만 추려보면 다음과 같다.

"영접하는 자 곧 그 이름을 믿는 자들에게는 하나님의 자녀가 되는 권세를 주셨으니[12] 이는 혈통으로나 육정으로나 사람의 뜻으로 나지 아니하고 오직 하나님께로부터 난 자들이니라[13](요한복음 1:12~13)"

"예수께서 대답하시되 진실로 진실로 네게 이르노니 사람이 물과 성령으로 나지 아니하면 하나님의 나라에 들어갈 수 없느니라[5] 육으로 난 것은 육이요 영으로 난 것은 영이니[6] 내가 네게 거듭나야 하겠다 하는 말을 놀랍게 여기지 말라[7] 바람이 임의로 불매 네가 그 소리는 들어도 어디서 와서 어디로 가는지 알지 못하나니 성령으로 난 사람도 다 그러하니라[8](요한복음 3:5~8)"

"도둑이 오는 것은 도둑질하고 죽이고 멸망시키려는 것뿐이요 내가 온 것은 양으로 생명을 얻게 하고 더 풍성히 얻게 하려는 것이라(요한복음 10:10)"

"할례나 무할례가 아무 것도 아니로되 오직 새로 지으심을 받는 것만이 중요하니라(갈라디아서 6:15)"

"우리를 구원하시되 우리가 행한 바 의로운 행위로 말미암지 아니하고 오직 그의 긍휼하심을 따라 중생의 씻음과 성령의 새롭게 하심으로 하셨나니(디도서 3:5)"

"그런즉 누구든지 그리스도 안에 있으면 새로운 피조물이라 이전 것은 지나갔으니 보라 새 것이 되었도다(고린도후서 5:17)"

"이로써 그 보배롭고 지극히 큰 약속을 우리에게 주사 이 약속으로 말미암아 너희가 정욕 때문에 세상에서 썩어질 것을 피하여 신성한 성품에 참여하는 자가 되게 하려 하셨느니라(베드로후서 1:4)"

이 강력한 변화의 실체는 가시적인 것으로는 확인이 불가능하므로 믿음으로 인정할 수밖에 없다. 이를테면, 사탄의 왕국에서 그리스도의 왕국에 입성하는 것과 같다.

기록된 바, "그가 우리를 흑암의 권세에서 건져내사 그의 사랑의 아들의 나라로 옮기셨으니(골로새서 1:13)"와 같다.

또한 사람은 변화를 통해 악한 현세에서 구원받은 자로 불릴 것이다.

"그리스도께서 하나님 곧 우리 아버지의 뜻을 따라 이 악한 세대에서 우리를 건지시려고 우리 죄를 대속하기 위하여 자기 몸을 주셨으니(갈라디아서 1:4)"

앞선 구절을 인용하자면, 세상에 있는 부패(사탄의 세상)에서 구원을 받았다는 이야기다. 결국 우리가 받은 새로운 삶은 다름 아닌 그리스도의 삶인 것이다.

"만일 너희 속에 하나님의 영이 거하시면 너희가 육신에 있지 아니하고 영에 있나니 누구든지 그리스도의 영이 없으면 그리스도의 사람이 아니라(로마서 8:9)"

"하나님이 그들로 하여금 이 비밀의 영광이 이방인 가운데 얼마나 풍성한지를 알게 하려 하심이라 이 비밀은 너희 안에 계신 그리스도시니 곧 영광의 소망이니라(골로새서 1:27)"

"그런즉 이제는 내가 사는 것이 아니요 오직 내 안에 그리스도께서 사시는 것이라(갈라디아서 2:20)"

"너희는 믿음 안에 있는가 너희 자신을 시험하고 너희 자신을 확증하라 예수 그리스도께서 너희 안에 계신 줄을 너희가 스스로 알지 못하느냐 그렇지 않으면 너희는 버림받은 자니라(고린도후서 13:5)"

이 세상과 구별되었다는 신도의 현 위치에 대한 세 번째 사실은 성령이 파송되고, 그가 거듭나는 순간 불순종의 자녀 가운데 활발하게 '역사하는' 사탄의 권세 대신 성령이 그에 내주하신다는 것이다.

"우리에게 주신 성령으로 말미암아 하나님의 사랑이 우리 마음에 부은 바 됨이니(로마서 5:5)"

"우리가 세상의 영을 받지 아니하고 오직 하나님으로부터 온 영을 받았으니 이는 우리로 하여금 하나님께서 우리에게 은혜로 주신 것들을 알게 하려 하심이라(고린도전서 2:12)"

"너희 몸은 너희가 하나님께로부터 받은 바 너희 가운데 계신 성령의 전인 줄을 알지 못하느냐 너희는 너희 자신의 것이 아니라(고린도전서 6:19)"

또 다른 신도의 위치는 하늘의 시민권자가 된다는 사실에서 분명히 드러난다. 이를테면, 본고장이나 시민권이 지상에서 하늘로 이관된 즉, 그의 이름은 우주의 호적을 통해 천상의 존재가 된다는 것이다. 이 같이 보이지 않는 관계의 실체는 성경에도 기록되어 있다.

"그러나 우리의 시민권은 하늘에 있는지라 거기로부터 구원하는 자 곧 주 예수 그리스도를 기다리노니[20] 그는 만물을 자기에게 복종하게 하실 수 있는 자의 역사로 우리의 낮은 몸을 자기 영광의 몸의 형체와 같이 변하게 하시리라[21](빌립보서 3:20~21)"

"만일 땅에 있는 우리의 장막 집이 무너지면 하나님께서 지으신 집 곧 손으로 지은 것이 아니요 하늘에 있는 영원한 집이 우리에게 있는 줄 아느니라[1] 참으로 우리가 여기 있어 탄식하며 하늘로부터 오는 우리 처소로 덧입기를 간절히 사모하노라[2] 이렇게 입음은 우리가 벗은 자들로 발견되지 않으려 함이라[3] 참으로 이 장막에 있는 우리가 짐진 것 같이 탄식하는 것은 벗고자 함이 아니요 오히려 덧입고자 함이니 죽을 것이 생명에 삼킨 바 되게 하려 함이라[4] 곧 이것을 우리에게 이루게 하시고 보증으로 성령을 우리에게 주신 이는 하나님이시니라[5] 그러므로 우리가 항상 담대하여 몸으로 있을 때에는 주와 따로 있는 줄을 아노니[6] 이는 우리가 믿음으로 행하고 보는 것으로 행하지 아니함이로라[7] 우리가 담대하여 원하는 바는 차라리 몸을 떠나 주와 함께 있는 그것이라[8](고린도후서 5:1~8)"

에베소서에 기록된 '하늘의 처소the heavenly places'에 있다는 신도의 위치를 두고 말하자면 '처소places'를 붙인 것이 오해를 불러일으킬 수는 있지만 본문에서 '하늘'의 의미는 경험상의 '장소'라기보다는 지위standing와 관계적인relationship 측면에서 신도가 '하늘'에 있다는 기록과 같은 뜻을 암시한다고 본다(히브리서 3:1, 에베소서 2:6. 아울러 마태복음 18:35, 요한복음 3:12 및 고린도전서 15:48도 참조).

스코필드 박사는 앞서 밝힌 신도의 위치를 두고 다음과 같이 말했다.

"그리스도인은 실제로 하늘에 계신 예수를 머리로 하는 지체로서,

소명(히브리서 3:1)과 시민권(빌레몬서 3:20)과 유산(베드로전서 1:4) 및 부활한 생명(에베소서 2:6)을 통해 '하늘'에 있는 것이다. 따라서 하늘(혹은 하늘의 처소)은 신도와 그리스도의 관계에 존재하는 영역으로, 이는 '그리스도 예수 안에서'라는 맥락에서 밝혀진 바 있다. 즉, 신도는 생명(골로새서 3:4, 요한일서 5:11~12)과 지위(에베소서 2:6)와 고난(로마서 8:18, 디모데후서 2:11~12, 골로새서 1:24, 빌레몬서 1:29)과 섬김(요한복음 17:18, 마태복음 28:18~20)과 약혼(고린도후서 11:1~3)을 통해 그리스도와 밀접한 관계를 맺고 있는 셈이다.

또한 신도는 영광(요한복음 17:22, 로마서 8:18, 골로새서 3:4)과 유산(로마서 8:17)과 권세(마태복음 19:28, 요한계시록 3:21)와 혼인(에베소서 5:22, 33, 요한계시록 19:1~9)을 통해 그리스도와 관계를 맺을 것이다.

따라서 신도의 영적인 복(에베소서 1:3)은 그리스도와 함께 하는 삶과, 함께 하는 지위, 함께 하는 고난과, 함께 하는 혼인서약의 영역 안에 거할 때만 경험·소유할 수 있을 것이다. 속세에 관심을 둔 자연인으로 살면서 그리스도와 함께 섬기고 (필요하다면) 함께 고난을 당하는 삶을 피한다면 에베소 교회가 받은 신령한 복—"종이 상전과 같아지는 것으로 족하다."—은 경험상 알 수 없을 것이다. 그리스도는 자신을 가리켜 성부 하나님의 뜻을 이루기 위해 지상에 내려온 천상의 존재로 여기셨다(스코필드 성경통신과정, 제2권, 288p).

요컨대, 신도는 하늘의 시민권자일뿐 아니라, 천상의 경험the heavenly experience이라는 수많은 특권이 가능한 지위가 부여된 것으로 봄직하다.

또한 이 세상과 신도의 관계는 본질과 목적 면에서 세상과 구별될 뿐 아니라, 흑암의 시대를 사는 사람들 가운데서는 이방인strangers과 나그네pilgrims로 일컬음을 받을 것이다.

"그러나 너희는 택하신 족속이요 왕 같은 제사장들이요 거룩한 나라요 그의 소유가 된 백성이니 이는 너희를 어두운 데서 불러내어 그의 기이한 빛에 들어가게 하신 이의 아름다운 덕을 선포하게 하려 하심이라[9] 너희가 전에는 백성이 아니더니 이제는 하나님의 백성이요 전에는 긍휼을 얻지 못하였더니 이제는 긍휼을 얻은 자니라[10] 사랑하는 자들아 거류민과 나그네 같은 너희를 권하노니 영혼을 거슬러 싸우는 육체의 정욕을 제어하라[11] 너희가 이방인 중에서 행실을 선하게 가져 너희를 악행한다고 비방하는 자들로 하여금 너희 선한 일을 보고 오시는 날에 하나님께 영광을 돌리게 하려 함이라[12](베드로전서 2:9~12)"

성경은 아브라함에서 비롯된 믿음의 자손도 '이방인과 나그네'로 표현했다.

"이 사람들은 다 믿음을 따라 죽었으며 약속을 받지 못하였으되 그것들을 멀리서 보고 환영하며 또 땅에서는 외국인과 나그네임을 증언하였으니(히브리서 11:13)"

세상의 백성과 하나님의 백성이 크게 다르다는 것은 세상이 사탄의 지배하에 있는 체제로 읽히는 구절에도 기록되어 있다.

"자기의 생명을 사랑하는 자는 잃어버릴 것이요 이 세상(사탄의 세상)에서 자기의 생명을 미워하는 자는 영생하도록 보전하리라(요한복음 12:25)"

"간음한 여인들아 세상과 벗된 것이 하나님과 원수 됨을 알지 못하느냐 그런즉 누구든지 세상(사탄의 세상)과 벗이 되고자 하는 자는 스스로 하나님과 원수 되는 것이니라(야고보서 4:4)"

"이 세상(사탄의 세상)이나 세상에 있는 것들을 사랑하지 말라 누구든지 세상을 사랑하면 아버지의 사랑이 그 안에 있지 아니하니[15] 이는 세상에 있는 모든 것이 육신의 정욕과 안목의 정욕과 이생의 자랑이니 다 아버지 께로부터 온 것이 아니요 세상으로부터 온 것이라[16] 이 세상도, 그 정욕도 지나가되 오직 하나님의 뜻을 행하는 자는 영원히 거하느니라[17](요한일서 2:15~17)"

'탐욕lust'은 사탄의 세상을 기술할 때 자주 등장하는 어구로, 현재 통용되는 어구는 육신적인 쾌락만을 일컫지만 성경에 기록된 것은 이보다 훨씬 더 깊은 의미를 담고 있다. 앞서 인용한 구절에서 탐욕은 사탄이 부추기는 인간의 야심뿐 아니라, 자기계발의 원칙을 비롯하여 그들에게 숭고하고 최선인 모든 것을 얻으려는 노력을 아울러 가리킬 것이다. 탐욕은 하나님의 진리를 외면한다는 점에서 불법이요, 유한한 존재와 그 소유를 확대시킨다는 점에서 육신적인 것이다.

다음은 신도와 세상의 관계를 기록한 구절로 특히 눈에 띈다.

"이로써 사랑이 우리에게 온전히 이루어진 것은 우리로 심판 날에 담대함을 가지게 하려 함이니 주께서 그러하심과 같이 우리도 이 세상에서 그러하니라(요한일서 4:17)"

"아버지께서 나를 세상(사탄의 세상)에 보내신 것 같이 나도 그들을 세상에 보내었고(요한복음 17:18)"

신도의 지위를 기록한 마지막 계시는 세상을 섬기는 것과 관계가 깊다. 하나님의 무궁무진한 사랑은 금세의 위대한 사역의 일환으로, 신도를 그리스도와 교제하게 하셨고 이런 관계 속에서 신도는 증언을 통해 세상 끝까지 복음을 전하는 사역을 위임받게 되었다. 그는 이러한 사역 가운데, 하늘과 땅의 모든 권세를 받은 그리스도가 함께 있으리라는 약속을 받았다(마태복음 28:18~20). 성경은 이 증인을 '그리스도의 사신ambassadors'으로 묘사했다.

> "그러므로 우리가 그리스도를 대신하여 사신이 되어 하나님이 우리를 통하여 너희를 권면하시는 것 같이 그리스도를 대신하여 간청하노니 너희는 하나님과 화목하라(고린도후서 5:20)"

다음 절에서는 사신의 메시지가 기록되어 있다.

> "하나님이 죄를 알지도 못하신 이를 우리를 대신하여 죄로 삼으신 것은 (의를 전혀 몰랐던) 우리로 하여금 그 안에서 하나님의 의가 되게 하려 하심이라(고린도후서 5:21)"

성도는 이 세상과의 관계를 두고는 성령의 직접적인 가르침이 가장 필요하다. 성도는 지상에서의 삶이 세상 사람들과 비슷할지라도 자신을 그리스도 안에서 죽고 다시 일어나 새로운 생명을 얻은 자로 여겨야 한다. 또한 세상이 그를 오해하고 심지어는 증오할 수도 있다는 점을 자각하여 '외인 앞에서는 항상 지혜롭게 행해야 할 것이다.' 성도는 세상을 이용하되 남용해서는 안 된다는 명령을 받았다. 아울러 순수하고 선한 것이 되레 사탄에게는 득이 될 수 있으므로 바람직하지 않을 때도 더러 있을 것이다.

혹자는 물질적인 우주뿐 아니라, 오늘날 세상에 속한 모든 피조물을 사탄의 속성으로 보는 극단적인 입장을 취하곤 했다. 물질적이거나 육신적인 것 자체가 악한 것은 아니라는 사실을 간파하지 못한 까닭이다. 하나님은 만물을 선하게 창조하셨으나, 사탄이 창조한 것은 아무것도 없다. 세상과의 관계를 밝히자면 사탄은 자신의 야심을 위해 하나님의 것을 도용하고 파괴하는 약탈자가 되었을 뿐이다. 그는 하나님의 통치에 반기를 든 사악한 폭도의 리더이기도 하다. 그러나 본래의 우주는 인간의 생각 및 의지력과 마찬가지로 대개는 창조주인 하나님께 속해 있으며, 상속의 자격으로는 하나님의 자녀에게 속해 있기도 하다.

"그런즉 누구든지 사람을 자랑하지 말라 만물이 다 너희 것임이라[21] 바울이나 아볼로나 게바나 세계나 생명이나 사망이나 지금 것이나 장래 것이나 다 너희의 것이요[22] 너희는 그리스도의 것이요 그리스도는 하나님의 것이니라[23](고린도전서 3:21~23)"

그러나 사탄은 자신의 악한 목적을 은폐하기 위해 온갖 선한 것을 도용하고 있으므로, 하나님의 자녀는 감춰진 악을 분별하고 주님께 충성하는 마음으로 사탄의 사역을 확대시키는 모든 것을 거부해야 한다. 성경은 유사한 문제를 예로 들며 이 점을 분명히 밝혔다. 본문은 음식을 쟁점으로 삼았다. 즉, 음식 자체는 선하지만 악한 목적에 연루되면 적잖이 해를 주는 수단이 될 수 있다는 것이다.

"그런즉 우리가 다시는 서로 비판하지 말고 도리어 부딪칠 것이나 거칠 것을 형제 앞에 두지 아니하도록 주의하라[13] 내가 주 예수 안에서 알고 확신하노니 무엇이든지 스스로 속된 것이 없으되 다만 속되게 여기는 그 사람에게는 속되니라[14] 만일 음식으로 말미암아 네 형제가 근심하게 되면 이는 네가 사랑으로 행하지 아니함이라 그리스도께서 대신하여 죽으신 형제를 네 음식으로 망하게 하지 말라[15] 그러므로 너희의 선한 것이 비방을 받지 않게 하라[16] 하나님의 나라는 먹는 것과 마시는 것이 아니요 오직 성령 안에 있는 의와 평강과 희락이라[17] 이로써 그리스도를 섬기는 자는 하나님을 기쁘시게 하며 사람에게도 칭찬을 받느니라[18] 그러므로 우리가 화평의 일과 서로 덕을 세우는 일을 힘쓰나니[19] 음식으로 말미암아 하나님의 사업을 무너지게 하지 말라 만물이 다 깨끗하되 거리낌으로 먹는 사람에게는 악한 것이라[20] 고기도 먹지 아니하고 포도주도 마시지 아니하고 무엇이든지 네 형제로 거리끼게 하는 일을 아니함이 아름다우니라[21](로마서 14:13~21)"

"그런즉 내가 무엇을 말하느냐 우상의 제물은 무엇이며 우상은 무엇이냐[19] 무릇 이방인이 제사하는 것은 귀신에게 하는 것이요 하나님께 제사하는 것이 아니니 나는 너희가 귀신과 교제하는 자가 되기를 원하지 아니하노라[20] 너희가 주의 잔과 귀신의 잔을 겸하여 마시지 못하고 주의 식탁과 귀신의 식탁에 겸하여 참여하지 못하리라[21] 그러면 우리가 주를 노여워하시게 하겠느냐 우리가 주보다 강한 자냐[22] 모든 것이 가하나 모든 것이 유익한 것은 아니요 모든 것이 가하나 모든 것이 덕을 세우는 것은 아니니[23] 누구든지 자기의 유익을 구하지 말고 남의 유익을 구하라[24] 무릇 시장에서 파는 것은 양심을 위하여 묻지 말고 먹으라[25] 이는 땅과 거기 충만한 것이 주의 것임이라[26] 불신자 중 누가 너희를 청할 때에 너희가 가고자 하거든 너희 앞에 차려 놓은 것은 무엇이든지 양심을 위하여 묻지 말고 먹으라[27] 누가 너희에게 이것이 제물이라 말하거든 알게 한 자와 그 양심을 위하여 먹지 말라[28] 내가 말한 양심은 너희의 것이 아니요 남의 것이니 어찌하여 내 자유가 남의 양심으로 말미암아 판단을 받으리요[29] 만일 내가 감사함으로 참여하면 어찌하여 내가 감사하는 것에 대하여 비방을 받으리요[30] 그런즉 너희가 먹든지 마시든지 무엇을 하든지 다 하나님의 영광을 위하여 하라[31] 유대인에게나 헬라인에게나 하나님의 교회에나 거치는 자가 되지 말고[32] 나와 같이 모든 일에 모든 사람을 기쁘게 하여 자신의 유익을 구하지 아니하고 많은 사람의 유익을 구하여 그들로 구원을 받게 하라[33](고린도전서 10:19~33)"

이 문제는 발견과 과학 및 심리학 영역의 발전상을 감안해 볼 때 실용적인 성격이 강하다. 어느 이론이든 새롭거나 베일에 가려져 있다는 이유로 무작정 거부해서는 안 된다. 금세의 획기적인 발명품은 사탄의 이권을 확대시키는 것 못지않게 복음을 전파하는 데도 소요될 수 있기 때문이다. 우주를 둘러싼 새로운 지식은 악의 진보만큼이나 선의 발전에도 기여할 수 있다.

받아들이거나 버려야 할 대상을 가늠할 궁극적인 시금석은 단 하나일 수도 있는데, 이는 하나님 앞에서 각자가 판단해야 할 것이다(로마서 14:22). 그렇다면 이런 의문이 들지도 모르겠다. "속량이라는 실제 사역이 방해를 받고 있을까? 속량의 근간이 버려진 것이라면? 이러면 진리를 정면으로 부인하여 뭇영혼이 훼방을 받진 않을까? 아니면 이것이 십자가의 보혈에 둔 유일한 소망에서 멀어지게 하는 속임수는 아닐까?" 이를 떠나, 하나님의 자녀는 "모쪼록 몇 사람이라도 구원하기 위해 모든 사람에게 어떤 모습이든 되도 좋을 것이다(고린도전서 9:22)."

금세의 자녀와 비교해볼 때, 크리스천은 세상에서 아름다운 것을 더 많이 보고 습득한 것을 더욱 널리 활용하며 선한 것을 인정할 줄 안다. 그러나 그는 한정된 임무에 만족해야 하고 자신이 섬기는 주님과 왕의 이권을 지켜야 한다. 그가 당면한 문제의 상당수는 원수가 통치하는 곳, 원수의 불화살이 겨냥하고는 있으나 전능하신 하나님이 친히 보호하시는 곳에 잠시 머물러 있다는 사실을 자각해야 경감될 것이다. 그는 지존자의 보좌로부터 파송된 사신의 숨겨진 권위와 능력 안에서 십자가를 통한 속량의 메시지를 마음에 새기라는 명을 받았으며, 지금은 하나님 앞에서 밝히 드러날 영광을 거머쥔 자로서, 재림하신 주님이 영접할 그 아침을 기다리고 있다.

Chapter 12
이기는 크리스천

숭고한 지위에는 대개 막중한 책무가 뒤따르게 마련이다. 성경에 따르면, 천상의 지위를 믿는 사람은 더더욱 틀린 말은 아니라고 한다. 하늘의 시민권자요, 그 무리에 참여한 자로 비쳐질 때 그는 성경으로 보나 이성적으로 보나 "부르심을 받은 일에 합당하게 행해야 하기" 때문이다(에베소서 4:1). 하나님의 자녀에 대한 천상의 권고는 뚜렷한 진리를 이루고 있다. 성경을 보면 최소 세 가지 진리가 있는데 각각 특정 시대의 특별한 위인이 행할 규정처럼 보인다. 모세의 율법은 모세를 통해 하나님의 옛 백성들에게 전수된 바 있으나, 하나님의 거룩함을 반영할 뿐 아니라 그리스도 안에 있는 구원을 예비하므로 지금도 모종의 메시지를 담고 있다. 따라서 세례요한의 명령과 아울러, '산상수훈'과 그리스도의 초기 가르침은 왕국시대가 도래할 무렵에 전파되었으므로 '그들이 작은 자로부터 큰 자까지 주님을 알게 될' 시기를 보여주는 중차대한 계시일 것이다. 모든 가르침을 관통하는 공통적인 원칙이 아주 없는 것은 아니지만, 여기에 삽입된 교회 시대의 백성에게 적접 적용되는 성경은 신약의 복음서와 바울서신에서만 찾을 수 있을 것이다.

하나님이 승리하는 삶을 준비한다는 것은 신도의 지위에 따르는 요구가 실현되기 전에는 이해할 수 없다. 이러한 요구가 세상의 기준일 리는 없다. 신도는 지위 상 하늘의 시민권자일 뿐 아니라 하늘의 기준을 성취하기 위해 부르심을 받았기 때문이다. 이 사실에 대한 예증의 일환으로, 천상의 덕목ideals과 명령은 다음과 같이 기록되어 있다.

"그러므로 형제들아 내가 하나님의 모든 자비하심으로 너희를 권하노니 너희 몸을 하나님이 기뻐하시는 거룩한 산 제물로 드리라 이는 너희가 드릴 영적 예배니라(로마서 12:1)"

"항상 기뻐하라[16] 쉬지 말고 기도하라[17] 범사에 감사하라 이것이 그리스도 예수 안에서 너희를 향하신 하나님의 뜻이니라[18] 악은 어떤 모양이라도 버리라[22](데살로니가전서 5:16~18, 22)"

"오직 성령의 열매는 사랑과 희락과 화평과 오래 참음과 자비와 양선과 충성과[22] 온유와 절제니 이같은 것을 금지할 법이 없느니라[23](갈라디아서 5:22~23)"

"그러므로 주 안에서 갇힌 내가 너희를 권하노니 너희가 부르심을 받은 일에 합당하게 행하여[1] 모든 겸손과 온유로 하고 오래 참음으로 사랑 가운데서 서로 용납하고[2] 평안의 매는 줄로 성령이 하나 되게 하신 것을 힘써 지키라[3](에베소서 4:1~3)"

"하나님의 성령을 근심하게 하지 말라 그 안에서 너희가 구원의 날까지 인치심을 받았느니라(에베소서 4:30)"

"그러므로 어리석은 자가 되지 말고 오직 주의 뜻이 무엇인가 이해하라[17] 술 취하지 말라 이는 방탕한 것이니 오직 성령으로 충만함을 받으라[18] 시와 찬송과 신령한 노래들로 서로 화답하며 너희의 마음으로 주께 노래하며 찬송하며[19] 범사에 우리 주 예수 그리스도의 이름으로 항상 아버지 하나님께 감사하며[20](에베소서 5:17~20)"

"그러므로 하나님의 전신 갑주를 취하라 이는 악한 날에 너희가 능히 대적하고 모든 일을 행한 후에 서기 위함이라(에베소서 6:13)"

"그러므로 너희가 그리스도와 함께 다시 살리심을 받았으면 위의 것을 찾으라 거기는 그리스도께서 하나님 우편에 앉아 계시느니라[1] 위의 것을 생각하고 땅의 것을 생각하지 말라[2](골로새서 3:1~2)"

이와 같은 의무는 특성 상 하늘에 속한 것으로, 그곳에서나 어울릴 법한 요구로 보인다. 즉, 인간의 능력을 초월한 의무라는 이야기인데 이를테면, 인간의 힘으로 어떻게 "범사에 감사할 수 있겠느냐?"는 것이다. 게다가 누가 성령의 충만을 받을 수 있으며, 누가 고난 중에도 기뻐할 수 있겠는가? 사실 이런 의무는 현재 통용되는 것이라기보다는 비현실적인 덕목으로 치부하는 경우가 더러 있다. 하지만 실제로는 하나님의 자녀가 준행할 의무라고 한다. 언제든 이를 지키지 못했다고 해서 구원에 이르지 못하는 것은 아니나(시편 130:3, 로마서 4:5), 행여 이를 위반한다면 천국 시민권에 흠집을 내고 은혜를 주신(로마서 5:2) 하나님의 명예를 실추시킬 뿐 아니라, 하나님 앞에서 원수가 신도를 책잡을 기회를 얻게 될 것이다. 사탄은 지상의 기준이 아니라 하늘의 덕목을 근거로 크리스천을 판단할 테니 말이다. 이렇게 막중한 의무를 떠올릴라치면 누구든 무능하고 무력하다는 생각을 떨칠 수 없을 것이다.

신도는 하늘에 속한 지위에 걸맞은, 불가능한 의무를 실천해야 할 뿐 아니라 세상을 통치하는 원수와 상대하라는 명령을 받았다. 사탄은 자신의 왕국과 권세를 동원하여, 신성한 성품에 참여한 신도의 삶을 무너뜨리고 이를 훼손하기 위해 안간힘을 쓰고 있다. 사탄이 우는 사자처럼 두루 다니며 삼킬 자를 찾는다는 계시(베드로전서 5:8)는 신도에게서 자신감을 해제시켜 두려움을 조장해야 한다—원수가 구사하는 교활한 계략—는 자명한 이치를 보여준다. 이런 맥락에서 『에베소서』는 다음과 같이 기록했다.

> "끝으로 너희가 주 안에서와 그 힘의 능력으로 강건하여지고[10] 마귀의 간계를 능히 대적하기 위하여 하나님의 전신갑주를 입으라[11] 우리의 씨름은 혈과 육을 상대하는 것이 아니요 통치자들과 권세들과 이 어둠의 세상 주관자들과 하늘에 있는 악의 영들을 상대함이라[12](에베소서 6:10~12)"

사탄과의 대치 상황을 보더라도 크리스천의 의무가 인간의 역량을 능가한다는 점은 훨씬 더 명백해진다.

하나님의 자녀라 해도 그 속에는 하나님을 모독할 성싶은 타락한 인간의 본성이 존재한다. 본성은 인간의 의지를 통제할 수가 없다. 『로마서』에 상세히 기록된 구절은 중요함에도 숱한 오해를 받아왔다.

> "우리가 율법은 신령한 줄 알거니와 나는 육신에 속하여 죄 아래에 팔렸도다[14] 내가 행하는 것을 내가 알지 못하노니 곧 내가 원하는 것은 행하지 아니하고 도리어 미워하는 것을 행함이라[15] 만일 내가 원하지 아니하는 그것을 행하면 내가 이로써 율법이 선한 것을 시인하노니[16] 이제는 그것을 행하는 자가 내가 아니요 내 속에 거하는 죄라[17] 내 속 곧 내 육신에 선한 것이 거하지 아니하는 줄을 아노니 원함은 내게 있으나

선을 행하는 것은 없노라[18] 내가 원하는 바 선은 행하지 아니하고 도리어 원하지 아니하는 바 악을 행하는도다[19] 만일 내가 원하지 아니하는 그것을 하면 이를 행하는 자는 내가 아니요 내 속에 거하는 죄니라[20] 그러므로 내가 한 법을 깨달았노니 곧 선을 행하기 원하는 나에게 악이 함께 있는 것이로다[21] 내 속사람으로는 하나님의 법을 즐거워하되[22] 내 지체 속에서 한 다른 법이 내 마음의 법과 싸워 내 지체 속에 있는 죄의 법으로 나를 사로잡는 것을 보는도다[23] 오호라 나는 곤고한 사람이로다 이 사망의 몸에서 누가 나를 건져내랴[24] 우리 주 예수 그리스도로 말미암아 하나님께 감사하리로다 그런즉 내 자신이 마음으로는 하나님의 법을 육신으로는 죄의 법을 섬기노라[25](로마서 7:14~25)"

옛 본성과 새로운 본성이 벌이는 싸움은 인간의 능력이나 종교적인 행위로는 하나님을 위한 승리가 불가하다. 오직 그리스도를 통해서만이 가능할 것이다.

신도는 하늘에 속한 의무를 생각할 때 세 가지 불가능에 직면하게 된다. 첫째, 하늘에 속한 지위는 인간의 가능성을 능가하는 삶을 요구한다는 것. 둘째, 원수는 그보다 더 강하며 모든 해결책을 뒤엎을 수 있다는 것. 셋째는 인간의 타락한 본성으로 선한 일을 하다가도 악행의 유혹을 받게 마련이라는 것이다. 그럼에도 승리하는 삶, 즉 모든 생각을 사로잡아 그리스도에게 복종케 하라는 명령은 분명하다(고린도후서 10:5). 때문에 그가 조금이라도 실족한다면 그를 부르신 하나님의 명예는 실추될 것이다.

그렇다면 이 같은 딜레마를 피할 방편은 무엇일까? 오직 하나님의 능력으로만 가능할 것이다. 하나님은 악의 지배와 세력으로부터 온전한 구원을 이루셨으니 이것이야말로 진정한 승리—금세의 삶과 충돌 속에서 신도가 얻을 수 있는 유일한 승리—인 것이다. 이는 구원의 또 다른 형태나 시제tense인 셈이다. 죄의 저주와 보응에서 구원이 가능해졌으며, 여전히 죄가 지배하고 죄의 권세 아래 있는 시대에도 구원을 받을 수 있게 되었기 때문이다. 세상과 육신과 악마의 권세로부터의 구원은 죄의 형벌로부터 벗어난 구원과 조건도 같을 뿐 아니라 값없이 그리고 온전히 확보된 것이리라. 하지만 구원의 조건은 세상의 방편과는 판이하게 다르기 때문에 크리스천에게도 비현실적인 것으로 보일 때가 더러 있다.

훈계를 받은 자라도 도덕적인 성품으로는 정죄에서 벗어날 수 없고 하나님 앞에서 의롭다하심을 얻을 수 없으며, 인간의 의지에서 비롯된 결심으로 죄의 권세에서 해방될 수는 없을 것이다. 크리스천의 삶은 인간의 힘으로는 불가능한 것이다. 하지만 하나님의 권세 안에 있으므로, 주님은 당신He이 요구하는 모든 것과 아울러 온전히 승리하는 삶까지도 주시겠다고 밝히셨다. 승리의 삶은 필경 하나님의 사역인 까닭에 인간의 사역은 하나님에 대한 믿음이나 기대—이를테면, 자신은 연약하며 하나님 한분으로 충분하다는 태도—에 한정될 수밖에 없는 것이다. 이는 믿음의 법을 깨달은 것이므로 어느 때든 사탄이 내세우는 자기계발의 법과는 상충될 것이다.

하나님처럼 되고자 하는 인간의 노력과 아울러, 사탄의 이상과 계략이 전 세계에 밀려들자 피조물이 창조주를 의지한다는 당연한 사실은 되레 연약하고 불합리한 것으로 비쳐지게 되었다. 이러한 세속적인 발상이 교회에 자리를 잡고 나니, 성경의 가르침에도 크리스천의 심중에 하나님에 대한 기대감을 심어주는 것이, '자기의'와 '자기만족'을 내세우는 죄인이 그리스도를 믿어 중생에 이르게 하는 것만큼이나 어려울 때가 더러 있다.

풍성하신 하나님께 진정으로 의존한다는 것은, 자연인은 천국 시민권자에 걸맞은 요구를 충족시킬 수 없다는 시각에서 태동한다. 세상 시민권자는 도덕적인 이상을 깨닫기 위해 혈과 육에 대해 싸울 것이나 성취할 천국의 이상도, 대면할 원수도 없거니와, 본성의 충돌도 없을 것이다. 따라서 그의 저급한 이상은 자신의 결단과 의지만으로도 종종 성취될 성싶다. 이는 거듭나지 못한 자에게 특히 적합할 터인데, 사탄의 권세가 그 안에서 역사하여 그로 하여금 사탄의 목적을 성취할 의지와 행위를 부추길 것이기 때문이다(에베소서 2:2). 그러나 믿음의 법은 하나님의 자녀가 승리할 수 있는 유일한 길이며, 그 길은 오직 믿음뿐이리라.

그가 몸소 자신을 구원할 수 있도록 도와달라고 하나님께 간구하면 되레 버림을 받을 수 있듯이, 올바른 삶을 지향할 요량으로 자신의 역량을 쏟아가며 하나님의 도움을 구하려는 성도 또한 하나님의 명예를 끊임없이 실추시킬지도 모른다. 믿음과 사역의 법은 둘 중 어느 경우를 막론하고 혼재되어 있어서는 안 된다. 믿음과 사역은 모두 인간의 불가능을 보여주며, 그런 까닭에 둘 다 하나님의 권능이 필요한 것이다. 성경은 교훈과 사례에서 이를 분명히 짚어두고 있다.

첫째, 하나님의 권능은 곧 신도가 하늘에 속한 명령에 넉넉히 부응할 수 있다는 것을 뜻한다.

"너희 안에서 행하시는 이는 하나님이시니 자기의 기쁘신 뜻을 위하여 너희에게 소원을 두고 행하게 하시나니(빌립보서 2:13)"

"우리가 무슨 일이든지 우리에게서 난 것 같이 스스로 만족할 것이 아니니 우리의 만족은 오직 하나님으로부터 나느니라(고린도후서 3:5)"

"그러나 내가 나 된 것은 하나님의 은혜로 된 것이니 내게 주신 그의 은혜가 헛되지 아니하여 내가 모든 사도보다 더 많이 수고하였으나 내가 한 것이 아니요 오직 나와 함께 하신 하나님의 은혜로라(고린도전서 15:10)"

"너희가 이같이 어리석으냐 성령으로 시작하였다가 이제는 육체로 마치겠느냐(갈라디아서 3:3)"

"끝으로 너희가 주 안에서와 그 힘의 능력으로 강건하여지고(에베소서 6:10)"

마지막 구절은 신도의 시민권과 그 의무를 전체적으로 계시한 내용의 최종 결론에 해당하므로, 마지막 교훈은 주 안에서와 그 힘의 능력을 강건해지는 것이라.

둘째, 원수와의 싸움은 하나님의 능력을 통해서만 승리할 수 있다. 성경에서 사탄에 대한 천사의 입장을 계시한 대목이 눈에 띄는데, 이때 천사의 입장은 타락한 인간이 생각해봄직한 것이었다. 『유다서』에 따르면, 천사장 마가엘은 모세의 시체에 관하여 마귀와 논쟁을 벌였다고 한다. 논쟁 사건이나 시기를 구체적으로 계시한 적은 없다. 성경을 보면, 모세는 은밀한 중에 매장되었고 훗날에는 변형된 모습과 영광을 얻은 몸으로 나타났는데 이는 모세의 육신이 사탄의 영역에서 벗어난 것을 기록했을 가능성도 있다. 인용된 구절은 다음과 같다.

"천사장 미가엘이 모세의 시체에 관하여 마귀와 다투어 변론할 때에 감히 비방하는 판결을 내리지 못하고 다만 말하되 주께서 너를 꾸짖으시기를 원하노라 하였거늘(유다서 1:9)"

이와 마찬가지로, 『베드로후서』에서는 말세에 거짓 교사들이 하늘의 권세(분명 악마를 일컫는다)를 멸시한다—천사도 감히 하지 못한—는 기록도 있다.

"특별히 육체를 따라 더러운 정욕 가운데서 행하며 주관하는 이를 멸시하는 자들에게는 형벌할 줄 아시느니라 이들은 당돌하고 자긍하며 떨지 않고 영광 있는 자들을 비방하거니와(베드로후서 2:10)"

본문은 사탄도 하나님의 '기름 부음 받은' 존재라는 사실을 천사의 시각에서 본 대목일지도 모른다(에스겔 28:14). 다윗이 사울에게 손을 들어 치지 않은 이유도 그가 '여호와의 기름 부음 받은 자'였기 때문인 것처럼 말이다(사무엘상 24:6). 그리스도가 기름 부음 받은 자라(시편 2:2) 하므로 신도 역시 그렇다고 한다(요한일서 2:27). 그러나 천사장인 미가엘을 비롯하여, 다른 모든 천상의 존재가 가진 월등한 지혜와 권능도 정작 사탄과의 전쟁에서는 발휘되지 않았다는 대목도 있다. 그들의 권능은 신도에게 약속된 권능에 따라 좌우되고, 신도는 단연 그들의 본보기를 따라 교훈을 받을 것이다.

하나님의 자녀가 악마에 저항해야 한다는 지침은 두 구절에 기록되어 있다. 그러나 이 둘의 문맥을 보면 하나님의 능력에 전적으로 의지해야 한다는 메시지가 깔려있다. 그는 하나님께 온전히 복종해야 하는데 복종은 견고한 믿음을 통해서만 가능할 것이다. 인용할 구절은 다음과 같다.

"그런즉 너희는 하나님께 복종할지어다 마귀를 대적하라 그리하면 너희를 피하리라(야고보서 4:7)"

"근신하라 깨어라 너희 대적 마귀가 우는 사자 같이 두루 다니며 삼킬 자를 찾나니[9] 너희는 믿음을 굳건하게 하여 그를 대적하라 이는 세상에 있는 너희 형제들도 동일한 고난을 당하는 줄을 앎이라[9](베드로전서 5:8~9)"

『에베소서(6:16)』에서는 믿음의 법은 신도의 무기 중 '믿음의 방패 shield of faith'로 기록되어 있다. 믿음의 방패로써 원수의 불화살이 모두 소멸된다는 것이다.

셋째, 본성은 타락했지만 하나님의 능력으로 진실한 성품을 깨닫게 될 것이다. 진실한 성품은 하나님의 권세로 직접 약속된 바이다.

"오직 성령의 열매는 사랑과 희락과 화평과 오래 참음과 자비와 양선과 충성과[22] 온유와 절제니 이같은 것을 금지할 법이 없느니라[23](갈라디아서 5:22~23)"

"빛의 열매는 모든 착함과 의로움과 진실함에 있느니라(에베소서 5:9)"

"자녀들아 너희는 하나님께 속하였고 또 그들을 이기었나니 이는 너희 안에 계신 이가 세상에 있는 자보다 크심이라(요한일서 4:4)"

따라서 진정 하나님을 경외하는 성품은 하나님의 권능이 발휘된 결과이며 "수고를 그치고 쉬는(요한계시록 14:13)" 자에게 가능할 것이다.

"세상을 이기는 승리는 이것이니 우리의 믿음이니라(요한일서 5:4)"

본문의 '승리'는 끊임없는 믿음을 요구한다. 믿음은 여기서 그치지 않는다. 크리스천의 삶이 발전한다는 것은 "믿음에서 믿음에 이른다"는 것이다. 아울러 성경은 하나님이 의롭다 하신 자를 가리켜 "믿음으로 말미암아 살 것"이라고 밝혔다.

혹자는, 중생의 법도 그렇지만, 믿음의 법도 승리하는 삶을 완성하기 위한 수단으로 쓰인다는 데 종종 반론을 제기한다. 반론대로라면 각자에게 합당한 동기는 없다는 추론이 가능해지는데, 이 같은 논지는 믿음을 오해한 데서 비롯된 것이다.

경우를 막론하고, 불가능한 일은 시도 자체가 무의미한 것이며, 죄의 형벌에서 구원에 이르는 문제라면, 하나님이 속량의 근거로 인정할 수 있는 유일한 사역은 그리스도가 이미 십자가에서 행하시고 온전히 완성하신 것이다. 신도는 완성된 사역을 통해 하나님 앞에서 완전한 지위를 얻게 되었고 그리스도의 사신이라는 숭고한 지위로 승격되었다. 이러한 동역의 특권은 구원의 터를 닦는 데는 어떠한 역할도 하지 않으나 영광의 상에 대한 가능성은 열어줄 것이다(고린도전서 3:9~15). 죄의 권세로부터 벗어난 구원의 문제에서, 인간의 의지는 하나님의 권세가 드러나는 도구로 사용될 것이다. 다음 구절은 하나님이 신도의 삶에서 실세the real power가 된다는 점을 밝히고 있다.

"너희 안에서 행하시는 이는 하나님이시니 자기의 기쁘신 뜻을 위하여 너희에게 소원을 두고 행하게 하시나니(빌립보서 2:13)"

"우리가 육신으로 행하나 육신에 따라 싸우지 아니하노니[3] 우리의 싸우는 무기는 육신에 속한 것이 아니요 오직 어떤 견고한 진도 무너뜨리는 하나님의 능력이라 모든 이론을 무너뜨리며[4] 하나님 아는 것을 대적하여 높아진 것을 다 무너뜨리고 모든 생각을 사로잡아 그리스도에게 복종하게 하나"(고린도후서 10:3~5)"

"내게 능력 주시는 자 안에서 내가 모든 것을 할 수 있느니라(빌립보서 4:13)"

"나를 떠나서는 너희가 아무 것도 할 수 없음이라(요한복음 15:5)"

이때 신도는 하나님의 섭리the will of God가 완전하다는 사실을 자각, 자신의 전인격을 동원하여 그분의 권세와 지도에 순응했을 것으로 보인다. 어린 아이가 순종을 통해 부모의 경험과 지혜를 활용하듯, 신도도 하나님이 택한 지혜와 사랑을 사용했다는 것이다. 신도가 하나님의 섭리에 헌신하고 주님을 의지하겠다는 진정한 믿음을 갖는다면 성령의 큰 권능은 하나님의 영광을 위해 신도 안에서, 신도를 통해 역사할 것이다.

"내가 이르노니 너희는 성령을 따라 행하라 그리하면 육체의 욕심을 이루지 아니하리라(갈라디아서 5:16)"

"이는 그리스도 예수 안에 있는 생명의 성령의 법이 죄와 사망의 법에서 너를 해방하였음이라(로마서 8:2)"

원수의 땅에 발을 붙이고 있는 신도의 위태로운 지위를 감안해 볼 때 하나님께서 정복과 승리를 위해 필요한 권세를 주시고, 그리스도의 보혈이라는 터 위에 그분이 허락한 자의 안위를 약속하셨는지는 두고 보면 알게 될 터이다.

"주께서 그와 그의 집과 그의 모든 소유물을 울타리로 두르심 때문이 아니니이까 주께서 그의 손으로 하는 바를 복되게 하사 그의 소유물이 땅에 넘치게 하셨음이니이다(욥기 1:10)"

"그들을 주신 내 아버지는 만물보다 크시매 아무도 아버지 손에서 빼앗을 수 없느니라(요한복음 10:29)"

"사람이 감당할 시험 밖에는 너희가 당한 것이 없나니 오직 하나님은 미쁘사 너희가 감당하지 못할 시험 당함을 허락하지 아니하시고 시험 당할 즈음에 또한 피할 길을 내사 너희로 능히 감당하게 하시느니라 (고린도전서 10:13)"

"누가 능히 하나님께서 택하신 자들을 고발하리요 의롭다 하신 이는 하나님이시니[33] 누가 정죄하리요 죽으실 뿐 아니라 다시 살아나신 이는 그리스도 예수시니 그는 하나님 우편에 계신 자요 우리를 위하여 간구하시는 자시니라[34] 누가 우리를 그리스도의 사랑에서 끊으리요 환난이나 곤고나 박해나 기근이나 적신이나 위험이나 칼이랴[35] 기록된 바 우리가 종일 주를 위하여 죽임을 당하게 되며 도살당할 양 같이 여김을 받았나이다 함과 같으니라[36] 그러나 이 모든 일에 우리를 사랑하시는 이로 말미암아 우리가 넉넉히 이기느니라[37] 내가 확신하노니 사망이나 생명이나 천사들이나 권세자들이나 현재 일이나 장래 일이나 능력이나[38] 높음이나 깊음이나 다른 어떤 피조물이라도 우리를 우리 주 그리스도 예수 안에 있는 하나님의 사랑에서 끊을 수 없으리라[39](롬 8:33~39)"

PART 2
이단

by Tertulian

Heretics

PART 2

이단

by Tertulian

Heretics

01 이단은 존재할 수밖에 없고, 수효도 아주 많다.
이단은 믿음의 시금석이다.

이미 예견된 사실인 까닭에(마 7:15) (만연해 있는) 이단에 충격을 받아서도 안 되고, 이단이 존재한다는 사실에 놀라서도 안 된다는 가르침은 현 시대의 특징을 반영한다. 성도의 믿음을 뒤엎어놓는다는 점을 두고도 의연히 대처해야 마땅할 것이다.

궁극적으로 이단은 믿음을 시험함으로써 이를 '인정받을' 기회를(고전 11:19) 주기 위해 횡행한다. 따라서 이단이 만연해 있다는 사실을 두고 수많은 사람들이 분개하는 것은 신중하지 못한 처사이며 그래야 할 근거도 없다. 애당초 이단이 없었다면 분노할 법도 하겠지만 말이다!

어떤 현상이 어찌어찌 존재하게 되었다는 것은 그럴 (궁극적인) 권세가 있다는 방증이다. 존재하는 데 필요한 권세를 확보했으니 존재하지 않을 수 없는 것이다.

02 열병과 이단의 유사성. 이단은 경외할 대상이 아니며,
   성도의 취약한 믿음을 통해 더욱 강성해진다. 그들
   에게는 진리가 없다. 격투사와 검투사에 비유한 글을
   보라.

예컨대, 열병은 사람의 생명을 앗아갈 수 있다는 점에서 치명적이고도 고통스런 인생사 한켠에 자리를 잡고 있다. 하지만 열병에 걸린다거나, 열병으로 사람이 죽는다는 사실을 기이히 여기는 사람은 없다. 열병이 존재하는 이유가 바로 그것이기 때문이다.

이단도 그렇다. 이단은 믿음을 약화시켜 아주 없애버리기 위해 발흥해 왔다. 이단에게 그런 권세가 있어 우리는 그들을 두려워한다. 먼저는 이단이 존재한다는 사실에 겁을 낸다. 이단이 존재한다는 것은 그들에게 권세가 있다는 방증이고, 권세가 있는 한 존재는 이어지게 마련이니까.

반면 열병은, 알다시피, 원인이나 세력이 모두 악한 탓에 대개는 이를 기이히 여기지 않고 혐오한다. 아무리 힘을 써본들 대비는 할 수 있을지언정 병원체를 아주 없앨 수는 없을 것이다. 물론 이단을 경외하는 성도가 아주 없는 것은 아니다. 그들은 이단의 마수에서 벗어날 기회가 있음에도 그 권세를 피하기는커녕 막강한 힘이 있다는 이유로 되레 두려워한다. 영원한 죽음과 거센 불구덩이로 끌어들이는데도 말이다.

이단에게 권세가 있다며 그들을 두려워하지 않는다면 이단도 속절없이 무기력해질 것이다. 이단을 두려워하다보면 덫에 빠지게 되고, 덫에 빠지면 마치 그들에게 진리가 있어 권세가 막강하리라는 착각에 그들을 경외하게 된다. 믿음이 연약한 자 앞에서만 강성해지는 것이 아니라면 이단

의 권세에 놀라지 않을 수는 없으리라.

대개 격투사와 검투사가 싸움을 벌일 때 힘이 강해서 승리를 쟁취한다거나 힘이 모자라 패전한다기보다는 패전한 자가 힘이 모자란 것으로 봐야 옳다. 설령 싸움에서 이긴 자라도 훗날 정말 강한 상대를 만나면 맥을 못추게 마련이기 때문이다.

이단 또한 무력한 자의 취약성으로부터 힘을 얻는다. 언제든 믿음이 강하다는 상대와 마주치더라도 말이다.

03 연약한 자는 이단의 먹잇감이 된다. 이단은 인간의 취약성으로부터 힘을 얻기 때문이다. 사울과 다윗, 솔로몬을 비롯한 위인들도 믿음을 저버린 바 있다. 그리스도를 향한 지조 역시 예외가 아니다.

연약한 자들과 아울러, 이단에 미혹된 자가 (은밀히) 강성해지면서 타락에서 자멸로 이어진 경우가 비일비재하다.

(혹자는 묻는다) "교회에서 신실하고 신중한 데다 신임을 받는 형제/자매가 어떻게 이단에 넘어갈 수 있단 말인가?" 이렇게 묻는 사람은 '이단이 넘어뜨릴 수 있는 자라면 신실하거나, 신중하거나 혹은 신임을 받을 리 없는가?'라는 질문에는 선뜻 대답하지 못할 것이다. 재차 말하지만, 교회에서 신임을 받은 자가 훗날 타락하는 것이 기이한 일일까?

당대 의인으로 꼽힌 사울은 질투에 눈이 멀어 실족했고(삼상 18:8~9),

175

"여호와의 마음에 맞는"(삼상 13:14) 선한 다윗도 살인과 간음죄를(삼하 9) 지었으며, 하나님이 부귀와 지혜를 준 솔로몬은 이방 여인들의 회유로 우상에 빠지고 말았다(왕상 11:4). 죄를 범하지 않고 끝까지 인내한 분은 오직 하나님의 아들뿐이었다(히 4:15).

그렇다면 주교가, 집사나 미망인, 혹은 처녀나 의사나, 심지어 순교자가 (믿음의) 법도를 저버린다면 그런 이유로 이단에게 진리가 있다고 보겠는가? 사람으로 믿음을 입증하는가, 아니면 믿음으로 사람을 입증하는가?

그리스도 외에 온전히 지혜롭고 신실하며 존엄한 사람은 없다. 마지막 순간까지 인내한 (예수) 그리스도 외에, 그리스도가 될 자는 아무도 없다(마 10:22).

사람은 으레 외모로 상대를 판단한다. 보이는 대로 생각하고, 눈길이 닿는 만큼만 보인다. 그러나 (성경에 따르면) "주의 눈은 높으시고(렘 32:19)" "사람은 외모를 보나 하나님은 중심을 본다"고 한다(삼상 16:7). 아울러 "주는 자기 백성을 (보고) 아시며(딤후 2:19)," "심은 것마다 (내 하늘 아버지께서) 심지 않으신 것은 뽑힐 것이며(마 15:13)," "먼저 된 자가 나중 되고(마 20:16)," "손에 키를 들고 자기의 타작마당을 정하여 알곡은 모아 곳간에 들이고 쭉정이는 꺼지지 않는 불에 태우실 것이다(마 3:12)."

따라서 미혹의 바람이 불 때마다 연약한 믿음이라는 쭉정이는 날아가게 내버려 두라. 믿음이 좀더 순전하다면 주님의 곳간에 쌓일 알곡이 될 테니까.

(숱한) 제자들도 죄를 짓고 주님을 버리지 않았던가?(딤후 1:15, 2:17, 딤전 1:20) 그래서 나머지 (열두) 제자는 주님을 외면할 리 없다고 자부했다.

주님이 생명의 말씀이요, 하나님께로부터 왔다는 것을 알고 있었기 때문에 주님이 "너희도 가려느냐?(요 6:67)" 물으신 후에도 그들은 끝까지 주님과 동행했다.

부겔로Phygellus와 허모게네Hermogenes, 빌레도Philetus 및 후메내오 Hymenaeus 같은 사람들이 주의 사도를 버린 일은 비교적 약과에 불과하다(딤후 1:15). 사도 중 하나는 그리스도를 부인하기도 했다. 그리스도의 본을 따라 고난을 겪는다는 것은 우리가 그리스도인이라는 방증이지만, 주님의 교회가 몇 사람에게 버림을 받았다는 사실은 놀라운 일이긴 하다.

요한은 이렇게 말했다. "그들이 우리에게서 나갔으나 우리에게 속하지 아니하였나니, 우리에게 속하였더라면 우리와 함께 거하였을 것이라 (요일 2:19)."

04 신약성서에 기록된 이단에 대한 경고를 비롯한 담론 이는 이단에 미혹될 수 있다는 점을 암시한다.

사도가 쓴 서신과 주님의 말씀에 유념하자. 주님과 사도들은 이단이 활동하리라는 것을 예언했고, 그들을 피하라며 미리 언질을 주었다. 이단이 공존한다는 사실을 이상히 여기지 않듯, 이단이 성도를 미혹할 수 있다는 점에 대해서도 놀라선 안 된다. 미혹 때문에 이단을 피해야 하는 것이다. 주님은 "양의 옷을 입고 너희에게 나아오나 속에는 노략질하는 이리라(마 7:15)"고 말씀하셨다.

양의 옷은 무엇인가? 겉으로만 그리스도를 고백하는 것이 아니고 무엇이겠는가? 노략질하는 이리는 누구인가? 기만이 가득 찬 마음으로 그리스도의 양떼를 말살하기 위해 숨어있는 자가 아니겠는가? 거짓 선지자는 누구인가? 거짓으로 미래를 예언하는 자가 아니겠는가? 거짓 사도는 누구인가? 겉으로만 그럴싸한 복음을 설파하는 자가 아니면 누구이겠는가? 그렇다면 작금 이후로 영원히 사그라지지 않을 적그리스도는 누구인가? 그리스도를 대적하는 자가 아니겠는가?

이단은 그날 적그리스도가 잔혹한 만행으로 교회를 핍박하는 것 못지않게 교리를 왜곡하여 교회를 갈라놓을 것이다. 박해는 일곱 명의 순교자를 낳겠지만 이단은 배교자를 낳을 뿐이다.

따라서 이단(파당)이 있어야 너희 중에 옳다 인정함을 받은 자들이 나타나게 될 것이다. 즉, 핍박 속에서도 믿음을 지킨 자와 이단에 미혹되지 않은 자가 가려질 거라는 이야기다.

사도 바울은 신조를 이단의 것과 바꾸는 자를 옳다 인정해야 한다는 뜻으로 말한 것이 아닌데도 이단은 그의 주장을 아전인수식으로 해석하려든다. 성경에서 바울은 '범사에 헤아려 좋은 것을 취하라(살전 5:21)'고 역설했다. 모든 해석이 잘못되었다는 점이 입증되면 시행착오를 통해 악한 길을 선택하지 않을 수도 있어 그런 듯싶다.

05 사도 바울은 이단과 분열 및 분쟁을 못마땅해 했다. 이단의 필연을 역설하긴 했지만 이단이 선해서라기보다는, 하나님의 뜻에 따라 그리스도인의 믿음을 연단/인정하는 데 (불쾌해 보이지만) 유익한 시험이 바로 이단이었기 때문이다.

바울은 누가 보더라도 악으로 규정된 분열과 분쟁을 비난하면서 즉시 이단을 거론했다. 악습에 부연된 것이나 바울은 이단도 악으로 규정했다. 무엇보다 더 몹쓸 악인 까닭은 분열과 분쟁이 벌어지는 원인이 바로 "이단(파당)이 있어야 한다"는(고전 11:19) 점을 알고 있었기 때문이라고 그는 말한다.

더 악독하다면 좀더 가벼운 악도 있을 터인데, 사실 그는 악습 중에서 이단이 선과는 거리가 아주 멀다고 여겼기 때문에 훨씬 더 악한 세력이 미혹한다손 치더라도 동요해선 안 된다고 경고한 것이다. 이단은 "옳다 인정함을 받는 자—이단이 회유할 수 없는 자—를 확실히 구분하는(고전 11:18)" 시금석이다.

요컨대, 앞선 구절의 핵심은 이단이 분열과 분쟁 못지않게 결속을 해치므로 연합을 도모하고 분열을 견제해야 한다는 것이다. 바울은 분열과 분쟁만큼이나 이단을 책망했다.

이단에 미혹된 자는 "인정받지 못한" 자로 규정키도 했다. 특히 이단을 멀리하라고 훈계할 때는 "같은 말을 하고 마음을 합하라"고(고전 1:10) 주문했다. 이단이라면 이를 용납하지 않을 테니 말이다.

06 이단은 스스로 정죄한다. 이단은 아집을 부리지만, 진정한 믿음이란 우리의 뜻을 하나님의 권위에 복종 시키는 것이다. 이단 아펠레스

사도 바울은 『갈라디아서』에서 "이단"을 "육신의 죄"로 규정했고, 디도에게는 "이단에 빠진 사람은 스스로 정죄한 자로서 죄를 짓기 때문에 한 번 훈계한 뒤 멀리하라"고(딛 3:10~11) 가르친 바와 대동소이하니 이 문제는 깊이 살펴진 않겠다. 사실, 대개 서신을 보면 바울은 그릇된 교리를 피하라고 주문할 때 이단을 강력히 규탄했다. 이단사상 중에는 '그릇된 교리'가 실제적인 내분을 초래한다.

이단은 헬라어로 '하이레시스αἵρεσις'라 하는데, 여기에는 이단사상을 가르치거나 그에 동화되는 과정에서 혹자가 내리는 '선택choice'의 뉘앙스가 배어있다. 바울이 이단을 스스로 정죄한 자라 규정한 까닭은 정죄 받은 것이 스스로 선택한 것이기 때문이다. 그러나 우리는 자의적인 교리를 마음에 품거나, 남이 사사로운 소욕을 따라 일으킨 교리를 선택해서는 안 된다.

사도들은 자의로 무엇을 끌어들이지 않았고 오직 그리스도에게 받은 교리를 열방에 전파했기 때문에 우리의 권위는 주의 사도에게 있는 것이다.

따라서 "하늘로부터 온 천사라도 우리가 너희에게 전한 복음 외에 다른 복음을 전하면 저주를 받아 마땅할 것이다(갈 1:8)." 성령은 '필루메네 Philumene'라는 동정녀 안에 거짓 천사가 광명의 천사로 가장하리라는 것을(고후 11:14) 예견한 바 있다. 아펠레스도 그녀의 기적과 환상에 빠져 신흥 이단을 창설했다.

07 이교도의 철학과 이단의 모체. 왜곡된 믿음과 구태의 연한 이교도 철학과의 관계

세상의 지혜를 좇는 사람의 귀를 솔깃하게 하려고 지어낸 사람의 "교리"와 "악마의" 교리를 두고 하는 말이다. 주님은 이를 "어리석다" 하셨고, "세상의 어리석은 것을 택했다"고 말씀하시며 철학 자체가 틀렸다는 것을 역설하셨다. (철학은) 세상적인 지혜의 담론일 뿐 아니라 하나님의 법과 자연을 경솔히 해석한 것이기 때문이다.

사실, 이단은 철학이 선동한 것이다. 이를테면, 철학이라는 원천에서 에온(Æons, 헬라어는 '아이온αἰών')이 생겨났는데 에온의 개념이 무엇인지는 잘 모르겠고, 플라톤 학파의 일원이었던 발렌티누스Valentinus의 학설에서는 인간의 삼위일체론이 등장했다.

마르키온이 주장한 '더 우월한 신better god'도 평정심과 아울러 철학이라는 뿌리는 같다. 그는 스토아학파 출신이었다. 또한 영혼이 죽는다는 견해는 에피쿠로스학파의 주장인 반면, 육신의 부활은 모든 철학사조가 부인해온 것이다.

물질이 하나님과 동등하게 창조되었다는 것은 제논의 교리이며, 화신 a god of fire이 만물의 원리라는 주장은 헤라클레이토스Heraclitus의 일설이다. 이단과 철학자들은 같은 주제를 거듭 토론한다. 그러니 논지도 달라질리 만무하다. 예를 들어, 악은 어디에서 왔으며, 왜 아무렇지도 않게 자행되고 있는가? 인류의 기원은 무엇인가? 인간은 어떻게 탄생했는가? 이외에 발렌티누스는 얼마 전 '하나님(신)은 어디서 왔는가?'라는 의문을 제기하며 '엔티메시스(enthymesis, 사유)'와 '엑트로마(ectroma, 낙태)'로* 답을 정리했다.

아리스토텔레스도 불쌍하기 그지없다! 철학자를 대신하여 변증법을 창안했지만 변증법이란 것이 논증을 제기하기가 무섭게 끌어내리는 데다, 변증법을 제시하는 과정도 그리 명쾌하지 않은지라 억측이 난무하고 논쟁이 과열되게 마련이다. 그러다보면 논쟁 자체가 심드렁한 일로 전락, 논증을 모두 철회해 버리기 때문에 결국에는 아무것도 논하지 않게 된다!

'설화fables를 비롯하여 끊임없는 계보'와 '무익한 의문'과 '종양처럼 번지는 변론'은 도대체 어디서 비롯된 것인가! 사도 바울은 삼가라 종용하며 '철학'을 우리가 경계해야 할 대상으로 규정했다.

골로새 성도에게 편지할 때도 그는 "누가 철학과 헛된 속임수로 너희를 사로잡을까 주의하라. 이것은 사람의 전통을 따를 뿐 성령의 지혜와는 대립된 것"이라 주장하는 한편(골 2:8) 아테네에서는 (철학자들과의) 담화에서 접한 인간의 지혜(철학)를 가리켜, 진리를 아는 척 흉내는 내지만 실은 진리를 변질시키고, 서로 배척하는 분파가 이를 수많은 이단사설로 갈라놓았다고 했다.

따지고 보면, 아테네가 예루살렘과 무슨 상관이 있겠는가? 학파와 교회가 무슨 상관이 있으며, 이단과 그리스도인이 무슨 상관이 있겠는가?

우리의 가르침은 "솔로몬 행각"에서 비롯된 것인데(행 3:11), 솔로몬은 한때 "여호와는 단순한 마음으로 찾아야 한다(솔로몬의 지혜 1:1)"고 가르친 바 있다. 그리스도교를 스토아 철학과 플라톤 철학 및 변증법으로 얼룩지게 하려는 작태는 물러갈지어다!

예수 그리스도를 영접한 후로는 어떤 논쟁도 원하지 않고, 복음을 누린 후로는 어떤 연구도 필요치 않다! 믿음이 있으니 다른 믿음은 필요하지 않은 것이다. 이는 우리의 탁월한 믿음인즉, 달리 믿어야 할 바는 아무것도 없기 때문이다.

* 터툴리안은 "데 엔티메시De enthymesi" 대신 "사유the mind in operation."라는 뜻의 "아니마티오넴animationem(「발렌티누스에 대한 반론against Valentinus, 9장」 10, 11장도 참조)"라 했다. 제롬Jerome(「아모스Amos 주석 3장」)은 그리스도를 낙태아라 부른 발렌티누스의 주장을 인용한 바 있다.

08 그리스도의 말씀("찾으라, 그리하면 찾아낼 것이요")은 믿음에서 벗어난 이단이 정당하다는 근거는 될 수 없다. 그리스도가 유대인들에게 하신 말씀은 구체적인 계명뿐 아니라 원칙도 우리에게 적용된다.

이제 (우리 형제뿐 아니라 이단들도 강조하는) 말씀을 거론할까 한다. 우리는 메시야를 찾아야 한다는 당위성에 방점을 찍지만 이단은 믿음을 주저하는 이유로 이를 강조한다. 기록된 바, "찾으라, 그리하면 찾아낼 것이요(마 7:7)"를 두고 하는 말이다.

먼저는 주님이 말씀하신 시기를 되짚어봐야 한다. 내 소견으로는 주님이 가르치기 시작한 때가 아닐까 싶다. 즉, 주님이 하나님의 아들인지 의심을 받을 때요, 베드로가 주님을 하나님의 아들이라 고백하지 않았고, (세례) 요한도 주님에 대해 확신을 갖지 못한 때였다는 것이다. 따라서 아직 알려지지 않은 주님을 찾아야 하니, "찾으라, 그리하면 찾아낼 것이라"고 해야 마땅할 것이다.

아울러 이 말씀은 유대인이 들어야 할 가르침이었다. 그리스도를 어디서 찾아야 할지 계시를 받은 자라야 훈계의 전반적인 의미가 통하기 때문이다.

성경은 "그들에게 모세와 선지자들이 있다(눅 16:29)"고 했다. 이는 그리스도를 증언하는 토라(모세오경, 혹은 율법)와 선지서를 두고 하는 말이다. 다른 구절에서도 명백히 기록된 바와 같이, "이 성경이 곧 내게 대하여 증언한다(요 5:39)"는 "찾으라, 그리하면 찾아낸다는" 뜻이리라.

연이은 구절—"문을 두드리라, 그리하면 너희에게 열릴 것이니(마 7:7)"—도 분명 유대인이 들어야 할 가르침이다. 유대인은 하나님의 집에 거하던 백성이었으나, 죄를 범하면서 버림을 받아 하나님과의 사이가 멀어지고 말았다. 하지만 이방민족은 하나님의 집에 거한 적이 없어 늘 문밖에 있었고 "통의 한 방울 물과, 타작마당의 티끌 같은(사 40:15)" 존재였다.

그러니 밖에만 있던 자가 어찌 발을 디딘 적도 없는 곳을 두드릴 수 있겠는가? 영접을 받거나, 버림을 받은 적이 없는 자가 무슨 문을 알겠는가? 한때 기거했다 쫓겨난 자라야 문을 알아보고 두드리지 않겠는가?

그러므로 "구하라, 그리하면 너희에게 주실 것이요(마 7:7)"는 청하는 자와 언약을 맺는 자, 즉, 아브라함과 이삭과 야곱의 하나님을 아는 자에게나 해당될 것이다. 열방은 약속을 받은 적도 없고, 누군지 알지도 못할 하나님을 말이다. 때문에 예수님은 이스라엘을 두고 "이스라엘 집의 잃어버린 양 외에는 다른 데로 보내심을 받지 아니하였고(마 15:24)," "자녀의 떡을 취하여 개들에게 던짐이 마땅치 아니하다(마 15:26)"시며 "이방인의 길로는 가지 말라(마 10:5)"고 주문하신 것이다.

주님은 마지막 때가 되어서야 "너희는 가서 모든 민족을 제자로 삼아 아버지와 아들과 성령의 이름으로 세례를 베풀라(마 28:19)"하셨고, "진리의 보혜사인 성령이 오시면 그가 너희를 모든 진리 가운데로 인도하실 것(요 16:13)"이라 예언하셨다. 앞선 논지를 뒷받침하는 대목이다.

이방인의 교사가 될 사도가 자신을 가르칠 보혜사를 받을 예정이었다면 "찾으라, 그리하면 찾을 것이라"는 주문은 모순이 되고 만다. 구태여 찾지 않아도 성령은 사도에게, 사도는 이방인들에게 교리를 전파하면 그만일 테니 말이다. 사실, 유대인의 귀를 통해 전파된 주님의 말씀은 모두 전 인류에게 선포되었으나, 대다수는 유대인이 대상인 까닭에 우리를 대상으로 한 가르침이라기보다는 우리가 적용할 원칙(본보기)이라야 옳을 것이다.

09 우리에게 명령한 확고한 진리를 찾고, 발견한 진리에 만족해야 한다.

이에 대한 논거는 잠시 제쳐두고라도, "찾으라, 그리하면 찾아낼 것이라"는 말씀이 전 인류에게 선포되었다는 점은 인정하자. 기본원칙이 되는 말씀이 해석에 따라 달라지지 않도록 뜻을 신중하게 규정하기 위해서다.

하나님의 가르침은 서로 무관하거나 산만한 것이 없기 때문에 말씀만 무성해져 진의가 외면당하는 경우는 없다.

때문에 그리스도가 가르친 분명한 진리, 즉 이방인이 반드시 믿게 될 진리가 있다는 점부터 밝혀둔 것이다. 그들이 '찾으면' '찾아낼 때' 믿을 수 있는 진리를 두고 하는 말이다. 하지만 한 가지 분명한 진리라 가르친 것을 찾는 데 '무한정' 찾아다녀야 한다는 건 어불성설이다.

'찾아낼 때까지'만 '찾아야' 하고, 한번 찾았으면 이를 믿어야 한다. 믿음을 지키는 것 외에 달리 할 일은 없다. 이를 믿기로 했다면 저를 믿어선 안 되므로 다른 무언가를 찾으려 해서도 안 된다.

몸소 가르쳐 주신 진리 외에 다른 것을 찾으라고 분부한 적이 없으신 주님의 진리를 찾고 믿었을 테니 말이다. 누구든 이를 의심한다면 그리스도가 가르친 진리가 우리 안에 있음이 입증될 것이다. 아울러 "찾으라, 그리하면 찾아낼 것이라"는 말씀의 진의를 외면한 해석을 피하려면 자신이 찾아다닌 대상 외에는 어떤 것도 구해선 안 된다는 점을 몇 사람에게 일러둘 참이다. 증거에 대한 믿음이 그만큼 확고하기 때문이다.

10 믿는 사람은 확실한 진리를 찾은 자와 같다. 이단은 허탄한 토론을 위해 오만가지 것을 제시하지만, 이를 좇아서는 안 된다.

이 말씀의 취지를 밝히려면 세 가지—'대상'과 '시기'와 '기간'—를 따져봐야 한다. 즉, 우선 대상이라면 '무엇을' 찾아야 하는지, 시기와 기간은 각각 '언제,' 그리고 '언제까지' 이를 찾아야 하는지 고민해야 한다는 것이다.

결국 우리는 그리스도가 가르친 바를 찾아야 하고 아직 찾지 못했다면 이를 찾아낼 때까지 구하되, 일단 믿으면 찾은 것과 진배없는 것이다. 찾아내지 않았다면 믿지 못했을 테니 말이다. 찾지 않으면 발견할 수 없는 것과 같은 이치다. 따라서 그대가 찾으려는search 목적은 '찾아내는find' 것일 테고, 찾아낸 결과는 믿음인 것이다. 믿기 시작하는 즉시 찾거나 찾아내는 과정은 중단되게 마련이다. 따라서 기간은 주님이 가르치신 바를 찾은 결과로 한정되는 셈이다. 아울러 기간은, 가르치신 바를 믿지 못하게 하거나 찾지 못하게 할 수 있는 주님께서 이미 정하신 것이다.

우리가 찾아낼 수 있는 만큼 찾아야 한다면 찾을 수는 있을지언정 믿을 수 있는 대상은 아무것도 없으리라. 각기 다른 사람이 가르쳐온 교리가 상당히 많기 때문이다.

언제까지 찾아야 하는가? 믿음의 안식처는 어디에 있으며, 구도의 완성은 어디에 있는가? 마르키온에게 있는가? 하지만 발렌티누스도 "찾으라, 그리하면 찾아낼 것이라"고 주문할 것이다. 그렇다면 발렌티누스에게 있는가? 아펠레스도 같은 구절로 논박할 것이고 에비온과 시몬(마구스, 행 8:9) 등, 적당히 비위나 맞추며 악착같이 이단에 끌어들이려는 작자들도 그럴 것이다. (그러니 그들에게 휘말린다면) 결국에는 어디에서도 안식처는 찾을 수 없으리라!

"찾으라, 그리하면 찾아낼 것이라"는 가르침이 사방에서 들릴 테니, 그리스도가 가르쳐 주신 대상과 찾아야 할 대상, 그리고 믿어야 할 대상을 애당초 깨달은 적이 없는 자처럼 길을 잃고 말 것이다.

11 믿으면 찾는 일은 중단되어야 한다. 그러지 않으면 결국에는 믿음을 부인하게 될 것이다. 다른 믿음의 대상은 없기 때문이다.

죄를 범하지 않으면 길을 잃는다손 쳐도 문제 삼지 않을 수 있다. 물론 일탈이 죄로 이어지는 경우가 허다하나 (믿음을 고의로) 버리지 않는다면 일탈해도 정죄하진 않을 것이다. 그러나 믿어야 할 바를 믿고도 무언가를 더 찾을 수 있으리라는 생각에 구도를 마음에 둔다면 그것은 내가 믿는 듯싶지만 실은 그러지 않았다거나, 믿음을 저버렸기 때문일 것이다. 믿음을 버린다면 믿음을 부인하는 자가 될 뿐이다.

끝으로 재차 말하지만, 아직 가지고 있지 않거나, 가지고 있던 것을 잃은 자가 아니라면 굳이 찾아 나설 이유는 없는 것이다.

성경에 기록된 노파는 열 드라크마 중 하나를 잃었기 때문에 이를 부지런히 찾아다녔고(눅 15:8) 찾아낸 후로는 드라크마를 찾지 않았다. 아울러 이웃은 떡이 없어 문을 두드렸는데, 문이 열리고 떡을 받고 난 후에는(눅 11:5) 두 번 다시 두드리지 않았고, 과부는 재판장이 사연을 들어주지 않아 그에게 원한을 풀어달라며 간곡히 사정하고 난 뒤, 그가 원한을 풀어주자(눅 18:3) 더는 간청하지 않았다. 즉 찾고, 두드리고, 구하는 데는 정해진 기한이 있다는 것이다.

"구하라, 그러면 너희에게 주실 것이요. 찾으라, 그러면 찾아낼 것이요. 문을 두드리라, 그러면 너희에게 열릴 것이다(눅 11:9)." 여태 찾아다니는 자는 물러갈지어다! 그는 아직 발견하지 못한 자로, 찾아내지 못할 곳에서 찾고 있기 때문이다.

아직도 문을 두드리고 있는 자는 물러가라! 아무도 없는 곳을 두드리고 있으니 말이다. 항상 구하는 자도 물러갈지어다! 누구도 들어주지 않을 것이다! 듣지 못하는 이에게 구하고 있기 때문이다.

12 과하지 않고 사리에도 맞는 거룩한 지식을 찾는 것은 항상 믿음의 법 안에 있다.

앞으로도 계속 찾아야 한다면 어디서 찾아야 할까? 이단이라면 모든 것이 낯설고 우리의 믿음과도 반복하는 데다 접근조차 금하고 있지 않은가? 어떤 종이 일면식도 없는 자에게 먹을 것을 구하겠는가? 하물며 주인의 원수에게랴? 그리고 어떤 병사가 전혀 상관도 없는 왕에게 포상과 삯을 받겠는가? 적국의 왕이라면 더더욱 그러진 않을 것이다. 탈영병이거나 도망자거나 혹은 반역자라면 또 모를까.

노파는 드라크마를 집안에서 찾았고, 두드린 자도 이웃의 대문을 두드렸다. 과부 역시 재판장에게 원한을 호소하지 않았던가? 그가 좀 매정하긴 해도 원수는 아니었다.

파멸로 귀결되는 대상으로부터 가르침을 받는 사람이 없고, 사방이 흑암뿐인 곳에서 광명을 누리는 사람은 없다. 따라서 자신의 것에서 찾고, 자신에게서 찾고, 자신과 밀접한 대상에서 찾는다면 믿음의 법을 저해하진 않을 것이다.

13 믿음의 법(신조). 신도는 믿음의 법에 이의를 제기하지 않는다. 그러나 이단은 그리스도의 가르침과 관계없는 사상을 지속적으로 조장한다.

믿음의 법이란—이제는 우리가 변론하는 바를 선포하련다—분명 우리의 믿음을 확증하는 것이다. 즉, 하나님은 한 분이시요, 태초에 선포된 말씀으로써 무nothing에서 만물을 창조하신 세상의 창조주시로되 이 말씀은 하나님의 아들이고, 족장들이 하나님이란 이름으로 다양한 형상을 보여주었으며 선지자의 입을 통해 예언되었고, 결국에는 성부 하나님의 영과 권세가 당신을 동정녀 마리아에게 보내사 자궁에서 육신이 되어 탄생, 예수 그리스도로 사시며 새 법과, 천국에 대한 새 언약을 선포하시며 기적을 일으키셨다. 아울러 십자가에서 처형을 당하신 지 사흘 만에 다시 살아나신 주님은 하늘에 오르사 성부 하나님의 우편에 앉아계시며 믿는 자를 인도하기 위해 성령을 보내셨다. 훗날에는 영광 중에 다시 오시리니 의인과 악인의 육신이 회복되어 부활하면 의인은 영생과 거룩한 언약의 낙을 누리게 하고 악인은 영원한 불로 심판하시리라 믿는 것이다.

이 법은 그리스도가 가르치신 것인즉(곧 확증될 것이다) 우리가 왈가왈부할 수 없으나, 이단은 이견을 늘어놓으며 사람을 미혹할 것이다.

14 호기심이 일더라도 믿음의 법을 넘어선 안 된다. 멈출 줄 모르는 궁금증이 이단의 특징이다.

물론 믿음의 법이 제자리에서 보전되고 있다손 치더라도 명쾌하지 않아 애매하거나, 모호한 구석이 있어 선뜻 이해하기가 어렵다면 궁금증을 해소하기 위해서라도 마음껏 찾고 의논해야 할 때도 있다.

지인 중에 주님의 은혜로 학식이 뛰어나 식자층에 속한 형제가 있다면 그 또한 금기된 것에 눈을 뜨지 않기 위해서는 차라리 모르는 편이 낫다고 확신할 것이다. 그도 당신처럼 궁금한 것이 있어 답을 찾기 위해 애는 쓰겠지만, 마땅히 알아야 할 바는 이미 다 알고 있기 때문이다.

그리스도는 "네 믿음이 너를 구원했다(눅 18:42)"고 말씀하셨다. 성경은 논쟁의 기술이 구원했다고 쓴 적은 없다. 믿음은 법Rule에 규정된 것인즉, 믿음에는 율법Law과, 율법을 행하는 데서 오는 구원이 있다.

반면 논쟁술은 호기심에서 비롯된 것이며 오직 열의로써 영광을 얻을 뿐이다. 호기심은 믿음에, 영광은 구원에 자리를 내주라. 무엇보다도 호기심과 영광의 입에는 재갈을 물리거나 잠잠케 하라. (믿음의) 법과 대립되는 것을 아주 모르는 자는 모든 것을 아는 자와 같다.

이단이 진리의 원수가 아니라면, 그래서 이단을 피해야 한다는 경고를 들은 바가 없다고 치자. 그렇다한들 아직도 찾아내지 못했다며 스스로 공언하는 자들과 우리가 어떻게 연합할 수 있겠는가?

정녕 지금도 찾고 있다면 '확실한 진리'는 전혀 찾아내지 못했다는 뜻이 아니겠는가? 아직도 (진리를) 찾고 있다면 지금 붙잡고 있는 교리에 대해서는 의구심을 드러낼 것이다. 따라서 그들에게 시선을 돌리는 자는 의심하는 자가 의심하는 자를, 흔들리는 자가 흔들리는 자를 좇는 것과 같으므로 "맹인이 맹인을 인도하여 둘이 다 구덩이에 빠지는 격(마 15:14)"이리라. 반면 우리를 속이려고 아직 찾아내지 못한 척 연기를 하고 있다면 자신의 소견을 교묘히 주입시키기 위해 공감을 유도하며 접근한 뒤 "이건 좀더 따져볼 필요가 있다"는 말로 이단사상을 변론할 것이다. 바로 이때 그들을 물리쳐야 한다. 그리스도가 아니라 이단(그들)을 거부한다는 점을 분명히 밝히기 위해서다.

여태 찾고 있다면 확실한 교리가 아직 없다는 뜻이고, 교리가 확실하지 않다는 것은 아직 믿지 않는다는 뜻이며, 믿는 자가 아니라면 그리스도인이 아니라는 이야기다.

이단은 교리와 믿음이 있음에도 믿음을 변론하기 위해서는 찾아야 한다고 역설한다. 즉, 믿음을 변론하기 전에는 이를 부인했다는 것이다. 역으로, 찾고 있다는 말은 아직 믿지 않고 있다는 자백과도 같다. 그리스도인이 아니라고 자인하는 자라면 우리 입장에서는 얼마나 더 그리스도인답지 않게 보이겠는가? 그들이 변론하는 진리는 도대체 무엇인가? 무엇이기에 거짓으로 속이며까지 권하느냐는 말이다. 물론 이단도 성경을 다루고, 성경에서 (자신의 소견을) 역설한다! 당연히 그럴 것이다. 믿음을 기록한 경전이 아니라면 어디서 믿음에 대한 논거를 유추해낼 수 있겠는가?

15 이단이 성경을 들먹이게 해서는 안 된다. 성경은 그들의 소유가 아니기 때문이다.

입장의 요지는 이렇다. 그동안 우리는 이 입장을 견지하며 앞선 논의에 대한 토대를 마련해왔다. 우리는 이로써 이단이 반론을 제기하는 근거에 대응할 수 있을 것이다.

이단은 성경을 들먹이는 오만으로 몇몇 사람을 순식간에 미혹한다. 게다가 상대와 맞닥뜨릴라치면 믿음이 강한 자조차 혼들리게 하고 약한 자를 골라내어 현혹하는가 하면 혼들리는 자는 더더욱 의심을 부추기며 돌려보낼 것이다. 하지만 단언건대, 그들은 성경을 거론할 자격이 없다.

성경이 이단 세력의 근간을 이룬다면 성경을 (합법적으로) 소유할 수 있는 자가 누구인지부터 따져보는 것이 수순이리라. 성경에 대한 권리가 없는 자가 성경을 인용하지 못하게 하려면 말이다.

16 사도 바울은 이단의 성서 인용을 금했다. 바울에 따르면, 이단은 논쟁이 아니라 훈계의 대상이라고 한다.

사도 바울을 존중하는 것이 우리의 신조라는 전제가 없다면, 필자가 확신이 부족하다거나, 혹은 이단과는 다른 방식으로 논쟁을 벌이고 싶어 이런 입장을 피력하리라는 오해를 불러일으킬지도 모르겠다.

사도 바울은 (무익한) 언쟁에 휘말리거나 신묘한 이야기에 귀를 기울이지 말고, 이단은 한 번 '훈계한 뒤'로는 상종하지 말아야 한다고 가르친 바 있다(딤전 6:4, 딛 3:10). 이때 바울은 '논쟁한 후'라고 하지 않았다. 즉, 그는 이단과 맞닥뜨릴 만한 이유로 훈계를 강조했고 논쟁은 금했다는 것이다.

또한 바울은 단번의 훈계를 언급했다. 이단은 그리스도인이 아니므로 마치 그리스도인인 양(마 18:15) 두서 증인 앞에서 몇 번이고 훈계할 가치가 있다는 인상을 주어선 안 되기 때문이다. 이단은 논쟁할 상대가 아니니 훈계를 받아 마땅한 것이다. 성경을 둘러싼 논쟁은 머리나 속만 뒤틀리게 하니 무익할 따름이다.

17 사실 이단은 성경을 인용하며 왜곡한다. 당신과 이단의 공통분모는 없다.

당신이 만나는 이단은 성경의 특정 구절을 거부하고, 설령 수용한다손 치더라도 자신의 교리에 맞도록 말씀을 가감함으로써 성경을 왜곡한다.

이단이 성경을 수긍할 때조차도 전체를 수긍하는 것은 아니며, 전체를 수긍하더라도 이단식 해석으로 진의를 왜곡할 것이다. 왜곡된 해석은 함부로 손을 댄 본문만큼이나 진리를 훼손하게 마련이다.

이단은 몰상식하리만치 뻔뻔하기 때문에 자신을 반박하는 글은 인정하지 않으며, 부정하게 뜯어고쳤거나, 뜻이 애매모호해서 받아들이기로 한 구절에 집착한다.

당신이 옳다는 바를 이단은 틀리다 일축하고, 당신이 틀리다고 판단하는 바를 이단은 옳다고 인정한다면 성경 지식이 아무리 해박한들 당신에게 무슨 유익이 있겠는가? 잃는 것도 없고, 얻는 것도 없을 것이다. 격론으로 입만 아프고 이단의 신성모독에 분노만 치밀 따름이다.

18 성경을 근거로 논쟁을 벌인다 해도 악은 믿음을 약화시킬 것이다. 논쟁이 이단에게 확신을 심어줄 리도 없다.

이단이 흔들릴 때 그의 믿음을 위해 성경을 근거로 논쟁을 벌인다 치자. 그가 진리에 귀의할까, 아니면 이단에 더 빠져들까? 그가 나선들 아무것도 달라지지 않는다는 것이 필자의 결론이다.

서로 갑론을박에 유리한 근거가 있어 기세가 등등한 데다, 입장이 달라질 리도 만무하기 때문이다. 상대는 논쟁으로 되레 확신이 꺾이고, 이단을 어떻게 판단해야 할지 가닥을 잡지 못한 채 자리를 뜰 것이다.

이단은 우리의 주장에 얼마든 응수할 수 있으니 결국에는 '우리가' 성경을 날조하고 거짓 해석을 남발한다고 주장할 공산이 크다. 그들도 자신에게 진리가 있다고 역설할 테니까.

19 이단을 논할 때는 성경을 거론해서는 안 된다. 성경은 오직 믿음의 법이 있는 자에게 속한 것이기 때문이다.

따라서 이길 가망이 아주 없거나, 승리를 장담할 수 없거나, 혹은 이길 수 있다손 치더라도 성경을 거론해선 안 되며 논쟁을 벌여서도 안 된다. 성경에 근거한 논쟁으로 각자의 입장이 동일해질 리도 없거니와, 만상의 수순을 보더라도 이보다 먼저 짚어봐야 할 문제가 있기 때문이다.

우리도 이것부터 따져보자. "성경이 속한 믿음은 누구에게 있는가? 누가, 누구를 통해, 언제, 누구에게 교리를 가르쳐 사람들이 그리스도인으로 거듭나게 되었는가?" 진정한 기독교의 법과 믿음이 공존하는 곳이라면 어디에서든 '참 성경true Scruptures'과 '해석'과 '그리스도의 전통'도 자리 잡고 있을 것이다.

20 그리스도는 먼저 믿음을 전수하셨고, 사도들은 이를 전파하며 믿음의 보고인 교회를 세웠다. 즉, 믿음은 사도가 교회를 통해 몸소 전수한 것이다.

주님이신 예수 그리스도는(필자의 발언을 허락하시길), 그가 누구시든, 어떤 하나님의 아들이며 신성과 인성이 어떻게 이루어져 있든, 어떤 믿음을 가르치시고, 어떤 상급을 약속하셨든 간에 지상에 계시는 동안에는 당신이 어떤 존재였고, 그 전에는 어떤 존재였으며, 주님이 이루신 성부 하나님의 뜻은 무엇이며, 당신이 규정하신 인간의 도리(의무)는 무엇인지 사람들과 제자들에게 밝히셨다.

제자 중에서도 주님이 특히 사랑하는 열둘은 열방의 교사가 될 운명이었으나, 한 제자의 자격이 박탈되자 주님은 나머지 열한 제자에게 "모든 민족을 제자로 삼아 아버지와 아들과 성령의 이름으로 세례를 베풀라(마 28:19)"고 명령하셨다. 이때 사도들이(파송된 자라는 뜻의 직분) 다윗이 쓴 시편의 예언을 근거로(그의 연수를 짧게 하시며 그의 직분을 타인이 빼앗게 하시며, 시 109:8) 즉각 제비를 뽑아 가룟 유다를 대신할 열두 번째 제자로 맛디아를 선택하자, 그들은 약속한 성령의 권세로 이적을 행하며 방언을 하기 시작했고, 유대 전역을 통틀어 예수 그리스도에 대한 믿음을 처음 확인한 후 교회를 세우고 전 세계를 다니며 같은 믿음과 교리를 열방에 선포했다.

또한 사도들은 각 도시에도 교회를 세워 신앙과 교리의 기초를 전파했고, 각 교회는 교리와 신앙을 과거부터 계속 습득해왔다. 그러니 당시 교회는 사도가 세웠다고 봄직하다.

사도교회Apostolic Churches에서 비롯된 결과이기 때문이다. 무엇이든 기원을 따라 구분하게 마련이니까. 그런데 수효도 많고 규모도 컸지만 교회는 결국 사도가 세운 '초대교회Primitive Church'를 이루었고 사도를 통해 모든 교회가 태동하게 된 것이다. 즉, 모든 교회는 초대교회이자 사도교회면서도, 한편으로는 화평한 교우관계fellowship와 형제자매brotherhood라는 호칭과 더불어 우의amity라는 공동의 서약으로써 (분리될 수 없는) 통일체라는 것이 입증되었다. 이는 신앙공동체Bond of Faith라는 전통 외에는 아무것도 개입하지 않는 특권이다.

21 참된 교리는 모두 사도가 교회를 통해 전파한 것이며, 사도는 하나님이 그리스도를 통해 친히 가르치신 사람들이다. 이 같은 신적인 기원과 사도의 전통이 없는 소견은 거짓에 불과하다.

우리는 이를 근거로 법을 규정했다. 주 예수 그리스도가 진리를 전파하기 위해 사도를 파송하셨으므로 (우리의 법은) 그리스도가 지명한 사도가 아니라면 누구도 전도자로 인정해서는 안 된다는 것이다. "아버지 외에는 아들을 아는 자가 없고, 아들과 또 아들의 소원대로 계시를 받는 자 외에는 아버지를 아는 자가 없기 때문이다(마 11:27)." 아들 또한 사도가 아닌 자에게 하나님을 계시했을 리도 없을 것이다. 사도는 주님이 진리를 전파하기 위해 파송한 자들이므로 그들에게는 계시하셨으리라. 따라서 그들이 전파하는 것, 즉 그리스도가 사도에게 계시하신 것은, 필자가 여기서 규정하건대, 사도가 그들에게 말과 서신으로 복음을 선포하며 몸소 세운 교회가 반드시 입증해야 할 것이다. 그렇게 입증된다면 믿음의 틀과 기원이 사도교회의 것과 일치하니 진리이며, 그 안에는 교회가 사도로부터 받고, 사도는 그리스도로부터, 그리스도는 하나님께로부터 받은 것을 담고 있다는 점을 인정해야 한다. 반면, 하나님과 그리스도의 사도와 교회의 진리와 대립하는 교리는 모두 거짓이라 단정해야 할 것이다.

그러면 이제는 우리 교리(앞서 언급한 법) 사도의 전통에 기원을 두는지, 다른 교리라면 정말 모두가 그 자체로 거짓에서 비롯된 것인지 증명하는 일만 남았다. 우리는 사도교회와 종파가 같다. 교리가 사도교회의 것과 다른 구석이 전혀 없기 때문이다. 이것이 진리라는 증거다.

22 믿음의 법이 타당하지 않다는 견해에 대한 반론. 사도는 가감 없이 진리를 보전했고 애당초 배울 만큼 배웠으며 전파하는 과정에서도 신실했다.

증거가 이렇게 단순명료하다면 더는 왈가왈부할 것이 없겠지만, 잠시 상대의 입장을 생각해보자. 우리의 교리가 타당하지 않다는 것을 입증할 수 있을 거라 확신한다면 어떨까? 마치 우리가 아무런 증거를 내놓지 못한 것처럼 말이다.

이때 "사도들은 아무것도 모른다"는 것이 이단이 입버릇처럼 되풀이하는 말인데, 돌연 광기가 발동했는지 입장을 바꿔 "사도들은 분명 모든 것을 알고 있었지만 모든 사람에게 전부를 가감 없이 전파하진 않았다"고 단언한다. 경우야 어떻든 그리스도는 너무 무지하거나, 너무 아둔한 사도를 파송했다는 이유로 비판의 대상이 되고 만다.

정신이 멀쩡한 사람이라면 어찌 주께서 스승(혹은 교사로)으로 지명하시고, 공동체 및 사역 현장에서 늘 동행하신 사도요, "혼자 계실 때 모든 것을 해석해 주시며(막 4:34)," "다른 사람은 이해할 수 없는 천국의 비밀을 아는 것이 허락된(마 13:11)" 사도를 무지하다고 폄하할 수 있단 말인가?

"교회가 세워질 반석(마 16:18)"이자, "천국의 열쇠를 쥐어 하늘과 땅에서 매고 풀 수 있다는(마 16:19)" 베드로가 알지 못하는 것이 있겠는가? 주가 사랑하시는 제자로, 배신자 유다를 가리킬 때 홀로 주님의 품에 의지했고, 마리아에게는 당신을 대신할 아들이라고 칭찬했던(요 19:26) 요한에게 숨겨진 것이 있겠는가? 그렇다면 모세와 엘리야와 함께 당신의 영광을 나타내고, 하나님의 음성을 들려준 자들은 무엇에 대해 무지하다(알지 못한다)고 하신 것일까?—주님이 나머지 제자들은 물리친 듯 보이지만 실은 "모든 말은 세 증인의 입으로 확정해야 한다(신 19:15)"는 말씀 때문에 셋을 대동한 것이었다—(필자의 소견으로) 주께서 부활하신 후 제자들과 동행하실 때 그들은 "모든 성경을 자세히 풀이하기 위해" 주님이 보내실 분이 누구인지는 몰랐을 것이다.

어느 날 주님은 "내가 아직도 너희에게 이를 것이 많으나 지금은 너희가 듣지 못하리라" 하시고는 "진리의 성령이 오시면 그가 너희를 모든 진리 가운데로 인도하실 것"이라(요 16:12~13) 덧붙이셨다. 그러므로 주님의 약속에 비추어보자면 진리의 영에 힘입어 모든 진리를 성취할 그들은 이제 무지한 것이 전혀 없다는 말이 된다. 결국 주님은 언약을 성취하셨다. 성령이 강림했다는 사실이 『사도행전』에서 분명히 입증되었기 때문이다.

성경을 인정하지 않는 자들은 성령이 제자들에게 파송되었다는 사실을 깨닫지 못할 뿐 아니라, 자신이 교회라는 것도 주장할 수 없을 것이다. 육신이 언제, 어떤 기원과 함께 조성된 것인지 증명할 수단이 없을 테니까. 무엇보다도 그들은 자신의 입장에 대한 증거를 짜내려 해서는 안 된다는 점이 상당히 중요하다. 거짓이 만천하에 드러날 수도 있으니 말이다.

23 사도는 무지하지 않았다. 이단은 베드로가 바울에게 책망을 받았다는 이유로 그에게 결점이 있다고 주장하나, 사실 베드로는 잘못 가르쳤다는 이유로 책망을 받진 않았다.

사도에게 무지한 점이 있었다는 견해에 대해 이단은 베드로를 비롯하여 그와 함께 있던 제자들이 바울에게 책망을 받았다는 사례를 근거로 제시한다. 이단은 "그들에게 부족한 점이 있었다"며 나중에는 좀더 온전한 지식을 갖추게 되었으리라는 소견을 내놓았다. 전임자를 책망한 바울에게는 이미 그런 지식이 있었다는 것이다.

필자는 『사도행전』을 인정하지 않는 자들에게 전하고 싶다. "바울이 사도가 되기 전에는 어떤 인물이었으며, 사도가 된 경위는 무엇인지부터 밝혀보라"고 말이다. 다른 쟁점과도 관계가 깊은 문제다. 사도가 되기 전에는 교회를 심히 박해하던 자가 틀림없었다. 물론 증거가 있어야 믿는 사람이라면 진술만으로는 신빙성이 떨어질지도 모르겠다. 주님도 자신을 위해서는 증언하지 않았으니까(요 5:31).

성경과 대립되는 바를 믿는 것이 목적이라면 구태여 말리진 않겠지만, 베드로가 바울의 책망을 들었다는 것과, 베드로를 비롯한 사도들이 전파한 복음과는 다른 교리를 바울이 추가했다는 주장의 근거는 해명해야 할 것이다.

사실, 박해자에서 전도자로 회심한 바울은 형제 중 하나가 다른 형제들에게 소개한 인물이었다. 사도의 손을 거쳐 믿음을 갖게 된 형제를 두고 하는 말이다. 훗날 그는 "게바를 방문하려고 예루살렘에 올라갔다"고(갈 1:18) 말했다. 사역과, 동일한 믿음과 전도 때문이었을 것이 분명하다.

바울이 다른 교리를 전파했더라면 박해자가 아닌 전도자가 되었다고 해서 형제들이 크게 놀라진 않았을 것이다. 아울러 그가 하나님의 원수라 자칭했더라면 그들은 "하나님께 영광을 돌리지도" 않았을 것이다. 형제들은 복음의 분열이 아니라 동의와 화합의 제스처로 '오른손을 건네며(갈 2:9)' 사역을 분담했다. 그들은 다른 메시지가 아니라, 같은 메시지를 다른 사람들에게 전파한 것이다. 베드로는 할례자에게, 바울은 이방인에게 말이다.

베드로가 책망을 받은 이유는 그가 이방인과 함께 생활하다가 할례자를 보자마자 일행과의 자리를 떠났기 때문이다. 그는 처신을 잘못했을 뿐 다른 메시지를 전파한 것은 아니었다. 즉, 창조주가 아닌 다른 신이나, 동정녀 마리아에게서 나지 않은 다른 그리스도나, 혹은 부활이 아닌 다른 소망이 문제가 된 것은 아니었다는 이야기다.

24 베드로에 대한 변론. 가르침을 두고는 바울이 베드로보다 더 탁월하진 않았다. 셋째 하늘에서 바울의 믿음을 더할 수 있는 것은 전혀 없었다. 그럼에도 이단은 바울이 가진 비밀로써 신망을 얻은 양 우쭐해 한다.

필자는 두 사도를 비교할 위인이 되진 못한다. 아니, 아주 몹쓸 사람은 아니라고 해두자. 삐딱한 사람들은 베드로의 가르침이 의심스럽다는 점을 쏘아붙이기 위해 책망 받은 기사를 거론한다.

베드로의 편에서 소견을 밝히자면, 바울은 "모든 사람을 위해 모든 것을 자처했다"며 "모두를 얻기 위해 유대인들에게는 유대인과 같이 되었고, 비유대인에게는 비유대인이 되었다"고 말했다(고전 9:20). 사람들은 '시기'와 '사람'과 '사건'의 관점에서 벌어진 행위를 비판하려든다. 같은 상황에 처했다면 저들도 그랬을지 모르는데 말이다. 때문에 베드로는 바울을 책망했을 성싶기도 하다. 그가 할례를 반대하면서도 디모데에게는 직접 할례를 행했기 때문이다(행 16:3). 사도를 정죄하려는 자는 신경 쓰지 말라! 다행히 베드로는 바울처럼 순교의 영예를 누렸다.

성경에 따르면, 바울은 셋째 하늘과 낙원에 이끌려갔고, 그곳에서 계시를 들었다고 한다. 하지만 그렇다고 해서 바울에게 다른 교리를 가르칠 자격이 생겼을 리는 없다. 계시는 본질상 인간이 소통할 수 있는 것이 아니었다(고후 12:4). 그럼에도 말로 형용할 수 없는 미스터리가 누설되어 모든 사람이 알게 되고 이단도 같은 체험을 했다고 주장한다면, 결국은 바울이 비밀을 누설한 책임을 져야 하지 않을까? 그렇지 않다면 바울에게조차 금지된 비밀을 발설해도 된다고 허락을 받은 제3자가 낙원에 이끌렸을 것이다.

25 사도들은 그리스도가 맡긴 교리 중 어느 하나라도 멀리한 적이 없었다. 바울은 모든 교리를 디모데에게 공개적으로 전수했다.

앞서 언급한 '광기madness'를 짚어봐야겠다. 그들은 사도가 무지하지도 않고, 서로 모순된 (교리)를 전파하지도 않았다면서 한편으로는 모든 사람에게 전부를 공개하진 않았다고 주장했다. 일부는 세상에 공공연히 선언했지만 소수에게만 귀띔해준 비밀이 있다는 것이다. 바울이 디모데에게 건넨 말 때문이다.

"디모데야, 네게 부탁한 것을 지키라(딤전 6:20)," "네게 부탁한 아름다운 것을 지키라(딤후 1:14)."

여기서 부탁한 것은 무엇일까? 다른 교리로 이해할 만큼 은밀한 것인가? 아니면 "아들 디모데야, 내가 네게 이 교훈으로써 명하노니(딤전 1:18)"에서, 혹은 "만물을 살게 하신 하나님 앞과 본디오 빌라도를 향하여 선한 증언을 하신 그리스도 예수 앞에서 내가 너를 명하노니(딤전 6:13)"에서와 같이 명령할 뜻으로 언급한 어구는 아닐까?

전후 문맥으로 미루어, 터무니없는 교리를 암시하는 미스터리한 단서는 없다. 오히려 디모데가 몸소 들은 바와 다른 교리를 수용하는 행위에 대한 경고로 봄직하다.

본문에 따르면, "또 네가 많은 증인 앞에서 내게 들은 (이)것(들)(딤후 2:2)"이라 했다. 이때 '많은 증인'이 교회를 뜻한다는 것은 믿지 않아도 크게 문제가 되진 않는다. 어쨌든 '많은 증인' 앞인지라 비밀이 있을 리는 없기 때문이다.

다른 구절—"내게 들은 (이)것(들)을 충성된 사람들에게 부탁하라. 그들이 또 다른 사람들을 가르칠 수 있으리라(딤후 2:2)"—역시 신비한occult 복음이 있으리라는 증거로 유추해서는 안 된다. "이것들these things"이라 했으니 그는 당시 기록한 바를 가리켰을 것이다. 감춰진 대상이었다면 "이것들"이 아니라 비밀리에 알고 있는 "그것들those things"이라고 썼을 테니 말이다.

26 사도들은 어떤 경우에라도 전 교회에 온전한 진리를 가르쳤다. 비밀로 간직해 두었다거나, 아끼는 지인에게만 귀띔해준 적은 없었다.

물론 사도 바울은 주님의 말씀대로—"거룩한 것을 개에게 주지 말며 너희 진주를 돼지 앞에 던지지 말라(마 7:6)"—복음 전파를 맡길 때 장소와 사람을 고려하지 않고 무작정 전파해선 안 된다는 주문도 추가했을 공산이 크다.

주님은 감춰진 신비를 넌지시 알리지 않으시고 공개적으로 밝히셨다. "내가 너희에게 어두운 데서 이르는 것을 광명한 데서 말하며 너희가 귓속말로 듣는 것을 집 위에서 전파하라(마 10:27)"는 명령을 두고 하는 말이다.

예수님은 비유를 통해 예고하시기를 한 푼(주님의 말씀)이라도 감춰두면 아무런 이득이 없으니 이를 숨겨선 안 된다 했고, "등불을 켜서 말 아래에 두지 아니하고 등경 위에 두나니, 이러므로 집 안 모든 사람에게 비친다(마 5:15)"고 가르치기도 했다.

사도들이 그리스도의 비밀과 하나님의 말씀을 암시하는 빛을 숨겨 이를 행하지 않았다면 명령을 등한시하거나 이해하지 못한 것이다. 단언컨대, 그들은 유대인이나 이방인의 폭력을 두려워하지 않았을 것이다. 회당과 광장에서 입을 다물지 못했다면 교회에서는 얼마나 기탄없이 전파했겠는가!

믿음의 대상을 전파하지 않았다면 유대인이나 이방인을 개종시키진 못했으리라. 소수에게만 비밀을 위탁하기 위해 일찍이 믿고 있던 교회에도 복음을 숨겼다면 개종은 더더욱 불가했을 것이다.

설령 소수 그룹과 무언가를 논의하곤 했더라도 본질상 다른 믿음의 법을 도입한다거나, 모두에게 공개한 바와 대립되거나 다른 것일 리는 없다. 교회에서는 하나님 한 분을 거론하면서 가정에서는 다른 신을 가르치거나, 공개석상에서는 그리스도의 실체를 이렇게 밝히면서 사석에서는 말을 바꾸거나, 혹은 모든 사람들 앞에서는 부활의 소망을 주장하지만 소수 앞에서는 다른 소망을 강조하는 격이니 말이다.

그러나 사도들은 서신에서 이렇게 당부했다. "모두가 같은 말을 하고 너희 가운데 분쟁이 없이 같은 마음과 같은 뜻으로 온전히 합하라(고전 1:10)." 바울을 비롯한 사도들은 같은 법을 전파했기 때문이다. 아울러 그들은 "오직 너희 말은 옳다 옳다, 아니라 아니라 하라. 이에서 지나는 것은 악으로부터 나느니라(마 5:37)."라는 가르침을 기억하고 있었다. 복음을 여러 잣대로 취급하진 않겠다는 이야기다.

27 사도들이 진리의 교리를 모두 전수했다손 치더라도 교회가 이를 전파할 때 딴생각을 품진 않았을까? 그건 상상조차 할 수 없는 일이다.

사도들이 선포해야 할 메시지에 무지했다거나 모든 이에게 믿음의 법을 전파한 것은 아니라는 주장이 어불성설이라면, 믿음의 법을 평이하게 모두 전수했으나 교회가 스스로 사도의 것과 다른 메시지를 전했으리라는 가설도 짚어보자.

불신을 둘러싼 의혹은 이단이 주장할지도 모르겠다. 그러면 교회가 사도 바울에게 책망을 받은 경위를 떠올려보라.

"어리석도다! 갈라디아 사람들아, 누가 너희를 꾀더냐(갈 3:1)?" "너희가 달음질을 잘 하더니 누가 너희를 막아 진리를 순종하지 못하게 하더냐(갈 5:7)?"

서신의 첫머리도 주목해보라.

"그리스도의 은혜로 너희를 부르신 이를 이같이 속히 떠나 다른 복음을 따르는 것을 내가 이상하게 여기노라(갈 1:6)."

고린도서에 쓴 바와 같이 그들은 "육신에 속한 자(고전 3:1)"로, 젖을 먹어야 하고 아직 고기는 먹지 못하는 자인지라 무엇을 아는 줄로 생각하면 아직도 마땅히 알 바를 알지 못하는 것과 같았다(고전 8:2).

교회가 책망을 받았다는 사실에 대해 반론을 제기한다면 교회도 잘못을 지적당했다는 점을 일러주라. "기뻐하며 하나님께 감사해 마지않던" 교회의 믿음과 지식과 대화를 감안해볼 때 당시 사도 바울은 책망을 받았더라도 동일한 가르침을 받는 영광 안에서 교회와 서로 연합했다.

28 믿음의 전통은 대체로 모든 교회에 동일하며, 이는 믿음이 진실하고 정직하게 전파되어왔다는 방증이다.

당사자가 모두 잘못했다 치자. 이를테면, 사도 바울은 증언에 오류를 범했고, 성령은 교회에 주목하기는커녕 이를 진리로 인도하지도 않았다고 가정해보자. 물론 성령은 그리스도가 교회를 진리로 인도하기 위해 보냈고, 그가 진리를 가르치는 스승이 되기를 성부 하나님께 구했지만 말이다(요 14:26). 아울러 하나님의 청지기이자 그리스도의 대리자인 성령은 직무태만으로, 주님이 사도를 통해 전파한 진리를 교회가 오해하고 잘못 믿어도 이를 방관했다면?

수도 많고 규모도 큰 교회가 진리에서 벗어났는데 하나의 같은 믿음으로 귀결된다는 게 가능한 일일까?

수많은 경우의 사건이 한 가지 결과로 이어진 것을 우연으로 설명할 수는 없다. 교회에서 교리가 잘못되었다면 다양한 교리가 출현하게 마련이지만, 교회에서 하나의 같은 교리가 발견되었다면 이는 오류가 아니라 전통인 것이다. 전통을 계승한 그들이 오류를 범했다는 주장이 가당키나 한가?

29 진리가 이단에게 진 빚은 없다. 진리는 이단이 출현하기 전부터 존재해왔기 때문이다. 교회 교리의 1순위는 진리의 증표다.

어떤 경위로 태동하게 되었는지는 모르지만 어쨌든 오류는 이단이 출현하지 않았을 때 권좌에 올랐다. 진리는 미르키온파와 발렌티누스파가 이를 자유케 하기까지 기다려야 했다.

복음이 잘못 전파되자 사람들은 그릇된 믿음을 가졌고, 수천 명은 잘못된 세례를 받았으며, 수많은 믿음의 작품은 잘못 만들어졌으며, 기적적인 은사와 영적인 권세는 그릇 행해졌으며, 다수의 사제직과 선교사역 또한 잘못되어 숱한 순교자가 헛된 영광의 면류관을 받고 말았다!

그렇지 않다면(이단이 그릇되고 헛된 것이 아니라 정론이었다면) 하나님의 피조물이 태동하고 나서야 그것이 하나님께 속했다는 사실이 알려질 수 있겠는가? 어찌 그리스도인이 출현하고 난 뒤에 그리스도가 발견되고, 이단사설이 횡행하고 나서야 참 교리가 나타날 수 있겠는가? 가당치도 않은 일이다.

경우를 막론하고 원조가 나온 후라야 모조가 나오는 법이다. 사이비는 실체의 뒤를 잇는다. 그러니 이단사설이 기존 교리보다 앞섰다는 주장은 터무니없는 발상이다. 때문에 이단사설이 난무할 테니 이를 경계해야 할 거라고 교리가 예고하지 않았던가! 이 같은 교리를 믿는 교회에 기록된 바와 같이, 아니, 교리가 몸소 교회에 기록한 바와 같이, "하늘로부터 온 천사라도 우리가 너희에게 전한 복음 외에 다른 복음을 전하면 저주를 받을지어다(갈 1:8)."

30 이단 비교론. 이단 마르키온과 그를 둘러싼 진실. 이단 아펠레스와 그의 성격. 필루메네, 발렌티누스, 니기디우스, 헤르모게네스.

폰투스(Pontus, 흑해에 면한 소아시아 동북부의 고대 국가로 훗날 로마의 속주가 되었다—옮긴이) 선장이자 스토아 철학의 열성파 학자인 마르키온*과, 플라톤 철학의 제자인 발렌티누스*는 언제 활동했는가? 그들은 아주 옛날은 아닌 안토니누스(Antoninus, AD 138~161) 집권 당시 활동했고 처음에는 성 엘레우테루스 주교의 감독아래 로마 가톨릭 교회의 교리를 신봉했다가 그칠 줄 모르는 호기심 탓에 형제를 미혹하여 두 번 이상 퇴출당한 전적이 있다.

마르키온은 교회에 헌납한 200 세스테르티우스(sestertius, 고대 로마의 화폐 단위—옮긴이)를 도로 챙기고는 영구적으로 제명을 당할 즈음 발렌티누스와 함께 날조한 교리의 독소를 해외에 전파했다.

훗날 마르키온은 회심을 선언했고, 그가 파멸로 이끈 형제를 모두 교회에 복귀시키면 화해하겠다는 조건에 동의했지만 결국에는 세상을 떠나고 만다.

사실 이단은 존재할 필요가 있다. 물론 그럴 필요가 있다고 해서 이단이 선하다는 뜻은 아니다. 악이 필요한 것은 아니지만 존재해야 한다는 것과 같은 이치다!

예수 그리스도도 배신을 당해야 했지만 "그 사람에게는 화가 있으리라(마 26:24)" 경고하지 않았던가! 즉, 당위성을 빌미로 이단을 두둔해서는 안 된다는 것이다.

아펠레스의 계보를 거론하자면, 그는 교리의 틀을 확립한 스승 마르키온과는 달리 오랜 명맥을 잇진 못했다. 아펠레스는 마르키온의 절제를 버리고 한 여인과 함께 (금욕주의를 표방하는) 스승에게서 벗어나 알렉산드리아로 떠났다. 몇 년 후 다시 돌아왔지만, 더 이상 마르키온주의자가 아니라는 것 외에 달라진 점은 전혀 없었다.

그는 또 다른 여성인 (앞서 언급했던) 동정녀 필루메네에 집착했고 훗날 그녀는 악질적인 매춘부가 되고 말았다. 아펠레스는 필루메네에게 미혹되어 그녀에게서 배운 『계시록Revelations』을 썼다.

제자와 후계자를 비롯하여 그들을 기억하는 자 중 현존하는 사람들은 아펠레스와 필루메네가 나중에 활동했다는 사실을 부정하진 못할 것이다. 주님이 말씀하신대로 (마 7:16) 그들은 저작물로 유죄가 분명했다. 특히 마르키온은 구약과 신약을 분리했다. 즉, (전에는) 통합되었던 경전을 분리했으므로 그가 쪼갠 경전보다 앞선 인물이라고는 볼 수 없으리라. 하나인 경전을 갈라놓았으니 이를 구분한 사람이 나중이라고 보는 것이다.

발렌티누스도 기존과는 다른 해석과 설명을 내세웠으므로 그가 오류라고 지적한 바가 앞선 것이라는 사실은 명약관화하다.

진리를 훼손한 장본인이 더 있지만 지금까지 언급한 사람들이 비교적 널리 알려진 데다 악명 높기로도 유명하다. 물론 니기디우스와 헤르모게네스 등도 주님의 길을 왜곡한 바 있다.

도대체 무슨 권세로 그런 짓을 벌이는지 묻고 싶다! 다른 신을 전파한다면서 어찌 그 신과 대립되는 신의 이름과 기사를 인용하는가? 같은 하나님이라면 왜 하나님을 달리 취급하는가?

자신이 또 다른 사도라면 진위를 가려보라! 그리스도가 이미 재림해서 친히 가르치시고 십자가에 달려 다시금 죽으시고 부활하셨다 주장해보라!

사도라면 주님이 친히 보이신 것과 같은 표징을 보여줄 권세가 있다고 했으니 그들도 기적을 일으킬 수 있나 보고 싶다. 아니, 기적은 차치하더라도 훌륭한 업적이 있다면 사도와 그것으로 경쟁을 벌여도 좋겠다. 사도는 죽은 자를 살리곤 했으나 그들은 되레 산 자를 죽이기 때문이다.

* 마르키온의 고향은 부친이 주교로 있던 시노페Sinope였다. 그는 이원적 하나님을 주장했지만 이교도의 사설이 가미되진 않았다. 이를테면, 구약성서에 기록된 하나님은 창조주거나 혹 독한 신인 반면 또 다른 절대신은 순수한 은혜를 베푸는 하나님으로 그리스도가 밝힌 후에 사람들에게 알려지기 시작했다고 한다. 그는 구약성서를 전면 부정했고 바울서신 10권을 비롯하여, 그가 손을 대 훼손한 『누가복음』만 인정했다. 터툴리안은 다섯 권의 책에서 그의 교리를 반박했다.

* 발렌티누스는 알렉산드리아의 플라톤 철학자로 AD 140년경 로마에 정착했다. 그는 그리스도의 가르침에 이교도의 철학을 가미, 무한과 유한의 격차를 잇기 위해 무한에서 '에온Æon'이나 '유출emanation'이라는 복잡다단한 체계를 규정했다. 아울러 그는 그리스도의 육신이 동정녀의 몸에서 탄생했다는 것을 인정하지 않았다.

31 진리가 나타나면 이를 왜곡하는 거짓이 뒤따르게 마련이다. 그리스도의 비유에서도 좋은 씨를 심고 나서 무익한 가라지가 언급되었다.

다시 본론으로 돌아와, 진리가 우선이고 거짓은 나중이라는 점을 성경의 비유를 근거로 논해보자. 비유에 따르면(마 13:37), 주님이 좋은 씨앗을 뿌리고 나서 원수인 마귀가 야생보리라는 무익한 잡초를 섞어버렸다고 한다. 교리의 차이를 비유적으로 설명한 것이다. 다른 구절에서도 하나님의 말씀이 씨앗에 비유되곤 했다. 따라서 순서로 보자면 주님이 전파하신 것이 먼저요, 나중에 전파된 것은 이질적인 가짜라는 이야기다. 본문(마 13:37)은 나중에 스며든 이단사설에 물러서지 않겠다는 의지를 나타낸다. 이단에게는 진리가 자신 편이라는 점을 주장할만한 일관된 근거가 없다.

32 이단 중 사도의 명맥을 잇는다는 사람은 없다. 새 교회도 사도교회와 같다. 사도가 믿음을 가르치고 전수해왔기 때문이다. 이단은 사도의 자격에 대해 항변한다.

혹시라도 사도들과 동시대를 향유한 까닭에 사도 시대의 명맥을 이어왔고 그들에게서 교리를 전수받았다고 할 만큼 대담한 이단이 있다면 이렇게 대응할 것이다.

"교회의 기록 원본을 제시하거나, 1대부터 계보를 잇는 주교의 명부를 공개하시오." [초대] 주교라면 그에게 성직을 임명한 자와 전임자가 사도거나 그와 관계가 있는 사람(사도와 꾸준히 동행해온 사람) 중 하나라는 것을 입증할 수 있으리라.

사도 교회도 계보를 그렇게 전수해왔다. 예컨대, 서머나 교회에서는 요한이 성 폴뤼카르포스(Polycarp, 서머나의 주교 겸 순교자―옮긴이)를, 로마 교회에서는 베드로가 클레멘트Clement를 임명했다. 이처럼 다른 교회도 사도의 임명으로 사도의 씨apostolic seed를 전파해온 성직자를 공개할 수 있을 것이다.

그럼 이단도 같은 계보를 궁리했다 치자. 신성을 모독하는 그들에게 불법은 대체 무엇일까? 계보를 날조했다손 치더라도 아무런 유익이 없을 것이다. 사도의 교리와 비교해보면 이단은 교리가 다양키도 하고 모순점도 더러 있어 사도나 그와 관련된 기자가 썼을 리는 없다. 사도라면 모순된 교리를 가르치진 않기 때문이다.

또한 사도와 관련된 사람이라도 사도들이 전파한 가르침을 고의로 잘못 전파하지 않는 한 그 역시 다른 교리를 가르치진 않을 것이다. 그런 취지에서, 사도나 그와 관련된 위인이 창립하지 않은 교회라도 증거를 제시하는 것이다. 이때 같은 믿음에 공감한다면 교리의 동질성을 근거로 사도 교회라 인정될 것이다.

이단들은 이러한 준거(계보와 교리의 동질성)를 토대로 사도 교회가 제기하면 자신을 사도 교회로 봄직한 증거를 밝혀야 하지만, 사실 그들은 사도와 무관할 뿐 아니라 그렇다는 증거도 제시할 수 없을 것이다. 사도와 어떻게든 인연을 맺고 있는 교회가 이단과의 평화로운 교류를 인정할 리도 없다. 믿음의 비밀에 대한 모순된 교리로 사도 교회답지 않다면 말이다.

33 현재 활동중인 이단(성경 기자가 주목한 '가라지')은 이미 성경에서 정죄를 받았다. 몇 가지 사례를 보면 이단의 계보는 초대이단으로 거슬러 올라간다.

사도가 활동하던 시대에 회자되던 몇 가지 교리를 다시 살펴보련다. 사도들이 폭로하며 비난한 교리를 두고 하는 말이다. 당시에도 존재했다거나, 혹은 (가라지의) 원흉이었다는 사실이 드러난다면 이단 교리는 더욱 비난을 받게 될 것이다.

  사도 바울은 『고린도전서』에서 부활을 부정하고 의심하는 자를 책망했다. 부활이 없다는 소견은 사두개인의 특징이나(마 22:23), 마르키온을 비롯하여 부활을 비판했던 아펠레스와 발렌티누스 등도 이를 일부 수용했다.

  『갈라디아서』에서는 할례와 (모세의) 율법을 지키고 변론하는 자를 통렬히 비난했으니 이는 에비온파의 사설과도 일치하는 대목이다. 또한 디모데를 가르칠 때는 "혼인을 금하는" 자를 책망했다(딤전 4:3). 마르키온과 그의 추종자인 아펠레스의 가르침도 그랬으며 아울러 (사도 바울은) "부활이 이미 지나갔다(딤후 2:18)"고 주장하는 자들도 비난했는데, 이는 발렌티누스가 자신을 두고 한 말이기도 했다.

  그가 "끝없는 족보(딤전 1:4)"를 언급했을 때는 발렌티누스가 떠오를 것이다. 그에 따르면, 에온Æon이나, 혹은 다른 이름의 어떤 존재, 하나가 아닌 어떤 존재가 자신의 은혜로 사유Sense와 진리Truth를 낳았고, 말씀Word과 생명Life도 그렇게 태동했다가 나중에는 인간과 교회가 출현했다고 한다.

  이 여덟 가지 에온에서 열 개의 에온이 나타났고 기이한 이름을 가진 열두 개의 에온이 일어나 서른의 에온 설화가 완성되었다는 것이다.

  사도 바울이 "약하고 천박한 초등학문(혹은 물질, 원소elements)으로 돌아가 그들에게 종노릇in bondage to the elements(갈 4:9)"한다고 책망한 것은 헤르모게네스의 교리를 두고 한 말이다.

그는 기원이 없는 물질matter을 제시하며 기원이 없는 하나님과 이를 동등하게 견주었다. 물질(원소)의 모체를 여신goddess으로 받들었으니, 신과 동등하게 여긴 모체에 '종노릇(bondage, 속박)'했을 법도 하다.

한편 요한은 『계시록』에서 "우상의 제물을 먹고 행음하는 자(계 2:14)"를 책망하라는 명을 받았지만 종파가 다른 니골라당은 지금도 가이안Gaian이란 이름으로 활동하고 있다.

그는 서신에서 "육신으로 오신 그리스도를 부인하고" 예수를 하나님의 아들로 생각지 않는 자를 "적그리스도"라 규정했다. 육신을 입은 그리스도는 마르키온이, 예수가 하나님의 아들이라는 것은 에비온이 부정했다.

반면 천사 숭배 사상을(골 2:18 참조) 가르친 마술사 시몬의 교리는 우상으로 간주되어 사도 베드로로부터 책망을 받은 바 있다(행 8:9~23).

34 창조주 하나님에 대한 논쟁과 '둘째 하나님'은 애당초 회자된 바가 없다. 이단은 성경의 판결뿐 아니라 무언으로도 정죄를 받았다.

이들은 (사도들이 일러준 바와 같이) 당시에도 존재했던 거짓 교리였다. 거짓이 진리를 왜곡하는 경우는 많았지만 만물을 창조하신 하나님을 두고 논란을 일으킨 학파는 없었고, 둘째 신의 존재를 추정할 만큼 대담한 사람도 없었다. 사실, 성부 하나님보다는 성자를 의심하는 경우는 더러 있었으나, 마르키온이 창조주와 아울러 선한 신을 거론하자 상황은 달라졌다.

아펠레스도 가세하여 형언할 수 없는 영광스런 천사를 창조한 신이 더 우월한 신에 속하는데, (그에 따르면) 이는 법과 이스라엘의 신으로 자신을 불fire이라 단언했다고 한다.

발렌티누스는 에온을 전파하며 한 에온의 죄가 결국에는 창조주 하나님을 낳았다고 주장했다. 이들 외에는, 그 전에도 신성의 진리를 밝힌 자는 없었다. 그들은 악마에게서 극진한 은혜와 특혜를 받았으리라. 악마는 거짓 교리를 동원해서라도 하나님과 겨루고 싶었기 때문에 교리의 독으로 (주님의 말씀과는 정반대로) "제자가 스승보다 높게" 만들지도 모르겠다(눅 6:40).

이단 무리라면 자신이 출현하게 된 시대를 밝혀보라. '시대when'가 진리와 무관하다는 이유로 이를 대수롭게 생각하지 않는다손 치더라도 사도 시대에 존재하지 않았다면 사도와 관계가 있을 리는 없을 것이다. 당시에 존재했다면 억압을 받는 한이 있더라도 이름은 남아있으리라.

사도 시대에 활동했던 그들(이단)은 사도의 기록을 보면 책망을 받았다는 점을 알 수 있다. 당시 조악했던 이단이 지금까지 명맥을 유지해왔다면 겉은 좀더 세련되게 바뀌었을지는 몰라도 비난에서 자유로울 수는 없을 것이다. 설령 그때와는 다른 이단이 겉모습을 바꾸고, 기존의 교리를 일부 도입하여 발흥했다 해도 그들은 교리뿐 아니라 책망도 함께 나누어야 할 것이다.

시간적 순서를 따져 보면 굳이 책망을 받은 교리에 가담하지 않았다고 해도 이미 정죄를 받은 것과 같다. 사도조차 이름을 밝힌 적이 없는 이단이라면 더욱 부패했을 테니 말이다. 당시 그들은 신흥 이단으로 낙인이 찍혔을 것이다.

35 이단은 명확하고 이해할 수 있는 근거로 주장하라. 그것이 궁금증을 해소할 수 있는 유일한 비결이다. 가톨릭 교회는 사도 시대로 거슬러 올라가는 증거로 호소한다.

모든 이단은 앞선 규정에 따라 반박을 당했으니, 너희 이단도 우리의 교리에 항변하는 법을 담대히 개진해보라. 사도보다 늦다거나, 동시대에 존재했다거나, 사도의 가르침과 다르거나, 사도들에게 (일반적으로든 구체적으로든) 책망을 받았거나, 혹은 이미 정죄를 받았든 간에 교리에 맞서는 법을 주장해보라. 이때 (우리의 교리에 나타난) 진리를 부인한다면 우리가 이단이라는 점을 입증해야 하고, 그들이 반박을 당한 법대로 우리를 반박할 수 있는 증거를 내놓아야 할 것이다. 이와 더불어 어디서 진리를 찾아야 할지도 밝혀야 하는데, 이쯤 되면 그들에게는 진리가 존재하지 않는다는 점이 분명해질 것이다.

우리 교리는 시대를 봐도 뒤지지 않고 오히려 모든 이단보다 앞선다. 이는 진리가 최초로 자리를 잡았다는 방증이다. 재차 말하지만, 사도들은 진리를 변론했지 비난한 적은 없다. 진리가 사도에게서 비롯되었기 때문이다.

사도가 책망을 삼가는 교리는 소견이 다소 낯설더라도 결국에는 자신의 교리로 간주하여 이를 변호할 것이다.

36 사도 교회들은 사도의 목소리를 대변한다. 사도의
   주장을 검증해보면 논란의 여지는 전혀 없을 것이다.
   로마 가톨릭은 대주교와 추기경을 보면 사도들과
   더욱 밀접하다. 진리를 왜곡하는 이단은 그 뒤에 엮이
   기 시작했다.

  궁금증이 증폭될 그대여, 구원에 얽힌 사역이 궁금해진다면 사도 교회
를 두루 다녀보라. 사도들의 보좌가 현저히 눈에 띄고 자필 기록에서는
각 사도의 육성이 들리고 얼굴이 나타날 것이다.

  아주 가까운 곳에 아가야가 있으니 거기서 고린도를 찾고, 마게도냐
도 그리 멀진 않을 테니 빌립보와 데살로니가에 들러보라. 에베소는 아시
아에 갈 수 있을 때 찾으라. 이달리야와도 가까우니 로마에 가보라. 여기
서 (로마) (사도의) 권위가 우리 손으로 넘어왔다*.

  사도가 피를 흘리며 교리를 부었으니 로마 교회는 얼마나 행복할까!
베드로가 주님처럼 수난을 감내하고 바울이 (세례) 요한처럼 순교로 면
류관을 얻은 곳이요, 사도 요한이 끓는 기름에 빠졌다가 성한 몸으로 섬
에 유배를 떠난 곳이니 말이다!*

  교회가 배우고 가르치고, 교제가 (우리) 아프리카 교회와 맺은 결과를
보라! 우주를 창조하신, 한 분이신 주 하나님과, 창조주 하나님의 아들
이자 동정녀 마리아에게서 (나신) 그리스도 예수와, 육체의 부활을 비롯
하여, 교회가 복음주의자 및 사도의 기록과 함께 한 권의 책으로 통합한
토라와 선지서를 인정한다.

  교회는 이 책에서 믿음을 들이키고, (세례의) 물로 믿음을 봉인하며, 성

령을 덧입으며, 성체를 먹으며, 순교로 잔을 부딪치며, 가르침에 반대하는 사도를 대적한다. 이는 이단의 출현을 예고한 원칙이자, 그들도 추진하는 원칙이다.

그러나 이단은 교회와 대립하므로 교회와는 무관한 자들이다. 열매도 많이 맺고 튼실한 올리브 씨에서 거친 야생올리브가 나고, 향기롭고 달콤한 무화과나무 씨에서 속빈 야생무화과가 나오듯, 이단도 우리 초목에서 나오지만 종류는 우리와 다르다. 진리의 작물에서 (발현하지만) 기만 때문에 야생 잎사귀만 보일 뿐이다.

* 아프리카 교회는 이달리야Italy 출신 사도가 세웠으므로 교회의 권위는 로마에 있다.
* 베드로가 십자가에서 처형을 당했다는 일화를 최초로 밝힌 인물이 터툴리안이었다. 오리겐은 여기에 "거꾸로 매달렸다"는 말을 덧붙였다.

37 이단은 그리스도인이 아니라 그리스도의 가르침을 왜곡한 자들이다. 그리스도의 경전을 제 것이라 주장하지 말지어다. 성경은 교회가 신중히 보호하고 있는 신탁물이다.

그렇다면 진리는 "이 법을 따라 행하는 많은 자인(갈 6:16)" 우리에게 속했다는 점을 인정해야 할 것이다. 이 법은 교회가 사도에게 받은 것이요, 사도는 그리스도에게, 그리스도는 하나님께로부터 받은 것이다. 우리가 이 같은 입장을 취하는 이유는 분명하다. 이단이 성경을 들먹이지 못하도록 법이 금한다면 굳이 성경을 논하지 않더라도 그들이 성경과 무관하다는 점을 입증할 수 있기 때문이다.

그들은 이단인지라 진정한 그리스도인이 될 수는 없다. 그들이 자의로 선택, 집착해온 바가 그리스도에게서 비롯된 것이 아닌 데다, 이단의 이름을 조장하고 인정했기 때문이다.

그들은 그리스도인이 아닌 탓에 그리스도인의 성경에 대한 권리가 없으니 이렇게 추궁해도 가할 것이다.

"너희는 누구인가? 언제, 어디서 왔는가? 내 편도 아닌데 내 것과는 무슨 상관이 있는가? 마르키온이여, 무슨 권리로 내 나무를 베는가? 발렌티누스여, 누구 허락으로 내 샘의 흐름을 바꾸어놓고 있는가? 아펠레스여, 무슨 권한으로 토지의 경계를 옮기고 있는가? 다른 이단들이여, 여긴 내 땅인데 왜 너희가 제멋대로 씨를 뿌리고 먹이를 주는가? 여긴 내 땅으로 오랫동안 내가 소유해왔고, 너희가 오기 전부터 내 것이었다. 원주에게서 받은 권리증도 있다. 나는 사도의 후계자다. 그들은 유언장과 유서를 신중히 작성하여 이를 수탁자에게 맡겼고, (수탁자는 의무를 성실히 이행하라는) 명령하에 내가 이를 보유해온 것이다. 그런데 너희는 사도들이 상속권을 박탈하고 외인과 원수로 규정한 자들이 아닌가. 사도의 가르침과 다르지 않다면, 사도의 것과 대립된 교리를 제시하거나 수용하지 않았다면 왜 외인과 원수로 낙인이 찍히겠는가?"

38 교회와 성경의 조화. 이단은 성경에 함부로 주무르고 훼손하고 바꾸어왔다. 가톨릭 교회는 성경을 바꾸지 않는다. 성경이 이를 증언한다.

다양한 교리가 눈에 띄는 곳에서는 그릇된 성경과 해석이 난무하게 되어있다. 다른 가르침을 전파할 목적을 가진 사람들이라면 교리를 다르게 바꾸어야 한다. 본래의 교리를 바꾸지 않았다면 달리 가르칠 도리는 없었을 테니까.

이와 아울러 교리가 담긴 문헌을 훼손하지 않았다면 교리가 훼손될 수는 없었으리라. 따라서 교리가 적힌 문헌의 진의를 보증할 수 없다면 교리의 진의도 장담할 수 없을 것이다.

그렇다면 성경의 무엇이 우리가 가르친 바와 대립하는가? 성경에 기록된 바가 합당하지 않다는 이유로 이를 바로 잡기 위해 일부를 가감하거나 바꾼 것을 가르친 적이 있는가?

우리가 본연의 모습인 것처럼, 성경도 태초부터 (이어온) 본연의 실체가 있다. 다른 길이 있기 전, 너희가 성경을 가감하기 전에도 우리의 존재는 성경에 있었다. 성경에 깁고 더한 바는 시간상 나중 것으로 간주될 터인데(경쟁심에서 비롯된 탓에 경우를 막론하고 시간상 앞설 수도 없거니와, 모조가 원조를 앞설 수도 없기 때문이다) 되레 우리가 왜곡된 본문을 성경에 추가했다니 이를 누가 믿겠는가? 애당초 우리가 원조인데 말이다.

아울러 교리가 성경과 대립될 뿐 아니라 시간상 뒤에 출현한 자들이 왜곡된 성경을 도입했을 리 없다는 주장도 선뜻 믿기가 어려울 것이다. 어떤 이는 자신의 손으로 성경을 왜곡하고 어떤 이는 해석으로 의미를 왜곡한다. 예컨대, 발렌티누스는 성경전서를 두루 참고한 것 같지만 실은 마르키온보다 더 교활한 계략과 술수로 진리에 거친 손을 댔다.

마르키온은 대놓고 펜이 아닌 칼을 썼다. 자신의 소견에 맞춰 성경을 난도질한 것이다. 반면 발렌티누스는 성경을 삭제하지 않았다. 소견에 맞춘답시고 성경을 날조하지 않고 소견을 성경에 맞추었기 때문이다. 그러나 어구의 정확한 의미를 삭제하는 것도 모자라, 존재하지도 않는 가상천외한 교리를 추가했으므로 가감한 것이 마르키온보다 더 많았다.

39 사도 바울은 이교도 기자와 이단이 영적으로 사악하다고 꼬집었다. 성경은 이단이 쉽게 조작할 수 있다. 베르길리우스(BC 70~19, 로마의 시인)의 작품이 원문의 취지와 다른 표절의 토대가 된 것처럼 성경도 이단에게 표절할 빌미를 제공한다.

이는 교묘하고도 '영적으로 사악한' 술수니, 형제여, 우리도 믿음을 위해 필요한 '씨름'을 벌이고(엡 6:12) 확실히 옳다 인정함을 받는 '피택자'가 되어야 하며(고전 11:19) 타락한 자는 솎아내야 할 것이다.

이단은 술수에 권세가 있고 오류를 날조하고 구성하는 데도 능통하다. 마치 그것이 난해하고 불가해한 것이라도 되는 양 이를 기이히 여겨서는 안 된다. 이 같은 사례는 종교와 무관한 저작물에서도 얼마든 볼 수 있다. 예컨대, 베르길리우스Virgil의 원작 중 스토리가 사뭇 달라진 작품을 읽은 적이 있을 것이다. 주제가 구절에 맞춰 바뀌고, 구절이 주제에 맞춰 달라진 대목도 있다. 호시디우스 게타Hosidius Geta도 베르길리우스가 쓴 『메데아Medea』를 표절했고, 필자의 지인 중 하나는 케베스(Cebes, Κέβης, BC 430~350, 고대 그리스 철학자로 소크라테스의 제자로 알려져 있다—옮긴이)가 쓴 「타블레Table」를 개작하기도 했다. 흔히 삼류시인을 "호메로켄토네스(Homerocentones, 호머가 쓴 시를 모으는 자)"라 일컫는데 아마도 호머의 작품 중 이 단락, 저 단락에서 발췌한 잡다한 시를 저 나름대로 개작하고 짜기워 또 다른 작품으로 만들기 때문이리라.

신성한 기록(성경)이라면 여느 문헌보다 소재는 당연히 더 풍성할 것이다. 필자는 '이단이 반드시 존재하며 성경이 없었다면 그들이 존재할 리 없다'는 말씀(고전 11:19)을 읽을 때마다 성경이 이단에게 빌미를 제공하도록 기록된 것도 하나님의 뜻이라 확신한다.

40 우상의 영과 이단의 영은 서로 다르지 않다. 우상적 의례는 사탄이 구약성서를 모방·왜곡한 것이다. 기독교의 성경은 다양한 이단의 왜곡으로 사탄에 힘입어 훼손되었다.

한 가지 의문이 들 것이다. 이단을 위해 넣은 구절의 뜻은 누가 해석할까? 단연 악마다. 우상 및 신비로 신의 성례에 대항하여 진리를 뒤엎는 것이 그의 특기이기 때문이다.

악마도 세례를 베푼다. 그를 믿고 따르는 사람에게 세례를 주고, (자신의 세례용) 물로 죄도 씻어주겠노라 약속한다. 기억을 더듬어보니, 미트라(Mithra, 빛의 신)는 (사탄의 왕국에서) 용사의 이마에 표를 새기고 봉헌한 빵을 축사하며, 부활한 자의 모습으로 검 앞에서 면류관을 씌웠다.

(사탄이) 감독의 혼인을 1회로 한정한 까닭은 무엇일까(딤전 3:2)? 그도 처녀들이 있지만 절제에 능하기 때문이다. 누마 폼필리우스(Numa Pompilius, 로마의 전설적인 2대 왕. 로마 종교의식의 창설자로 야누스 신전을 세우고 최고 신관을 세운 인물로 알려져 있다—옮긴이)를 머릿속에 떠올리고, 그의 제사장 사역과 휘장과 특권, 제사의식, 및 제사용 기구와 그릇, 속죄와 서약에 대한 의식을 생각한다면 널리 알려진 유대교의 법도 악마가 세심하게 모방했다는 것이 확실해지지 않을까? 이처럼 사탄은 그리스도의 성례를 집

전하는 데 필요한 수단을 우상숭배의 도구로 전락시킬 만큼 적개심이 강하다.

그는 (이단에게는) 신과 같은 존재인지라 하나님이 부릴만한 재간을 과시하며, 성자가 된 그리스도인이 쓴 거룩한 문헌을 불경스럽고도 적대적인 믿음이 담긴 문헌으로 개작할 수 있었다. 또한 그는 해석과 어구와 비유에도 손을 댔다. 따라서 이단이 태동하게 된 '사악한 영성'은 악마가 처음 전파했고, 이단과 우상은 작자와 작품이 서로 같기 때문에 사실상 별 차이가 없다는 점은 의심할 여지가 없으리라.

그들은 창조주 하나님에 대항하여 다른 신이 있다고 속이는데 행여 창조주가 유일한 신이라는 것을 인정하더라도 진리에 거하는 신과 창조주를 다른 존재로 취급할 것이다. 이단이 하나님을 두고 말하는 거짓은 어떤 의미에서는 우상과도 같다.

41 이단의 행태는 경박하고 세속적인 데다 난잡하다. 여성의 방종도 악명이 높다.

이단의 행실에 대한 이야기도 빼놓지 않으련다. 아주 경박하고 세속적인 데다, 그저 인간적일 뿐 진중하다거나 권위도 없고 원칙도 없으니 신조와도 잘 어울린다. 우선 새 신자가 누구인지, 성도가 누구인지 구분이 가질 않는다. 기회가 허락하면 모두가 책망하고 모두가 들으며 모두가 열외 없이, 심지어는 이교도까지 기도한다.*

'거룩한 것을 개에게 주고, 그들의 진주를—(물론) 진품은 아니겠지만—돼지 앞에 던지고도(마 7:6)' 남을 자들이다.

원칙을 뒤엎는 작태는 '간소화'라 하고 우리가 원칙에 관심을 두면 이는 '가식'이라 부른다. 이단도 자신을 찾아준 사람들과는 어떻게든 화평을 도모한다. 다른 교리를 가르치더라도 이를 대수롭지 않게 생각하기 때문이다. 유일한 진리를 주장하는 집회장을 급습하는 데 동의한다면 말이다.

그들은 모두 의기양양하고 아는 것도 많다. 새 신자 역시 교육을 마치기도 전에 '박사'가 되어 있다.

특히 이단 여성들은 방종이 지나치다! 가르치기도 하고 논쟁도 벌이고, 퇴마의식을 거행하는 것도 모자라 병을 치료하려 들기도 한다. 아마 세례까지 베풀지도 모르겠다.

임직식은 대충 치르기도 하지만 들쭉날쭉해 예측이 불가능하다. 어느 때는 신참에게, 어느 때는 종교와 무관한 직장인에게, 혹은 정통교회에서 신앙을 저버린 자들에게도 성직을 임명한다. 진리로는 할 수 없으니 허식으로라도 그들을 한 데 엮기 위해서다.

폭동 진영에서 눈도장을 찍으면 성직은 따 놓은 당상이다. 현장에 있는 것만으로도 큰 힘이 되기 때문이다. 이를테면 오늘은 주교가 되어 있다가 내일은 다른 직분을 받고 오늘은 집사지만 내일은 낭독자가 되고 오늘은 장로이나 내일은 일반인으로 강등되기도 한다. 일반인을 사제로 임명하는 경우도 있다.

---

* 마르키온은 '가르침을 받는 자는 말씀을 가르치는 자와 모든 좋은 것을 함께 하라 (갈 6:6)'는 구절을 근거로 공예배시 새 신자와 세례 받은 입교인이 같은 기도를 드릴 수 있도록 허용했다. 터툴리안은 북아프리카 교회에서 새 신자의 계층이 구분된다는 점을 암시하는 듯하다(바인들리).

42 이단은 무너뜨리고 파괴하니 '함양' 과 '고양' 과는 거리가 멀다. 이단은 전통에 집착하지 않으며 창시자와도 견해가 다르다.

사역은 어떻게 이해해야 할까? 이단은 불신자나 이교도를 전도하지 않고 우리의 형제를 넘어뜨리는 짓을 본분이라 믿고 있다. 그들이 거머쥐려는 영광은 넘어진 자를 일으켜 세우는 것이 아니라, 서있는 자를 실족시켜 넘어뜨리는 데 있다. 따라서 그들이 목표로 삼는 사역이란 독자적인 사회를 건설하기보다는 진리를 파괴하고, 자신의 조직을 세우기 위해 교회를 허물어뜨리는 것이리라.

토라와 선지서 및 창조주의 신성을 금한들 누구 하나 아쉬워할 사람이 없으므로, 쓰러진 집을 세우는 것보다 서있는 집을 더 쉽게 허물 수 있다는 이야기다. 그런 목표를 마음에 두고 있을 때만 겸손하고 예의도 바른 데다 배려도 할 줄 아는 사람인 양 연기한다. 그러지 않으면 지도자도 존중하지 않을 것이다.

(추정컨대) 이단은 내분으로 갈라지는 경우가 거의 없다. 설령 내분이 벌어진다손 치더라도 확연히 드러나진 않을 것이다.

사실, 이단의 연합은 분열의 또 다른 이름이다. 이단만큼은 내규를 이탈하지 않을 거라고 생각하면 오산이다. 사람은 누구나 자신이 물려받은 전통을 입맛에 맞게 고친다. 전통을 물려준 스승이 자신의 취향에 맞게 이를 주무르는 것처럼 말이다. 그럼에도 태동하게 된 경위와 특성이 인정된 전통은 일사천리로 전승될 것이다.

예컨대, 발렌티누스에게 가당한 것은 발렌티누스파 사람에게도 가당했고, 마르키온이 자행한 일은 마르키온파 사람에게도 정당했던 것처럼 말이다. 하지만 두루 살펴보면, 구체적인 교리에서 창시자와 견해가 달랐던 경우도 더러 있었다.

이단 대다수는 교회가 없다. 어미도 없고, 집도 없고, 신조도 없는 부랑자인 그들은 무가치한 근본essential worthlessness 속에서 방황하고 있는 것이다.

43 이단은 방종한 사람을 선호한다. 가톨릭의 진리와 대립되는 가르침은 종교적 규례와 실생활에서 하나님에 대한 두려움을 증폭시킨다.

이단들이 마술사와 협잡꾼, 점성술사 및 철학자와 정말 자주 어울린다는 점도 예부터 회자되어왔다. 그들이 호기심을 증폭시키는 의문에 열을 올리기 때문이다. 머릿속에는 "찾으라, 그러면 찾아낼 것(눅 9:11)"이라는 말씀이 빼곡히 들어차 있을 것이다.

행실의 본모습으로 신앙의 자질을 가늠한다면 원칙은 교리를 가늠하는 지표가 된다.

그들에 따르면, 하나님은 경외할(두려워할) 대상이 아니라고 한다. 만사가 거칠 것이 없는지라 고삐 풀린 망아지와 다르지 않다는 이야기다. 하나님이 부재한 곳이 아니고서야 어찌 두렵지 않겠는가? 하나님이 부재한 곳이라면 진리도 존재하지 않을 터요, 진리가 존재하지 않는 곳이라면 단연 제멋대로식 원칙이 존재하리라.

반면, 하나님이 임재하는 곳이라면 "하나님을 경외할 것이다. 그것이 지혜의 근본이기 때문이다(잠언 1:7)." 하나님을 경외하는 곳이라면 진지하고 정직하며 근면할 뿐 아니라, 사모하는 마음으로 깊이 고민하여 (거룩한 사역을) 수용하고, 공동체를 온전히 보호하며, 봉사를 장려하며, 권위에 면밀히 복종하며, 경건히 보좌하며, 조신하게 다니며, 교회를 통합하고, 매사에 하나님을 발견할 것이다.

44 이단은 그리스도에 대한 존경심을 폄하하고 최후의 심판에 대한 두려움을 불식시킨다. 이단이 존엄한 믿음의 말씀을 가르치는 성향

우리에게 더 엄격한 원칙이 있다는 사실은, "우리가 다 반드시 그리스도의 심판대 앞에 서서(고후 5:10)" 믿음을 먼저 직고할 최후의 심판을 염두에 두고 있는 자라면 누구도 외면할 수 없는 진리를 입증하는 또 다른 증거가 될 것이다.

그리스도가 처녀를 저들에게 맡겼다는 간음설로 진리를 훼손한 그들은 어떤 변명을 늘어놓을까?

짐작컨대, 사악하고 타락한 교리 일체를 금하거나, 이를 피하거나 혹은 가증스럽게 여기라는 명령은 그리스도와 사도가 한 적이 없었다고 둘러댈 뗄 것이다. 그렇다면 (그리스도와 사도는 아마도) 미리 경고를 하거나 귀띔해주지 않았다는 이유로 자신이나 제자들에게 책임을 돌릴지도 모르겠다!

반면 이단사설의 대가doctor가 보인 권위는 극찬할 것이다. (거짓) 교리에 대한 믿음을 더 공고히 하고, 죽은 자를 일으키고, 병든 자를 고치고, 미래까지 예언하니 사도라 해도 손색이 없지 않겠는가. 많은 사람이 와서 왜곡된 가르침의 속임수를 은폐하기 위해 기적을 행하리라는 말씀이 아예 없었던 것처럼 말이다! 그러니 용서를 받을 법도 하다!

정작 주님과 사도들의 기록과 책망을 늘 가슴에 새겨가며 신실한 믿음을 굳게 지킨 사람이 되레 용서를 받지 못할 수도 있겠다는 생각이 든다.

"내 이름으로 거짓 교리를 가르치는 교사와 선지자와 사도들이 나타날 터인데(마 24:24), 제자들에게도 그들과 같은 교리를 가르치라고 분명히 일러두었단다! 실은 네가 그걸 곧이곧대로 믿진 않을 거라고 생각했거든! 한때 나는 (생명과 믿음의) 법이라는 교리와 복음을 사도들에게 전수했지만 나중에 돌이켜 보니 그걸 뜯어고치는 것이 좋겠더구나! 육신의 부활도 약속했지만 다시 생각해 보니 그건 지킬 수 없을 것 같고, 동정녀에게서 태어났다고 밝힌 것도 되레 평판이 떨어질까 두렵구나! 하나님이 내 아버지요, 해와 비를 만드신 분이라는 말은 했지만, 그보다 더 좋은 아버지가 나를 양자로 받아들이셨단다! 그리고 먼저는 이단사설에 귀를 기울여선 안 된다고 했지만 그건 내 불찰이었다!" 주님이 이렇게 대꾸하신다면 말이다.

옳은 길에서 벗어나, 신앙을 괴롭히는 위험으로부터 진정한 믿음을 수호하지 않는 자들이라면 이런 (신성모독적인) 착각이 가능할지도 모르겠다.

지금까지 이단에 대한 일반적인 입장에서 (필자는 그들이) 분명하고 공정하며 필요한 법의 잣대로(성경에 견줄 수는 없겠지만) 책망 받아 마땅하다고 본다. 진리에 대한 믿음으로, 틈틈이 시간을 내어 이 (책)을 읽는 독자에게 우리 하나님이신 예수 그리스도의 은혜와 평강이 영원히 함께 할지어다.

PART 3
이단의 계보

by Tertulian

Heretics

PART 3
이단의 계보

by Tertulian

Heretics

01 / 1세대 이단: 시몬 마구스(마술사), 메난드로스, 사투르 나누스, 바실리데스, 니콜라우스(니콜라당)

(거두절미하고) 이단의 몇 가지 특징만 정리할까 한다. 사마리아인 도시테우스Dositheus는 뻔뻔하게도 선지자가 성령의 감흥에 힘입어 예언한 것이 아니라는 근거를 내세우며 최초로 그들을 거부했다. 도시테우스에 얽힌 이야기는 여기까지다.

사두개인도 이 같은 오류에 근거해 발흥했고 여기에 육신의 부활을 부인한다는 사설을 덧붙였다(행 23:8). 사두개파 일화도 여기까지다.

바리새인(파)는 율법에 무언가를 추가하며 유대인 중에서 '분리된 자divided'를 자처했으니 이름이 무색하진 않았다. 바리새인도 상세한 설명은 자제하련다. 아울러 헤롯당the Herodians은 헤롯이 그리스도라 주장하는 자들로, 복음을 이단사설의 시발점으로 택한 자라면 단연 헤롯당을 꼽을 것이다.

초대이단은 시몬 마구스Simon Magus로, 『사도행전』에서 베드로 사도에게 책망과 정죄를 받은 인물이다(행 8:9~24). 그는 대담하게도 "큰 자the Supreme Virtue," 곧 '최고의 신the Supreme God'을 자칭하는가 하면 그가 부리던 천사에게서 우주가 비롯되었다고 주장했다. 시몬은 죄를 범한 악마(지혜Wisdom)를 추적하기 위해 강림했고, 신과 유사한 환상으로 유대인들에게 고난을 당한 것처럼 보였지만 실은 그러지 않았다고 한다.

시몬의 명맥은 제자(같은 마술사) 메난드로스가 이었다. 그도 시몬과 지론이 같았다. 시몬이 자신을 두고 단언한 것은 메난드로스도 동일하게 주장했다. 이를테면, 자신의 이름으로 세례를 받지 않으면 누구도 구원을 받을 수 없다고 말이다.

그 뒤로는 사투르니누스가 계보를 이어갔다. 그에 따르면, '스스로 있는 자the innascible Virtue(하나님)'는 가장 높은 권역인 '무한대infinite'뿐 아니라 우리 머리 위에 있는 권역에도 존재하고, 천사는 그에게서 동떨어진 채 '하계the lower world'를 만들었다고 한다.

상위 권역에서 방출된 빛은 하위 권역에도 찬란히 비추었기 때문에 천사는 심혈을 기울여 그 빛과 흡사하게 사람을 지었고 이때 출현한 사람은 지표를 기어 다녔다고 한다. 이 빛, 곧 상위 신격체higher virtue는 사람에 내재된 구원의 불꽃이며—자비의 발로였다—나머지는 모두 소멸되어 없어진다.

사투르니누스는 그리스도가 육신으로 존재하지 않았고 환상과 같은 모습으로, 유사하지만 실제는 아닌 고난을 감당했으며 육체의 부활은 앞으로도 없을 거라고 역설했다.

사투르니누스를 이어 이단 바실리데스가 출현했다. 그는 우월한 신이 존재하는데 이름은 아브락사스Abraxas요, 그가 이성Mind을(헬라어로는 '누스Noῦς') 창조했고 여기서 말씀이 태동했다고 한다. 그리고 신의 말씀에서 섭리Providence와 덕Virtue과 지혜Wisdom가 조성되었고 이들로부터 주권자Principalities와 권세powers와 천사가 나타났으며 여기서 무한한 유출infinite issues과 천사의 행렬이 이어졌다.

이 천사들은 아브락사스(이름의 합이 365인)를 기념하기 위해 365개의 하늘과 세상을 창조했는데, 그 중 말단 천사는 유대인의 하나님, 즉 토라와 선지서의 하나님을 마지막 하늘에 두었다. 그는 이를 신으로 여기지 않고 일개의 천사라 간주했다.

바실리데스에 따르면, 아브라함의 씨가 그에게 맡겨졌고 이스라엘 자손을 애굽에서 가나안 땅으로 인도한 신도 그였다고 한다. 아울러 다른 천사보다 난폭하기 때문에 전쟁과 폭동을 자주 일으켜 유혈투쟁의 장본인이기도 했다.

반면 그리스도는 파송된 자로 세상을 창조한 자가 아니라 앞서 언급한 아브락사스가 그를 보냈고 환상으로 왔기에 육신은 없었다. 때문에 유대인 가운데 고난을 받은 자는 그리스도가 아니라 시몬이(구레네 시몬을 가리킬 것이다, 마 27:32—옮긴이) 그 대신 십자가 처형을 당한 것이다. 하지만 자칫 시몬을 믿는다고 고백할지도 모르니 그가 처형을 당했다고 믿어선 안 된다.

끝으로, 바실리데스는 순교를 감내해서는 안 된다고 주장했으며 육신의 구원은 약속한 적이 없으므로 육체의 부활을 강하게 부인했다.

이후 동종 이단 니콜라(당)Nicolaus이 두각을 나타냈다. 그는 『사도행전』에서 임명된 일곱 집사 중 하나로, 빛이 창조되고 난 후 암흑은 욕정(천박하고 음란한 것)이 장악했다고 주장했다. 이처럼 난잡하게 얽힌 데서 얼마나 더럽고 불결한 (결과가 태동했는지) 차마 말은 못하겠다.

(니골라당의 교리 중) 나머지도 추악하기 짝이 없다. 그는 에온Æons과 패역한 아들뿐 아니라 더럽고 문란한 것들이 결합하여 더 천박한 결과가 나타났다는 설을 늘어놓기도 했다.

니골라는 악령daemon과 신gods 및 정령spirits 일곱을 비롯하여 매우 불경스런 것이 탄생했다고 가르친다. 어찌나 상스러운지 입에 올리기조차 부끄러워 상술은 생략할까 한다.

니골라당의 이단사설은 이미 주님의 계시록에서 가장 준엄한 권위로 정죄를 받은 바 있다. 기록된 바, "오직 네게 이것이 있으니 네가 니골라당의 행위를 미워하는도다. 나도 이를 미워하노라(계 2:6, 그러나 신원은 분명치 않다─옮긴이)"함과 같다.

02 / 오피스파, 가인파, 셋파

'오피스파(Ophites, ὄφις)'라는 이단도 가세했다. 그들은 그리스도보다 더 신봉할 정도로 뱀의 의미를 과장/해석한다.

일설에 따르면, 선과 악을 알게 하는 지식의 기원을 인간에게 베푼 주인공이 바로 뱀이었기 때문이라고 한다. 오피스파는 모세도 뱀의 권세와 위엄을 의식하고 있었기 때문에 놋뱀을 매달았고 이를 보는 자는 모두 살았다고 주장하는(민 21:4~9) 한편, 그리스도 또한 복음서에서 모세의 뱀이 지닌 신성한 권세를 인용했다고 강조한다.

"모세가 광야에서 뱀을 든 것 같이 인자도 들려야 하리니(요 3:14)."

오피스파는 성만찬(빵과 포도주)을 축사할 때도 뱀을 두었다. 이처럼 그릇된 교리와 선전이 범람하게 된 원인은 이렇다. 그들에 따르면, 인간이 말하는 '가장 우월한 에온'으로부터 열등한 에온이 나왔다고 한다. 이들 중 '얄다바오트Ialdabaoth(로버트슨은 이를 '흑암 혹은 혼돈의 아들Son of Darkness or Chaos'로 풀이한 듯싶다―옮긴이)'라는 에온이 모든 에온과 대립했다. 그는 둘째 에온과 열등한 에온들이 결합하여 조성된 에온으로, 훗날 무리를 해서라도 더 높은 권역으로 올라가고 싶어 했다. 그러나 물질의 중력이 결합되는 바람에 그곳에는 이르지 못해 결국에는 중간지점에서 자신을 최대한 넓혀 하늘을 만들었다.

얄다바오트는 하강하여 일곱 아들을 만들고는 상부가 보이는 창을 차단해 버렸다. 상부에 무엇이 있는지 모른다면 (이) 천사들은 그를 유일한 신으로 여길 테니 말이다. 이때 열등한 신격체 및 천사들은 사람을 만들었다. 본디 기원이 약하고 평범한 까닭에 사람은 벌레처럼 기어 다녔다고 한다.

그러나 얄다바오트를 탄생시킨 에온은 질투심이 발동, 사람에게 불꽃을 주입하자 그는 각성하여 지혜롭게 자라기 시작했고 상부에 있는 것을 이해할 수 있게 되었다. 이를 눈치챈 얄다바오트는 분노로 안색이 변하며 자신에게서 뱀과 흡사한 신격체Virtue를 쏟아냈다. 낙원에서 하와가 아들 신God the Son인 양 믿었던 뱀이 바로 그였다는 것이다.

오피스파에 따르면, 뱀은 나무 열매를 따서 인류에게 선과 악을 알려주었다고 한다. 또한 그리스도는 육신으로 존재하지 않았으며 육체의 구원을 바라서는 안 된다는 것이 그들의 교리다.

이때 '가인파Cainites'라는 이단도 출현했다. 가인 안에서 활동하는 강력한 신격체를 낳기라도 한 듯 그를 과장하는 이유는 열등한 신격체가 아벨을 임신하여 그가 열등하게 태어났다고 믿기 때문일 것이다.

이렇게 주장하는 자들은 배신자 유다를 존경해 마지않는 위대한 자라며 두둔한다. 그가 전 인류에게 주겠노라 장담한 구원 때문이다. 가인파에 따르면, 유다는 그리스도가 진리를 뒤엎고 싶어 했다는 의중을 간파한 덕에 주를 배신했다고 한다. 진리를 뒤바꿀 가능성을 '0'으로 만들기 위해서 말이다. 물론 이견도 있다.

세상의 권세자는 그리스도의 죽음을 통해 인류가 구원을 받을까 두려운 마음에 그의 고난을 원치 않았으나, 유다는 구원에 조금의 걸림돌도 허용하지 않기 위해 주를 배신했다고 한다. 그리스도의 수난을 반대하는 신격체 탓에 구원이 지연될 수도 있었지만 결국 그럴 가능성은 아주 없어졌다는 것이다.

당시에는 '셋파Sethites'라는 이단도 발흥하기 시작했다. 그들의 비뚤어진 교리는 이렇다. 두 사람—가인과 아벨—이 천사들의 손에 만들어졌는데, 하루는 그들을 두고 격한 논쟁과 내분이 일어났다. 아벨이 살육을 당했다는 소식에, 모든 신격체보다 우월한 신격체(다른 이들이 "어미the Mother"라 부른다)는 셋이 잉태/탄생하여 아벨의 자리를 대신하면 좋겠다고 생각했다. 이 순수한 씨가 잉태해 태어나면 가인과 아벨을 만든 천사들의 공로는 무색해질 터였다.

이때 두 천사와 인간 사이에서 태어난 가당찮은 혼종이 있다는 고발이 이어졌다. 그들이 어미로 모시는 (앞서 언급한) 신격체는 보복의 일환으로 혼종은 제거하고 순종만을 보전하기 위해 대홍수를 일으켰다. 하지만 혼종의 근원이 되는 자들이 함의 씨를—악의 씨도 멸절하지 않고 보전하려 했다—비롯한 '8인(벧전 3:20)'과 함께 (어미신격체 몰래) 방주에 들어가면서 (그의 계획은 수포로 돌아갔다). 홍수가 막을 내리고 뭍이 드러나자 혼종은 몸소 생육하고 번성하여 온 땅에 충만했다. 아울러 셋파의 그리스도관을 말하자면, 그들은 그리스도를 셋이라 불렀고 주님이 실존한 셋을 대신한다고 주장했다.

03 / 카르포크라테스, 케린투스, 에비온

카르포크라테스Carpocrates도 이단종파를 창설했다. 그의 주장에 따르면, 상위 (권역)에 존재하는 신격체가 하나 있었으니 그에게서 천사와 신격체가 출현했고, 상위 신격체와는 동떨어진 그들이 하위 (권역)에서 이 세상을 창조했다고 한다. 또한 그리스도는 동정녀 마리아에게서 태어난 것이 아니라 요셉의 씨—평범한 인간으로—로부터 탄생했다. 물론 성실과 의로운 행실이 타의 모범이 된다는 점은 (카르포크라테스파도 인정했다). 그리스도는 고난을 당한 유대인이었으며, 남보다 지조가 있고 대담했기 때문에 그의 영혼만이 하늘에서 영접을 받았다. 영혼이 구원을 받았다는 점으로 미루어 육신의 부활은 믿지 않았을 것이다.

카르포크라테스를 이어 이단 케린투스파가 출현했는데 교리는 유사했다. 이를테면, 천사들이 세상을 창조했고 요셉의 씨에서 탄생한 그리스도는 신성이 없는 평범한 사람이었다는 것이다. 그들에 따르면, 율법은 천사가 전수한 것이며 유대인의 신은 여호와가 아니라 천사라고 한다.

에비온이 케린투스의 배턴을 이었다. 에비온의 교리는 케린투스와 아주 같진 않았다. 예컨대, 그는 "제자가 그의 선생보다, 또는 종이 그의 상전보다 높지 못하나니(마 10:24)"를 근거로, 천사가 아니라 하나님이 세상을 창조했고, 복음을 배제하고 유대교의 정당성을 입증하기 위해 율법에 구속력이 있다고 주장했다.

04 / 발렌티누스, 프톨레마이오스, 세쿤두스, 헤라클레온

이단 발렌티누스는 신화를 많이 남겼다. 거두절미하고 간략히 정리하면 이렇다. 플레로마the Pleroma와 30 에온이 있는데, 그는 에온을 '남녀 에온으로 이루어진 양영체兩靈體 한 쌍syzygies'으로 설명한다. 부부만큼이나 단단한 결합을 두고 하는 말이다.

발렌티누스에 따르면, 태초에 깊음Depth과 침묵Silence이 발생하여 여기서 사유Mind와 진리Truth가 나왔고, 이 둘에서 말씀Word과 생명Life이 태동했으며, 말씀과 생명에서 사람Man과 교회the Church가 발생했다고 한다. 그러나 (이게 다는 아니다). 마지막으로 나타난 사람과 교회에서 열두 에온이 출현했고, 말씀과 생명에서 열 에온이 나왔다. 즉, 30 에온은 여덟과 열, 그리고 열두 플레로마로 이루어져 발현된 것이다.

이때 30번째 에온은 성부the great Bythus를 보고 싶어 상위 권역에까지 올라갔으나 그를 볼 수 없어 크게 낙심했다. 어떤 이가(정확히는 호로스Horos라 불렀다) "이아오Iao"라는 말로 기운을 소생시키고 북돋워주지 않았다면 에온은 사멸했을 것이다. 그는 낙심한 에온을 '아카모트Achamoth'라 불렀다. 아카모트는 후회로 울화가 치밀고 나니 그 뇌로부터 물질의 본질material essences가 태동했다고 말했다. 두려움에 휩싸인 그는 비통한 심정에 맥을 못 추었고 이러한 감정에서 잉태되어 낳았다는 것이다.

얼마 후 그는 하늘과 땅을 만들고, 바다와 그 안에 있는 모든 것을 지었다. 자신이 낙심을 통해 잉태되어 탄생했으니 그가 지은 만물 또한 나약해 넘어지는 필멸의 존재였다. 하지만 그는 아카모트가 두려움이나 공포, 슬픔이나 혹은 땀으로 낳은 '물질적 본질'로 세상을 창조했다.*

그에 따르면, 두려움에서 암흑이 창조되었고, 공포와 무지에서는 악성과 증오의 영이, 슬픔과 눈물에서는 샘의 수분과 홍수 및 바다의 물질적 본질이 만들어졌다고 한다. 또한 그리스도는 초대성부First-Father인 비투스Bythus가 보냈는데 당시 그는 육신의 몸이 아니었다. 하늘에서 영적인 몸으로 내려와 수도관에 물이 통하듯, 동정녀 마리아를 통했지만 이때 무언가를 덧입거나 받은 것은 전혀 없었다.

그는 육신의 부활은 부인했지만 '동종육체sister-flesh'의 부활은 (인정했다). 아울러 토라와 선지서도 일부는 인정했으나 일부는 일축했고, 일부를 비난할 때 전부를 부정하기도 했다. 그는 우리가 가진 복음서 외에 자신만의 복음서가 따로 있었던 셈이다.

발렌티누스를 이어 프톨레마이오스와 세쿤두스라는 신흥 이단이 출현했다. 교리는 발렌티누스와 대동소이하고 몇 가지만 달랐다. 예컨대, 발렌티누스는 30 에온을 규정했지만 그들은 몇을 더 보탰다. 처음에는 넷이었다가 나중에 넷을 더 추가한 것. 또한 전자는 30번째 에온이 플레로마에서 이탈했다고 (낙심에 빠진 바와 같이) 주장했으나 그들은 이를 부인했다. 초대성부를 보고 싶다는, 소원이 좌절되어 낙심한 자는 30 에온과 무관하다는 것이다.

동종이단인 헤라클레온도 나타났다. 그는 발렌탄누스와 소견이 동일했지만 용어만큼은 그와 다르길 바랐다. 이를테면, 태초에 (모나드가) 있었고 모나드로부터 두 모나드가 나타난 후에 나머지 에온이 존재하게 되었다는 것이다. 그제야 헬라클레온은 발렌티누스의 교리를 도입했다.

* 훼손된 본문이다. '아카모트'에 대한 설명이 누락되었거나, 대소문자를 구분해 쓰지 않았거나, 혹은 저작자가 혼동한 것으로 보인다. 본문을 읽다보면 '아카모트'와 '30번째 에온'이 동일한데 제3자를 주어로 쓰지 않으면 '잉태하여 낳았다'는, 낙심한 에온 자신도 낙심으로 탄생한 자손이 되고, '아카모트'가 제공한 연약한 물질로부터 그가 연약한 세상을 창조했다는 말이 되고 만다. 다른 문헌을 참고해 보면 '30번째 에온'은 여성형으로 이름은 '소피아(지혜)'이고 소피아는 '아카모트'나 '엔티메시스'의 모체로 알려져 있다. 또한 아카모트가 '데미우르구스Demiurgus'를 창조한 문장도 소실되었을 공산이 크다. 이를 감안하지 않으면 본문은 전혀 감이 잡히질 않는다.

05 / 마르쿠스, 콜라바수스

헤라클레온의 뒤를 이어 마르쿠스파와 콜라바수스파가 적잖이 나타났다. 그들은 헬라어 문자에서 새로운 이단사설을 구상해낸다. 예컨대, 헬라어 문자가 존재하지 않았다면 진리를 발견할 수 없었다는 점을 강조하며 여기에 덧붙여, 헬라어 문자는 풍성하고 온전한 진리가 내재되어 있다는 것이다. 그리스도가 "나는 알파A와 오메가Ω라 (계 1:8)"고 말씀하신 이유도 바로 그 때문이라고 한다.

그들의 주장에 따르면, 예수 그리스도가 강림했다는 것은 다시 말해, 비둘기가 예수에게 내려와 앉았다는 것이고, 비둘기는 헬라어로는 '페리스테라$\pi\epsilon\rho\iota\sigma\tau\epsilon\rho\alpha$'라 하므로 이를 수로 계산하면 DCCCI(801)라고 한다. 이들은 '오메가Ω'와 '프시Ψ,' '키X,' '피Φ,' '윕실론Υ' 및 '타우T'—모든 문자를 일컫는다, 알파와 베타까지 거슬러 올라갔을 것이다—를 조목조목 살펴가며 8과 10의 조합을 밝혔다.

시시한 문자놀음을 거론하는 것 자체가 무의미한 시간낭비겠지만 창조주 외에 둘째 하나님을 꾸며내는가 하면 그리스도가 육신의 몸도 아니었으며 육체의 부활은 없다고 단언했기에 그들의 작태를 웃고 넘길 수만은 없을 것이다.

06 / 케르도, 마르키온, 루칸, 아펠레스

케르도도 이단에 합류했다. 그는 제1 신조로 선한 하나님과 잔인한 하나님의 존재를 주장했다. 선한 하나님은 우월한 신이고, 잔인한 하나님은 세상을 창조한 신을 일컫는다.

그는 선지서와 토라뿐 아니라 창조주 하나님마저 부인했고, 강림한 그리스도는 우월한 하나님의 아들로서 육신의 몸이 아니라 환상으로 존재했으며 실제적인 고난이 아니라 유사한 고난을 당했다고 주장했다. 또한 그리스도는 동정녀에게서 태어나지도 않았는데 엄밀히는 아예 태어난 적이 없다고 해야 옳다고 했다.

케르도는 영혼의 부활은 인정했으나 육신의 부활은 부인했으며, 『누가복음』만 수용할 뿐 성경 전부를 인정하진 않았다. 특히 『사도행전』과 『요한계시록』은 꾸며낸 기록이라 일축했다.

케르도에 이어 그의 제자인 마르키온이 등장했다. 그는 폰투스Pontus 토박이로 주교의 아들이었고, 처녀를 강간한 혐의로 가톨릭 교회에서 파문을 당했다. 마르키온은 "좋은 나무마다 아름다운 열매를 맺고 못된 나무가 나쁜 열매를 맺나니(마 7:17)"를 근거로 케르도의 이단사설을 인정한 까닭에 그의 지론은 앞선 이단의 것과 동일했다.

마르키온 이후에는 루칸이 출현했다. 그는 마르키온을 따르던 제자였다. 그도 같은 신성모독에 연연하며 마르키온과 케르도의 교리를 똑같이 가르쳤다.

마르키온의 제자인 아펠레스는 육욕에 사로잡혀 스승과의 인연이 단절되고 만다. 그는 무한한 상위 권역에 존재하는 하나님을 주장하며 그 신이 많은 권세자와 천사를 창조했다고 강조했다. 또한 하나님 외에 '여호와Lord'라는 신격체도 있는데 그는 천사를 상징한다고 덧붙였다.

아펠레스에 따르면, 이 세상은 그가 우월한 세계를 본떠 만든 것에 불과했다고 한다. 그는 회개(의 원칙)을 통해 아랫세상(하계lower world)을 두루 뒤섞어놓았다. 우월한 세상만큼이나 하계를 온전하게 창조하진 않았기 때문이다. 또한 그는 토라와 선지서를 인정하지 않았으며, 마르키온과 달리, 그리스도는 환상도 육신도 아니었다고 역설했다.

복음서의 가르침과도 달랐다. 그리스도는 상위 권역에서 강림했기 때문에 내려오는 과정에서 자신을 위해 별처럼 빛이 나고 공기처럼 가벼운 육신을 짜기웠고 부활할 때는 승천하는 과정에서, 강림할 당시 차용한 몇 가지 물질로 돌아갔다고 한다. 이때 육신은 조각조각 흩어진 까닭에 천국에서는 영혼만 회복된 것이다. 이처럼 아펠레스는 육신의 부활을 부인했고 한 사도의 어록만을 인용했다. 마르키온이 훼손해 놓은 『누가복음』을 두고 하는 말이다. 그는 영혼의 구원만을 가르쳤으며 필루메네의 '현현Manifestations'이라는 자신만의 용어를 썼다. 필루메네는 그가 선지자로 추종한 소녀였다. 아울러 삼단논법을 다룬 저서 『저술서books』에서 그는 하나님에 대해 쓴 모세의 기록은 모두 사실이 아니라 거짓이라는 점을 입증하려 했다.

07 / 타티안, 프리기아파, 프로클란파, 아이스키네탄파

앞선 종파에 이어 타티안도 이단에 가세했다. 그는 유스티노Justin Martyr의 제자였다. 유스티노가 타계한 후 그는 스승과 다른 견해를 갖기 시작했고, 발렌티누스에 심취한 탓에 아담이 구원을 받지 못했다는 소견을 덧붙였다. 가지는 구원을 받아도 뿌리는 그러지 못했다는 말처럼 들린다!

'프리기아파Cataphrygians'라는* 이단이 우후죽순으로 늘어났으나 통일된 교리를 가르치진 않았다. 프리기아파에는 자칭 '프로클란파 Cataproclans'라는 자가 있는가 하면, 아이스키네탄파Cataeschinetans라는 자도 있었다. 그들은 흔히 볼 수 있는 신성모독죄뿐 아니라 독특하고 기묘한 모독죄도 범했다. 이를테면, 성령은 사도 안에 있지만 보혜사는 그렇지 않았고, 보혜사는 그리스도가 복음(의 지침)에 제시한 것보다 몬타누스(Montanus, 고대 그리스도교의 열광적 종말론자—옮긴이)에게 더 많은 가르침을 들려주었다고 한다. 아니, 많기도 했지만 더 좋고 위대한 교훈을 말이다. 반면 아이스키네스AEschines를 추종하는 자들(아이스키네탄파)은 여기에 덧붙여 그리스도가 성자 겸 성부라고 주장했다.

* '카타프리기아Cataphryges'는 프리기아의 추종자라는 뜻이다.

08 / 블라스투스, 테오도투스, 프락세아스

이단에 가세한 블라스투스는 은연중에 유대교를 거론하곤 했다. 예컨대, 유월절은 모세의 법대로 닛산월 14일이 아닌 다른 날에 지켜선 안 된다는 것이다. 하지만 그리스도를 통해 율법을 떠올린다면 복음의 은혜가 퇴색되리라는 것을 누가 모르랴?

비잔틴 테오도투스Theodotus the Byzantine도 이에 합류했다. 그는 그리스도의 이름 때문에 체포되었다 변절한 후 그리스도에 대한 모독을 그치지 않았다. 테오도투스는 그리스도가 인간에 불과하므로 그의 신성을 부인했고, 동정녀의 성령에게서 태어났으나 도의적인 면에서 그랬을 뿐 다른 (사람들)보다 우월하진 않았다고 가르쳤다.

얼마 후 제2의 테오도투스가 등장했다. 그도 같은 종파를 세워 인간 그리스도는 평범하게 잉태되어 동정녀 마리아와 성령에게서 탄생했으나 멜기세덱보다는 열등했다고 주장했다. 그리스도를 두고 기록된 "그대는 지극히 높으신 하나님의 제사장으로 멜기세덱의 반차를 따르는 자 (히 7:1~11)"라는 말씀에 근거한 것이다. 아울러 멜기세덱은 우월한 신격체로서, 그리스도가 인간을 위해 사역했고 그들의 보혜사가 된 것처럼, 멜기세덱도 천사를 비롯한 신격체를 위해 사역했다고 한다. 이처럼 멜기세덱이 그리스도보다 비교할 수 없을 만큼 우월한지라 성경은 그를 가리

커, 아파토르ἀπάτωρ(아버지도 없고), 아메토르ἀμήτωρ(어머니도 없고), 아게네알
로게톤ἀγενεαλογητον(족보도 없으며), 시작한 날이나 끝도 헤아린 적이 없으
며 그럴 수도 없다고 기록했다는 것이다(히 7:3).

테오도투스를 이어 프락세아스도 이단을 조직했다. 이는 빅토리누
스Victorinus가* 이단성을 신중히 검증했다고 한다. 프락세아스의 지론
에 따르면, 예수 그리스도는 전능하신 성부 하나님이라고 한다. 아울
러 그리스도는 십자가에서 처형을 당했고 고난을 당하다 죽었으며,
무모하리만치 신성을 모독한 대목은 예수가 자신의 우편에 앉아있다
는 주장이다.*

* 빅토리누스는 알기 힘든 인물이다. 욀러Oehler는 로마 주교인 빅토르Victor를 잘못 썼
다고 주장했다. 그로 그럴 것이, 빅토르는 프락세아스가 활동하던 시기에 주교로 봉직했기
때문이다. 빅토르의 후임이 제피리누스Zephyrinus인지라 욀러의 추측대로라면 빅토리누스는
'빅토르/제피리누스Victor/Zephrynus'의 오기일지도 모른다.

* 어구의 구조로 보나 순서로 보나 '사도신경'의 표현과 매우 흡사하다.

PART 4

우상

by Tertulian

Idols

PART 4

우상

by Tertulian

Idols

01 우상숭배에 담긴 포괄적인 의미

인류의 주된 범죄이자 세상에 언도하는 최악의 범죄요, 심판을 초래하는 원인으로 우상숭배를 꼽는다.

웬만한 죄는 죄목대로 그에 상응하는 심판을 받지만 우상숭배는 '보편적으로general' '우상숭배idolatry'라는 죄목으로 심판을 받는다는 점에서 구별된다.

명칭은 차치하고 죄목을 보면 우상숭배자는 살인자와 같다. 그렇다면 누구를 죽였을까? 우상숭배로 기소된다면 그는 면식이 없는 사람이나 사사로운 원수가 아니라 제 자신을 죽인 것이나 다름없다.

어떤 덫으로 죽였을까? 오류error라는 덫이다. 무기는? 신성모독이다. 무기는 몇 차례나 휘둘렀을까? 우상을 숭배한 횟수 만큼이리라.

우상숭배자는 멸망하지 않는다고 우기는 자는 그가 살인을 저지른 것은 아니라고 단언할 것이다. 아울러 우상숭배가 간음 및 행음과 같다는 것도 알아두라. 거짓은 모두 간음이므로, 거짓된 신을 섬기는 자는 진리를 간음한 자와 같기 때문이다. 따라서 그는 행음에도 탐닉하게 될 것이다. 더러운 귀신의 동역자 중 사악과 행음에 전염되지 않은 자가 있었던가? 예컨대, 성경은 우상숭배를 책망하는 중에 행음을 지적한 바 있다(겔 23:7).

'부정fraud'은 본디 상대의 소유를 가로채거나 정확한 대가를 지급하지 않는 작태를 두고 하는 말로, 사람에게 행한 부정은 가장 심각한 범죄 중 하나다. 반면 우상숭배는 하나님께 부정을 행한 것으로 여호와를 거부하고 다른 신에게 하나님의 영광을 돌리므로 부정에 오만을 더한 것과 같다.

부정이 행음과 간음처럼 사형을 초래한다면 우상숭배 또한 부정과 마찬가지로 살인죄에서 방면되진 못할 것이다. 이처럼 너무도 사악하여 구원을 삼켜 버릴만한 죄악과 마찬가지로, 다른 모든 범죄도 어떤 방식으로든 차례대로 짚어보면 본질은 우상숭배에서 찾을 수 있다.

우상숭배에는 세상의 '욕정'도 들어있다. 옷과 장신구를 걸치지 않은 우상숭배 의식이 무슨 소용이겠는가? 또한 '방탕'과 '취기'도 있다. 대개는 먹거리와 배stomach와 식욕을 위해 이러한 의식이 자주 동반되기 때문이다.

'불의'도 예외가 아니다. 의로운 성부 하나님에 대한 무지보다 더 불의한 것이 어디 있겠는가? 우상숭배에는 '거짓'도 있다. 안을 들여다보면 온통 거짓투성이기 때문이다. 따라서 우상숭배에는 모든 범죄가 보이고, 모든 범죄에는 우상숭배가 보이는 것이다. 설령 그렇지 않더라도, 모든 죄에는 하나님과 대립한다는 의도가 깔려 있고, 하나님과 대립한다는 의도치고 악마와 더러운 귀신(우상이 그들의 속성이므로)에 속하지 않은 것은 없으므로 죄를 범하는 자는 누구든 우상숭배 혐의로 기소될 만하다. 우상 소지자에게 적용되는 죄를 범하기 때문이다.

02 우상숭배, 좁게 해석할 수도 있지만 실은 매우 방대하다

범죄를 지칭하는 보편적인 명칭은 구체적인 소행에 따라 세분해야겠지만 우상숭배는 더 나눌 수가 없다. 우상숭배를 입에 오르내리는 것만으로도 하나님을 대적하는 것과 진배없다.

우상숭배는 범죄를 구성하는 요소가 매우 방대하고 가지와 맥이 잡다하게 분산되어 있기 때문에 모든 소행이 대개 '우상숭배'로부터 도출되는 것이다.

'우상숭배'라는 방대한 행각은 이런저런 모양으로 소리 소문 없이, 은밀히 하나님의 종을 와해시키므로 경계해야 마땅하다.

대다수는 우상숭배를 이렇게만 해석한다. 이를테면, 어떤 이가 향을 피우거나 번제를 드리거나, 잔치를 배설하거나 혹은 제사장 직분이나 신령한 사역을 감당할 때만 우상숭배가 적용될 거라고 말이다. 마치 입맞춤과 포옹이나 육체적인 접촉만을 간음으로 본다거나, 피를 흘려 생명을 앗아가는 것만을 살인으로 규정하듯 말이다.

알다시피, 주님은 죄의 범위를 크게 확대하셨다. 그리스도는 음욕을 품어도 간음이 성립된다며 "음욕을 품고 여자를 보는 자마다 마음에 이미 간음하였다(마 5:28)" 했고, 저주나 비난 및 분노를 살인으로 규정키도 했다(마 5:22), 게다가 요한은 형제를 돕지 않는 것도 살인으로 해석한 바 있다(요일 3:15).

이방 국가에서도 처벌을 받을법한 죄목만으로 심판을 받는다면 사탄의 악한 간계와 하나님의 계획도 범위를(계 2:24) 축소시키는 것이리라.

원수의 '불'의unrighteousness가 창궐하는 세상을 감당하진 않을 거라치고, 그리스도의 말씀대로 우리의 "의가 서기관과 바리새인보다 월등하려면(마 5:20)" 어떻게 해야 할까? 불의의 머리가 우상숭배라면 분명한 우상을 감지하는 것은 물론이거니와, 만연해 있는 우상숭배 행각부터 사전에 차단해야 할 것이다.

03 우상숭배의 기원과 정의

태곳적에는 우상이 없었다. 이 괴물을 만든 장인이 속출하기 전까지만 해도 신전은 덩그러니 서있었고 산당은 텅 비어있었다. 고대 관습의 자취가 고스란히 남아있는 현장을 보면 이를 알 수 있을 것이다. 반면, 우상 숭배는 자행돼왔다. 이름은 없었지만 의식은 있었던 셈이다.

지금도 신전 밖에서는 우상을 세우지 않고도 얼마든 우상을 숭배할 수 있으나, 사탄이 조각상과 각종 형상을 만들어낼 장인을 세상에 전파하자 우상은 인적 재앙을 불러일으킬 저속한 사역에 이름을 붙이고는 발전을 거듭해왔다. 이후, 어떤 식으로든 우상을 제작할 수 있는 기술은 우상숭배의 발판이 되고 말았다.

우상을 주형틀로 만들든, 조각칼로 파든, 수를 놓아 짜깁든 서로 차이는 없다. 우상을 석고로 만들든, 사금이나 돌이나 청동으로 만들든 재료는 중요하지 않기 때문이다.

우상이 없었을 때도 우상을 숭배했으니, 우상이 있더라도 종류나 재료나 모양 따위는 중요하지 않은 것이다. 인간의 모양으로 구별된 우상만이 유일한 것으로 간주되지 않는다면 말이다. 이 점은 어구를 해석해보면 분명히 밝혀진다. 헬라어 '에이도스εἶδος'는 형상이나 형태를 뜻하는 반면, '에이돌론εἴδωλον'은 언어의 변천 과정을 통해 '에이도스'에서 지소사로diminutively* 파생되어 '작은 형상formling'이 되었다. 따라서 형상이든 작은 형상이든, (크기에 관계없이) 모두가 우상으로 간주해야 하는 것이다. 그러므로 우상숭배란 '형상을 예배하거나 섬기는 것'을 가리키며, 우상을 만드는 자도 우상숭배 죄를 범한 것과 같다. 그렇지 않다면 송아지 형상을 성별한 이스라엘 백성이(고전 10:7 비교, 출 32:6) 우상숭배 죄를 범했다고 볼 순 없을 것이다.

* piglet(새끼 돼지)나 kitchenette(작은 부엌)처럼 작은 것을 나타내는 단어나 어미

04 우상의 제작과 숭배는 금물이다. 우상을 만드는 자와 숭배하는 자는 같다

하나님은 우상을 '숭배하는 것'만큼이나 '만드는 것'도 금하셨다. 숭배의 대상이 되는 것을 만드는 것이 사전 작업이라는 점에서 제작을 금하는 것은(숭배가 불법이라는 가정하에) 사전 금지령인 셈이다. 그런 까닭에—우상의 재질은 생략하고—하나님의 법은 "우상을 만들지 말라"에 덧붙이기를 "위로 하늘에 있는 것이나 아래로 땅에 있는 것이나 땅 아래 물속에 있는 것의 어떤 형상도 만들지 말라(출 20:4)"고 선포했다. 하나님의 종에게 지구상의 관련 행위를 모두 금한 것이다.

에녹은 이를 일찌감치 예견했다. "귀신과 타락한 천사의 영이 전 세계의 모든 물질과 장식물, 즉 하늘에 있는 것이나 바다에 있는 것이나 땅에 있는 모든 만물을 우상으로 만들어 그것을 신으로 성별, 하나님과 대립할 것이다." 즉, 사람의 잘못으로 창조주 하나님을 제외한 모든 피조물이 숭배의 대상이 된다는 이야기다. 이 형상을 '우상'이라 하고, 이를 성별하는 것the consecration을 '우상숭배'라 한다.

어떤 식으로든 우상숭배 죄가 인정되면 우상을 만든 자도 반드시 처벌을 받아야 한다. 결국 에녹은 우상숭배자와 제작자를 함께 정죄한 것이다. "맹세하건대, 죄인들이여! 피의 심판 날이 오기 전에는 회개할 것이라. 돌을 섬기는 자여, 금은과 나무와 돌과 진흙으로 형상을 만드는 자여, 신전에 둔 유령과 귀신과 영과, 정확히 헤아릴 수는 없지만 그릇된 것을 숭배하는 자여, 우상은 아무런 도움이 되지 못할 것이다."

이사야는 이렇게 대언했다. "너희는 나의 증인이라 나 외에 신이 있겠느냐?" "우상을 만드는 자는 다 허망하도다! 그들이 원하는 것들은 무익한 것이니라(사 54:8~9)." 아랫구절에서 이사야는 우상을 만드는 자도 우상숭배자 만큼 금하고 있다. "그들의 마음은 재와 흙이요, 누구도 그의 영혼을 구원하지 못하리라는 것을 알라(원문번역)." 다윗도 다음 구절에서 제작자를 숭배자와 동일시했다. "우상을 만드는 자들과 이를 의지하는 자들이 다 그와 같으리로다(시 115:8)."

기억력이 짧은 필자가 구태여 근거를 더 밝혀야 하는가? 성경에서 관련 구절을 더 찾아주랴? 성령의 음성은 성에 차질 않던가? 주 하나님이 정녕 우상 만드는 자와 우상숭배자를 저주하고 정죄하셨는지 재차 따져봐야 하는가!

05 구차한 반론과 변명

우상을 만드는 자들이 늘어놓는 변명에 답을 해주려면 더 큰 수고가 따를 것이다. 그들은 '하나님의 법'을 알면서도 우상을 만들어 하나님의 집에 들어올 수 없는 자로 전락하고 말았다. 우선 "그래도 다른 법으로 살진 않는다"는 말을 입에 달고 사는데, 그럴 땐 더 매몰차게 쏘아붙여야 한다. "그럼 어떤 법으로 사는가? 그대만의 법이 있다면 당신이 하나님과 무슨 상관이 있는가?"

그럴라치면 저들은 겁도 없이 성경을 들먹인다. "각 사람은 밝혀진 본연의 모습대로 꾸준히 계속하라(고전 7:20)"고 사도 바울이 주문했다는데* 이를 해석하면 우리는 '죄'를 지으며 살아도 된다는 것이다! 죄인이 아닌 사람은 하나도 없거니와, 죄인을 자유케 하지 않을 거라면 그리스도가 강림할 이유가 없기 때문이란다.

한술 더 떠, 사도 바울이 이런 계율을 남겼다는 말도 덧붙인다. "너희(각자는) 손으로 일하기를 힘쓰라(살전 4:11)." 그러나 계율이 '모든all' 손에 적용된다면 노천탕 절도범(공중 노천탕은 로마인이 즐겨 찾는 곳으로 여기에 자주 들락거리는 도둑을 일컫는다—옮긴이)도 손으로 일하고, 강도도 손으로 살아갈 수단을 얻으며, 위조범도 발이 아니라 손을 써서 서류를 조작한다(물론 배우actors는 두 손뿐 아니라 사지를 모두 쓰며 생계를 잇지만). 그렇다면 교회는 손과 업으로 생계를 이어가는 사람을 모두 용납해야 한다는 말인가? 하나님의 법이 인정하지 않는 기술도 예외가 아니라면 말이다.

이때 어떤 이는 "금지된 형상"에 대한 주장에 반론을 제기한답시고 "그렇다면 왜 모세는 광야에서 놋뱀의 형상을 만들었는가?"라며 따진다. 먼 훗날 성취될 은밀한 섭리의 토대를 마련하기 위해 들린 놋뱀은 율법을 폐하려는 취지가 아니라 궁극적인 실체(그리스도)의 표상이므로 의미는 전혀 다른 것이다. 놋뱀을 율법과 대립된 것으로 해석해야 한다면 마르키온파처럼 하나님을 모순투성이라고 단정해야 할까? 마르키온파는 하나님이 어느 때는 금하고, 어느 때는 명령한다는 이유로 변덕스런 신을 폐해야 한다고 주장한 바 있다.

놋뱀 형상이 뱀으로부터—이를테면, 사탄의 천사로부터—우리를 자유케 하는, 주님의 십자가를 상징하고 십자가를 통해 패배한 사탄이 높이 들린다는 사실을 모르는척하더라도, 혹은 이를 어떻게 해석하든, 당시 (이스라엘) 백성(유대인)에게 벌어진 모든 기사가 '본보기'였다는 figuratively(고전 10:6, 11) 사도 바울의 주장을 되새긴다면 별 문제가 되진 않을 것이다.

동일하신 하나님이 토라에서 형상을 금하신 것과는 달리, 놋뱀 기사에서는 이례적인 계율로 형상을 만들라 명하셔도 이를 부당하다고 볼 수는 없다. 하나님을 경외한다면 "어떤 형상도 만들지 말라(출 20:4)"는 계명을 준행하라. 놋뱀을 만들라는 계율이 기억나거든 그대도 모세를 본받아 토라가 금한 형상은 아무 것도 만들지 말라. 하나님이 명하지 않으셨다면.

* 영역/한국어역은 "각 사람은 부르심을 받은 그 부르심 그대로 지내라(개역개정)Each man must remain in that condition in which he was called(NASB)." 원문은 "As each has been found, so let him persevere."

06 우상을 만드는 것은 곧 숭배하는 것이다

하나님의 법이 우리의 손으로 만들 우상을 금하지 않았다거나 성령의 음성이 우상을 만든 자 및 이를 숭배하는 자에게 강한 어조로 경고하지 않았다손 치더라도, 우리는 신조로 미루어 이를 믿음과 대립된 처사로 해석할 것이다.

사탄과 그의 천사를 손수 만들면서 어떻게 이를 부인해 왔겠으며, 사탄과 동거는 하지 않는다면서도 그를 의지하는 당신이 어떻게 우상과의 절연을 선언할 수 있겠는가? 더욱이 수시로 손을 봐야 한다는 이유로 그들과 동고동락하면서 무슨 싸움을 벌이겠는가? 손으로는 "그렇다" 실토하면서 혀로는 "아니다" 부인할 수 있겠는가?

손으로 만들어 놓은 것을 입술로 무를 수 있겠는가? 수많은 신을 만드는 그대가 유일하신 하나님을 전할 수 있겠는가? 거짓된 신을 만드는 그대가 신실하신 하나님을 전할 수 있겠는가?

혹자는 말한다. "만들긴 하지만 숭배는 하지 않는다." 숭배하지 말아야 할 이유가 있다면, 만들지 말아야 할 이유도 있는 법이다. 어떤 경우든, 하나님께는 모독죄가 성립될 것이다. 우상이 숭배의 대상이 될 수 있다는 점에서 이를 만든 그대는 숭배한 것과 진배없고, 무가치한 향유worthless perfume가 아니라 그대 자신의 정신을 바쳐 숭배한 것이요, 짐승의 영혼이 아니라 그대의 영혼을 바쳐 숭배한 것이다. 그대는 총명을 제물로 바치고 땀이라는 술을 바쳤으며 선견지명이라는 횃불에 불을 붙여 우상에게 건넸다. 우상에게 그대는 제사장 이상의 존재였다. 당신의 도움으로 우상이 제사장을 얻었고, 당신이 부지런한 덕에 우상이 신성을 얻었으니 말이다.* 그대가 만든 것을 숭배하진 않았다고 우기려는가? 더욱더 토실하고 귀중하고 위대한 구원을 제물로 바친 당신의 우상은 그렇게 증언하지 않을 것이다.

* 우상을 만들지 않았다면 이를 신으로 여기지도 않았을 것이다. 따라서 부지런한 손이 우상에 신성을 부여한 셈이다.

07 우상 만드는 자를 교회와 사역에 끌어들이다니, 오호 통재라

　필자는 믿음의 열정으로 하루가 다가도록 호소하련다. 그리스도인이라는 자가 우상과 있다가 교회에 들어오고, 악마의 작업실에 있다가 하나님의 집에 발을 들일 것이며, 우상의 어머니인(우상을 만든) 손을 아버지 하나님께 높이 쳐들 것이며, 그 손으로 하나님께 기도하다가 문 밖을 나가면 하나님 반대편에 (놓인 우상을 향해) 기도할 것이며, 악마가 깃든 몸에 댄 손으로 그리스도의 몸을 만질 터인데 실은 그뿐만이 아니다. 저들이 더럽힌 것을 다른 손으로 받는다면 대수롭지 않은 일로 간주하겠지만 그 손으로 더럽힌 것을 이웃에게 전파하면 어쩌겠는가?

　우상을 만드는 자들이 교회에서 성직자로 지명되니, 오호 통재라! 한때 유대인들은 그리스도에게 칼을 대고 날마다 주의 몸을 훼손했다. 그 손을 찍어버리라! "네 손이 너를 범죄하게 하거든 찍어 내버리라(마 18:8)"는 말씀이 '그저merely' 비유에 불과할까? 주님의 몸에 추악한 짓을 한 손 말고 찍어버려야 할 손이 또 있을까?

08 우상숭배에 유익한 기술. 풍요로운 삶을 위한 합법적인 수단

　우상을 '만드는' 작업의 연장은 아니지만 우상에 힘을 실어주기 위해 '부속adjuncts을 제공하는' 기술도 상당히 많다. 물론 죄질은 동일할 것이다. 세우든 설치하든, 그건 중요하지가 않다. 우상의 신전이나 제단 혹은 벽감(niche, 조각품·꽃병 등을 두는 벽 등의 움푹 들어간 곳─옮긴이)을 치장했다면, 금박을 입히거나 휘장을 달거나 혹은 처소를 만들었다면, '겉모습shape'이 아니라 '권위authority'를 심어준다는 의미가 더 중요하다.

혹시라도 정비가 필요한 경우라면 생계수단을 해결하는 동시에 원칙에도 벗어나지 않는(즉, 우상을 만들지 않아도 되는) 기술을 구사할 수 있다. 예컨대, 미장공은 지붕을 보수할 줄도 알고 스투코(stucco, 건축의 천정, 벽면, 기둥 등을 덮어 칠한 화장도료—옮긴이)를 칠하고 물웅덩이를 다듬고 맞보를 꾸미는가 하면, 경계벽에는 형상이 아니더라도 수많은 장식을 양각으로 그려낼 수 있다. 또한 화가를 비롯하여 대리석 석공과 놋쇠공 및 조각가도 본인만의 기술을 훨씬 더 쉽게 응용할 수 있을 것이다. 조각상의 윤곽을 그리는 사람이라면 측면판을 덧대는 일이야 식은 죽 먹기가 아니겠는가! 라임나무로 마르스신을 조각해냈다면 궤를 묶는 것 정도는 일도 아닐 것이다! 응용 기술이 없는 기술은 없다. 즉, 완전히 독립된 기술은 없다는 이야기다. 기술의 맥veins은 인간의 정욕만큼이나 다수의 갈래로 뻗어있다. '하지만 기술의 삯wages과 상여금rewards은 그때그때 다르고' 노동도 경우에 따라 다르게 마련이니, 품삯이 적다면 일을 자주해서 벌충하라.

조각상을 두어야 하는 경계벽이 몇 개나 되며, 우상을 위해 세워야 할 신전과 산당은 몇 개나 되는가? 주택과 관사, 대중목욕탕 및 가옥은 어떤가? 신발과 실내화에 금을 입히는 작업은 날마다 하는 일이지만 머큐리와 세라피스에 금을 씌우는 일은 그리 흔하진 않을 것이다. 기술로 얻는 소득을 족히 여기라.

사치와 허식이 모든 미신보다 애호가(숭배자)가 더 많다. 허식이 미신보다 식기와 컵을 더 주문하고, 사치가 (미신의) 예식보다 더 많은 화환을 취급한다. 우상에 어울리는 것과, 우상에 접촉하는 일은 어떻게든 피하길 강권하고 싶다. 우상에 평범한 것은 사람에게도 평범해 보이므로 알고도 우상을 섬기는 일에 동원되지 않도록 주의해야 할 것이다. 우상을 제거하는 데 힘쓰지 않고 이를 눈감아준다면 우상숭배라는 전염병으로부터 자유로울 수는 없다고 본다. 그러면 우리 손은 마귀의 풍조나 그에게 영광을 돌리는 예배에 (알고도) 몰입하게 될 것이다.

09 우상숭배와 직결되는 일(점성술)

몇 가지 기술을 보아하니 우상숭배 죄를 범할 공산이 큰 것도 더러 있었다. 그중 점성술은 말을 꺼내기도 부끄럽다. 하지만 요즘 혹자가 점성술을 변호하며 이의를 제기한 까닭에 몇 자 적어볼까 한다.

필자는 점성술사가 하늘에 이름을 새긴(우상을 따라 별의 이름을 짓는다는 뜻) 우상—하나님의 권능을 가졌다고 보는 우상—을 숭배한다고 주장한 적은 없다. 다만 변치 않는 별의 중재로 운명이 결정된다면 하나님은 찾지 않아도 될 대상으로 전락할 수 있다는 것이다.

필자의 주장은 이렇다. 하나님께로부터 도망한 천사들, 즉 여인을 사랑하는 자들은(창 6:2, 70인역의 알렉산드리아 사본에서 '하나님의 아들들 בְּנֵי־הָאֱלֹהִים'을 '하나님의 천사들' 이라고 옮긴 까닭에 나온 말인 듯싶다) 점성술을 발견한 자들과 같다고 본다. 때문에 하나님이 그들을 정죄하신 것이다. 하나님의 판결이 지상에 이르자 wherето the unwitting render testimony 점성술사는 그들의 천사처럼 추방을 당하고 만다. 그들이 하늘에 오르지 못하게 된 것처럼 점성술사도 이달리아Italy 도성에는 발을 디딜 수 없게 되었다. 제자와 지도자로 치면 제명을 당한 격이다.

"그러나 (성경은) 박사들Magi(즉, 점성술사)이 동방에서 왔다"고 했다 (마 2:1). 마술과 점성술은 목적이 같아 서로 상통한다는 점은 우리도 잘 알고 있다.

당시 그리스도의 탄생을 처음 알리고 주님께 첫 '선물'을 드린 자 또한 별을 해석하는 점성술사였다. 그렇다면 주님이 그들에게 은혜를 입었다고 해야 하는가? 박사의 종교가 점성술사의 시조 노릇을 한 것인가? 요즘에도 점성술은 그리스도를 거론하는데, 토성이나 목성 등, 혹은 망자가 아닌(이교도는 신격화된 망자의 이름을 붙이는 경우가 대다수다) 그리스도의 별을 연구하는 학문이라면 장려할 가치가 있을까?

물론 복음이 들어오기 전에는 점성술도 허용된 학문이었다. 하지만 그리스도가 태어난 후로는 천체에서 혹자의 탄생을 해석해서는 안 되었다. 그래서 박사들은 장차 그리스도께서 폐하실 세상적인(혹은 이교도의) 희생과 영광을 상징하는 황금과 유향 및 몰약을 아기 예수께 드린 것이다.

꿈을 보더라도—분명 하나님의 뜻이었다—그들은 헤롯에게 갔던 길이 아닌 다른 길로 고국에 돌아가야 했으니, 여기에는 옛길(ancient path, 혹은 종파sect)로 가서는 안 된다는 뜻이 담겨있다. 헤롯이 박사를 추적해서는 안 되었기 때문이라고 보면 오산이다. 애당초 헤롯은 박사를 뒤좇지도 않았거니와, '다른 길'로 떠났다는 사실도 몰랐고, 어느 길로 '왔는지'조차 몰랐기 때문이다. 이로써 우리는 '정도the right Way'와 '원칙Discipline'을 명심해야 할 것이다. 그리고 원칙은 앞으로 '다른 길로 행해야 한다walk otherwise'는 것이다.

모세의 반대편에서 경쟁하듯 기적을 일으킨 마술도(출 7~8장, 딤후 3:8

비교) 복음이 전파되기 전에는 하나님의 인내심을 시험하는 데 그쳤으나, 복음이 전파된 후 이제 막 신도가 된 시몬 마구스는 (마술을 부리는 이단사상을 떨쳐버리지 못한즉, 기적을 부리면 안수로 받는 성령의 선물도 살 수 있으리라 단정했기 때문에) 사도의 정죄로 출교를 당하고 말았다(행 8:9~24). 한편, 서기오 바울Sergius Paulus과 함께 있던 또 다른 마술사는 (사울과 바나바를 대적한 탓에) 맹인이 되었다(행 13:6~11). 당시 점성술사가 사도를 훼방했더라도 같은 심판을 받았을 것이다. 점성술과 한통속인 마술이 처벌을 받는다면 점성술도 단연 같은 죗값을 치르게 마련이니까.

복음이 전파된 후 정죄를 받지 않은 궤변가나, 점성술사나 마법사, 혹은 점쟁이나 마술사는 찾을 수 없을 것이다. 기록된 바, "지혜 있는 자가 어디 있느냐? 선비가 어디 있느냐? 이 세대에 변론가가 어디 있느냐? 하나님께서 이 세상의 지혜를 미련하게 하신 것이 아니냐(고전 1:20)." 함과 같다. 점성술사여, 그대는 그리스도인이 되어야 한다는 것을 모르면 아무것도 모르는 무지한 자에 불과하다. 그걸 안다면 (타인의 위기를 예언할 뿐 아니라 미신의 위험성도 일러줄) 점성술에 대한 미련은 아주 버려야 한다는 것도 알아야 한다. "이 도에는 네가 관계도 없고, 분깃될 것도 없으며(행 8:21)" 손가락이나 지팡이로 하늘을 악용하는 그가 천국을 소망할 리 만무하기 때문이다.

10 몽학선생의 걸림돌

교사를 두고도 살펴봐야 할 점이 있다. 그들뿐 아니라 문예(literature, 혹은 문예적 소양)를 다루는 전문가도 예외는 아니리라. 그들이 각종 우상과 가깝다는 점을 의심해서는 안 된다. 예컨대, 이방신을 전파하는가 하면 저들의 이름과 계보와 우러러봄직한 명성을 죄다 가르칠 뿐 아니라,

이방신의 절기와 의식을 지키기도 한다.

7대 우상(a table of seven idols, 일곱 행성을 일컫는다)이 없었다면 어떤 교사가 퀸쿠아트리아(Quinquatria, 미네르바를 기념하는 축제—옮긴이)에 참예하겠는가? 제자에게서 거두어들인 첫 수업료는 미네르바(Minerva, 로마 신화에 나오는 공예·전술의 여신으로 그리스 신화의 아테나에 해당된다—옮긴이)의 이름과 영광에 바친다. 그러면 형식상(우상에 헌신하지 않더라도) "우상의 제물을 먹지 않더라도(고전 8:10)" 우상숭배자라는 이유로 이웃의 눈총을 받게 될 것이다.

우상의 제물을 먹지만 않으면 형식으로든 실제로든 대놓고 우상에게 무언가를 헌납해도 모독죄가 덜어질까? 미네르발리아(Minervalia, 미네르바를 기념하는 축제—옮긴이)가 미네르바와 동일하듯, 사투르누스(Saturn, 고대 로마의 농경의 신—옮긴이) 또한 사투르날리아와 다를 바가 없다. 사투르누스는 사누르날리아 때 어린 노예들이 기념하는 대상을 일컫는다. 새해 선물을 주고받는 풍속을 비롯하여, 칠구릉축제Septimontium도 지키고 한겨울축일Midwinter 선물교환과 '혈연축제the feast of Dear Kinsmanship'도 반드시 기념해야 하니 이때 학당에는 화환을 장식하고 제관과 조영관(아이딜리스aedilis, 원래 케레스 여신의 신전과 제례를 담당한 고대 로마의 관리—옮긴이)은 제물을 바친다. 지정된 휴일이 학파의 기념일이다.

우상이 탄생한 날에도 축제가 벌어진다. 악마의 허식이 치러지는 곳마다 사람들은 분주히 들락날락거린다. 정녕 이런 작태가 기독교 선생에게 어울릴 거라 생각하는가? 교사가 아니라면 그럴 수도 있다는 사람이야 가하다고 볼지도 모르겠지만 말이다.

혹자는 주장한다. "문예를 가르치는 것이 하나님의 종에게 합법이 아니라면 배우는 것도 마찬가지일 것이다." "사람이 어떻게 범상한 지성이나 지각 혹은 행실을 갖게 되었겠는가? 문예가 만인의 교육수단이었기 때문이 아니겠는가? 세속적인 학문이 없다면 하나님도 연구할 수 없을 터인데 이를 어찌 거부할 수 있단 말인가?" 그러니 문예적 소양의 필요성은 인정하되, 수용할 수 없는 부분도 있고 불가피한 부분도 더러 있다는 것을 염두에 두라.

학습과 교수는 원리가 다르기 때문에 믿는 자라도 문예적 교양은 습득해도 가하나, 신앙인이 문예를 '가르치는 건' 별개의 문제다. 그는 자신이 권하는 바를 가르치고 자신이 시인하는 바를 전하며 자신이 증언하는 바를 회고할 터인데, 이때 우상을 칭송하는 죄가 틈새로 스며들 것이다. 교사는 잡신gods의 이름으로 그의 존재를 확인하지만 토라는 이를 금하고 있다. "다른 신들의 이름은 부르지도 말 것이며(출 23:13)," 이름을 헛된 것이라 하라(이사야는 우상을 헛된 것vanity이라 규정했다(사 41:29)). 악마는 인간이 소양을 키우기 시작할 때부터 쌓아둔 믿음을 갈취하기 때문이다.

우상에 대해 묻는 자라고 우상을 숭배하게 될까? 신도가 우상을 알고, 우상숭배가 무엇인지 자각할 수 있다면 그는 이를 수용하지도, 용납하지도 않을 것이다. 우상을 자각하지 못한 사람이라면 더는 말할 것도 없겠지만 말이다. 우상숭배에 눈을 뜨기 시작했다면 일찍부터 알게 된 하나님과 신앙을 되새겨야 한다. 그래야 우상을 거부하고 더는 수용하지 않아 우상숭배자로부터 안전할 것이다. 그는 극약을 알고도 '받았지만' 이를 '마시진' 않은 사람과 같다.

(가르치지 않으면) 배울 도리가 없기 때문에 그는 변명삼아 필연necessity을 거론한다. 실은 문예적 소양을 '가르치지' 않는 것이 이를 '배우지'

않는 것보다 쉽고, 스승이 우상숭배의 자리에 가지 않는 것(학자의 공공연한 우상의식으로 학당 전체가 오염된다)보다는 제자가 학당에 가지 않는 것이 더 쉽다.

11 탐심과 우상의 관계. 이윤이 남더라도 피하라.

그 밖의 죄를 기원부터 거슬러 올라가 보면 먼저 '일만 악의 뿌리인(딤전 6:10)' 탐심covetousness을 짚어봐야 한다. 어떤 이들은 탐심이라는 덫에 걸려 '믿음에 대해 파선했다(딤전 1:19)'고 하는데, 탐심은 사도 바울이 '우상숭배'로 규정한 것이기도 하다(골 3:5).

둘째는 거짓(허위)이다. 탐심에서 비롯된(입을 닫겠다는 거짓 맹세도 불법이다(마 5:34~37)) 허위가 과연 하나님의 종에게 걸맞은 일일까? 탐심을 떠나, 부정취득의 동기가 무엇인가? 동기가 없다면 구태여 부정취득할 필요도 없어질 것이다.

사업에 의righteousness가 있고, 탐심과 허위를 경계해야 할 의무에 만전을 기한다손 치더라도 우상의 혼과 정신이 깃들고 악마가 원하는 대로 끌려 다니는 사업이라면 우상숭배의 죄를 물어야 한다고 본다. '첫째가는principal' 우상숭배가 이를 두고 하는 말 아니던가? 우상의 제물로 쓰는 물품은—이를테면, 유향을 비롯한 외국산 물품—일반인이 의료용 연고로 쓰기도 하고 그리스도인에게는 장례의 아픔을 달래는 향료로도 활용되지만 주의가 필요하다. 어쨌든 위기나 손실을 당했거나 애로사항이 있다거나, 고의로나 분주히 움직이다가 혹은 사업의 일환으로, 거창한 의식이나 제사를 거행하거나 우상의 제물을 바친다면 그가 우상의 앞잡이가 아니고 무엇이겠는가?

모든 사업마다 예외가 있다는 주장은 어불성설이다. 심각한 죄일수록 경각심의 강도도 그만큼 확대되어야 한다. 죄뿐 아니라 이를 부추기는 수단도 끊으려면 말이다.

'내가 수단을 제공했다면by my means' 타인이 범한 죄 또한 내 죄와 같다. 나에게 불법인 짓을 남이 저지르고 있다면 어떤 경우에라도 내가 보탬이 돼서는 안 될 것이다. 내가 수단이 되어 내게 금지된 죄가 자행되지 않도록 주의가 필요하다는 것을 명심해야 한다. 결코 가볍지 않은 죄의 또 다른 원인(수단)도 미리 판단할 것이다. 예컨대, 간음은 금지된 죄이므로 간음하는 이웃을 묵인한다거나 간음을 돕지 않을 것이다.

필자는 매음굴을 가까이한 적이 없으므로 이웃을 위한답시고 매춘부를 알선하거나 포주 노릇을 하지 않으리라. 또한 (하나님은) 살인을 금하셨으므로 검투사를 훈련시키는 교관도 교회에는 발을 붙일 수 없으며 누구든 타인에게 죄를 유도하는 역할을 감당해서는 안 될 것이다.

판단이 필요한 문제가 또 있다. 포주가 그리스도교에 귀의한다면 매춘을 알선하던 일을 계속 눈감아주겠는가? 기존 성도가 매춘업에 뛰어들더라도 교회를 떠나서는 안 된다고 생각하는가? 그럴 수는 없다! 유향의 경우, 이를 파는 사람이라는 사실을 숨기면 또 모를까. 어떤 이에게는 향기를 발하는 것이 어떤 이에게는 피를 흘리게 할 수도 있다. 우상이 세상에 나타나기 전, 당시 형상은 없었어도 유향으로 숭배가 이루어지곤 했는데 요즘에도 우상을 숭배하고 있다면 대개는 우상이 없이 향을 태우기 때문에 유향을 파는 자가 악마의 시종 노릇을 톡톡히 하고 있는 셈이다. 우상보다는 유향이 없을 때 우상을 숭배하기가 더 어려웠으니 말이다(초기 교부들이 향 피우는 예식을 거부한 이유를 짐작케 하는 대목이다).

신앙의 양심을 철저히 추궁해보자. 그리스도인이라면서 유향을 파는 자가 신전을 두루 다닌다면 자신이 스스로 제공한 분향단의 향은 어떤 입으로 *끄겠는가*? 자신의 집을 광으로 내주고도 수양자녀(foster-children, 귀신이나 우상을 가리킨다)를 내쫓는다면 그것이 앞뒤가 맞는 처사인가? 엄밀히는, 그가 (귀신들린 자에게서) 귀신을 쫓아낸다손 치더라도 자신의 믿음을 자축해서는 안 될 것이다. 그가 '원수enemy'를 쫓아낸 것은 아니기 때문이다. 그는 매일 분향해주는 자가 수월하게 들어줄 수 있는 기도를 드렸어야 했다(악마는 분향한 보답으로 구하기만 하면 귀신들린 자에게서 떠날 것이다). 기술이나 직업 혹은 사업을 막론하고 우상을 단장하거나 만드는 것은 모두 우상숭배 죄에서 벗어날 수 없으리라. 우상숭배를 가리켜 우상을 섬기는 풍조가 아니라고 해석하면 또 모를까.

12 어떻게 살아야 하는가?

믿음을 다짐한 후(세례를 받은 후) "입에 풀칠하기가 막막해도" 생계를 자신할 수 있을까? 이 장에서는 신앙인이 되고 나서 갑작스레 부딪치는 (생계라는) 문제의 답을 상세히 제시할 것이다. 사실, 생계가 빠듯하다는 건 대처가 아주 늦었다는 방증이다. 신중한 건축자라면 기초를 쌓고 나서 자금을 다 써버리는 낭패를 겪지 않기 위해 수입과 아울러 준공 비용을 먼저 계산했을 터인데(눅 14:28~30) 그처럼 사전에 신중을 기하지 않았으니 말이다. 하지만 그런 후라도 주님의 말씀이 있으니 누구도 변명하지 못할 것이다.

성경은 무엇을 말하는가? "빈털터리가 될 겁니다."라면 주님은 가난한 자가 "복이 있다" 하셨다(눅 6:20). "쌀이 떨어질 텐데요."라면 "먹을 것은 생각지 말라"시며(마 6:25, 31, 눅 12:22~24) 옷을 입은 백합화의 사례를 들려주셨다(마 6:28, 눅 12:28). "일을 해야 먹고 살 텐데요." 그렇지 않다. "모든 소유는 팔아 가난한 자에게 나누어주어야 하니 말이다(마 19:21, 눅 18:28)." "하지만 자식들은 먹여 살려야 하지 않겠습니까." "그렇지 않다, 손에 쟁기를 잡고 뒤를 돌아보는 자는(눅 9:62)" 생업에나 합당하니까. "보시다시피, 전 계약에 묶인 몸입니다." "누구도 두 주인을 섬길 수는 없다(마 6:24, 눅 16:13)." 주님의 제자가 되고 싶다면 "자기 십자가를 지고 주님을 따라야 한다(마 16:24, 막 8:34, 눅 9:23, 14:27)." 십자가란 역경과 고초나, 십자가의 삶을 따르는 육신을 가리킨다.

하나님을 위해서라면 부모와 처자도 떠날 수 있어야 할 것이다(눅 14:26, 막10:29~30, 마 19:27~30). 부모와 자식 때문에 기술이나 사업, 혹은 생업을 망설이고 있는가? 성경은 분명히 밝히고 있다. '소중한 부모 자식dear pledges'과 기술과 사업도 주님을 위해서라면 떠나야 한다고. 예컨대, 야고보와 요한은 주님의 부름을 받았을 때 아버지와 배를 버려두었고(마 4:21~22, 막 1:19~20, 눅 5:10~11), 마태도 세관에서 일어났다고 한다. 믿음을 위해서라면 아버지의 장례도 늑장을 부리는 일인 것이다(눅 9:59~60). 그럼에도 주께서 택하신 자들 중 "입에 풀칠하기가 막막하다"며 하소연하는 사람은 없었다.

믿음은 기근을 두려워하지 않는다. 믿음은 안다. 하나님을 위해서라면 어떠한 죽음도 불사하니 굶주림 정도야 코웃음거리밖에는 안 된다는 것을. 생명을 가치 있는 것으로 여기지 않는 마당에 음식은 얼마다 더 하겠는가?

[혹자는 묻는다] "그런 환경을 견딘 사람이 몇이나 되겠습니까?" 사람에게는 어렵더라도 하나님에게는 쉽다(마 19:26, 눅 1:37, 18:27). 그러나 하나님은 자비하시고 관대하시니 안심하자.

주님은 지혜로우시므로 우리가 우상을 숭배할 정도로 '생계'에 목숨을 걸게 하지는 않으시며, 우상은 역병처럼 조금이라도 멀리 피할 수 있도록 인도하실 것이다. 앞서 열거한 사례뿐 아니라 보편적인 미신을 두고도 널리 적용되는 말이다. 이를테면, 잡신gods이나 허상, 혹은 왕이나 부정한 영을 미신으로 삼거나, 제물이나 제사 혹은 낯선 행태와 절기를 통해 미신이 유입되는 경우도 예외는 아닐 것이다.

13 우상과 관련된 절기

제물과 제사는 우상과 무슨 관계가 있을까? 낯선 행태와 행사는 이미 (다른 책에서) 기술한 바 있다. 이 장에서는 절기를 비롯하여 범상치 않은 의식을 거론할 터인데, 이런 주제는 믿음과 원칙에 대립하여 이따금씩 방종이나 수치심과 일치하는 것으로 간주되기도 한다.

우선 제기하고픈 문제는 하나님의 종이 이방민족의 의복이나 음식이나 혹은 행사까지 함께 나누어야 하느냐다. 사도 바울은 형제들에게 화목 차원에서 "즐거워하는 자들과 함께 즐거워하고 우는 자들과 함께 울라(롬 12:15)"고 권면한 적은 있다. 하지만 앞선 문제를 두고는 생명과 죽음, 혹은 "빛과 어둠은 서로 사귈 수 없다(고후 6:14)"며 선을 그었다. 사도 바울이 그러지 않았다면 "세상은 기뻐하되, 너희는 곡할 것"이라는 구절(요 16:20)은 우리가 폐했을 것이다.

세상과 함께 즐거워한다면 세상과 함께 곡할 수도 있겠지만, 세상이 기뻐하면 우리는 근심하고 세상이 근심하면 우리는 기뻐하게 될 것이다. 예컨대, 음부Hades에* 있던 엘르아자르(Eleazar, 나사로를 가리킨다, 눅 16:19~31)(아브라함의 품에서 목을 축였다)와 부자(반면 그는 불구덩이에 앉아있었다)

가 칭찬과 문책이 따르는 상과 벌로서 선행과 악행의 상급이나 대가를 받게 된 것처럼 말이다. 명예를 찾거나 빚을 갚아야 할 날은 반드시 오게 마련이다. 그럼 당신은 의당 "제 것은 돌려받고 남의 것은 돌려주어야겠군요."라며 응수할 것이다.

미신에서 비롯된 풍속을 사람들이 삼가 지켜왔다손 치더라도, 헛된 미신과는 거리가 멀다던 당신은 왜 우상을 위한 의식에 참예하고 있는가? 특정한 날은 지키지 않더라도, 빚을 갚거나 받지 못하는 날에 대한 규정이 있다는 인상을 주고 있진 않은가?

이웃이 모르는 틈을 타 양심을 더럽히면서도 왜 끝까지 숨기고 있는가? 그대가 기독교인이라는 사실이 알려지지 않았다면(사실을 숨긴다면) 유혹에 넘어가 마치 기독교인이 아닌 양 이웃의 양심을 저버리고, 그리스도인이 아닌 것처럼 속인다면 유혹의 종으로 전락하고 말 것이다. 전자든 후자든 그대에게는 '하나님을 부끄러워한' 죗값을 묻게 될 것이다. 기록된 바, "누구든지 사람 앞에서 나를 부끄러워하면 나도 하늘에 계신 내 아버지 앞에서 그를 부끄러워하리라(마 10:33, 막 8:38, 눅 9:26, 딤후 2:12)." 함과 같다.

* 'Apud inferos.' 여기서 터툴리안은 '낙원a place of happiness'의 뜻으로 썼으나, 어거스틴은 성경에서 이 어구를 찾지 못했다고 주장했다.

14 사도 바울이 경계한 신성모독

(그리스도인) 대다수는 '하나님의 이름이 모독을 받지 않는다면' 이교도처럼 살아도 용서가 된다고 믿어왔다. 경우를 막론하고 우리가 피해

야 할 신성모독은 이렇다. 형제 중 누구라도 이교도가 하나님을 모욕하게 만든다면 주님도 의당 분개하실 것이다. 사기를 친다거나 상해를 입한다거나 혹은 명예를 훼손하는 등, 불만을 일으킬만한 짓을 두고 하는 말이다.

성경이 '모든' 모독죄에 대해 "매사에 내 이름이 모독을 받는도다(사 52:5, 겔 6:20,23, 비교 삼하 12:14, 롬 2:24)"라고 기록했다면 우리는 모두 목숨을 부지할 수 없을 것이다. 공로는커녕 사악한 언사로 '하나님의 이름'을 대적할 테니 말이다. 그렇다면 (기독교인을) 그만두어야 하나님이 모독을 당하지 않을 것이다.

그러나 법을 준행하고 법의 경계를 넘지 않으며 이웃에게 인정을 받고 책망을 받지 않는다면 신성모독에 휘둘릴 필요는 없다. 이때 신성모독은 순교와 마찬가지로 내가 그리스도인이라는 것을 입증하지만, 바로 그 때문에 신성모독은 나를 싫어할 것이다!

굳게 지키는 법을 모욕하는 것은 되레 하나님의 축복과 같다. 사도 바울은 "내가 지금까지 사람들의 기쁨을 구하였다면 그리스도의 종이 아니라(갈 1:10)"고 했다. 물론 다른 구절에서는 모두의 기쁨이 되라고 종용한다.

"나와 같이 모든 일에 모든 사람을 기쁘게 하라(고전 10:32~33)." 바울이 사투르날리아와 새해 초하루를 지키며 이방인의 환심을 사곤 했다는 이야기인가! 관용과 인내로 그게 가능했을까? 신중하고 친절하고 신실한 마음가짐으로?

"내가 여러 사람에게 여러 모습이 된 것은 모쪼록 몇 사람이라도 구원하고자 함이나(고전 9:22)"라는 말씀이 "우상숭배자를 구원하기 위해 우상숭배자가 되고," "이교도를 구원하기 위해 스스로 이교도가 되며," "세속적인 사람을 구하기 위해 세속적인 사람이 되었다"는 뜻인가?

물론 그는 우상을 숭배하거나 음행하는 자를 아주 사귀지 말라고 하진 않았다. 그건 "세상 밖으로 나가야" 가능한 일일 테니까(고전 5:10).

사도 바울은 죄인과도 '어울리며mingle' '살기는live' 해야겠지만 그들과 더불어 죄를 범할 가능성도 아주 없진 않은 탓에 대화의 고삐를 아주 느슨하게 풀진 않았다.

그도 인정했듯이 사람이 사귀다 보면 눈감아 줄 수 없는 죄를 범하게 마련이다. 이교도와 사귀는 것은 정당하지만 그들과 함께 죽는 것은 정당하지가 않다. 미신이 아니라 자연스레 조성된 사회에서 모두와 더불어 살고 그들과 함께 기쁨을 나누라. 우리는 법이 아니라 사람으로서 이웃이고, 죄가 아닌 세상을 공유하고 있기 때문이다. 이방인과 미신(우상) 같은 문제를 공감할 권리가 없으니 (이방인이 아닌) 형제와 미신(우상)을 기념하는 것은 얼마나 더 사악한 죄겠는가! 누가 이를 주장하거나 변론할 수 있으랴?

성령은 절기를 두고 책망한 적이 있다. "내 마음이 너희의 월삭과 정한 절기를 싫어하느니라(사 1:14)." 그런 안식일도 낯선 우리가* 하나님이 구별해두셨던 월삭과 절기는 물론이거니와 사투르날리아와 새해 초하루 및 한겨울 축제와 마트로날리아(Matronalia, 로마 종교에서 출산의 여신인 주노Juno를 기념하는 고대 축제—옮긴이)도 분주히 찾아다니고 선물을 교환하는가 하면 훤화에 가담, 홍청망청 주연을 즐긴다! 그리스도인의 예식이 아주 없다는 이방민족이 자신의 종파에 더 충성할 성싶기도 하다!

그들이라면 이미 알고 있다손 치더라도 주님의 날이나 오순절도 우리와 함께 지키진 않았을 것이다. 그리스도인이라는 오해를 살지도 모르니까. 하지만 우리는 이교도라는 인상을 주더라도 전혀 개의치 않는다! 방종이 육신에 허락된다면 당신들은 이를 마다하지 않을 것이다.

당신들의 절기는 두말할 것도 없거니와(생일을 가리킬 것이나, 월러는 주일을 비롯한 기독교인의 모든 절기를 가리킨다고 해석한 듯싶다) 그 외의 절기 때도 마찬가지일 것이다. 이교도의 절기는 기껏해야 매년 하루지만 당신들은 여드레마다 절기를 기념한다. 이방민족의 절기를 빠짐없이 나열해보라. 아마 오순절(칠칠절)도 채울 수 없으리라.*

* 주목할 필요가 있다. 당시 안식일(매주 금요일 오후와 토요일 오전)은—지키지 않은 것은 아니었다—히브리 그리스도인의 특권이었다.

* 즉, 50일이라는 시간적 공간을 일컫는다(신 16:10)

15 황제와 승전을 기념하는 축제(세 아이와 다니엘)

주님은 "너희의 사역이 빛나게 하라(마 5:16)"고 말씀하셨지만 작금은 가게와 대문 빛이 더 밝다! 요즘에는 이교도인의 집보다 그리스도인의 집 대문에 등불과 월계관이 더 많다. 왜 그럴까? 우상을 기념하기 위해서라면 이건 분명 우상숭배가 틀림없다. 사람을 위한 것이라면? 모든 우상이 사람을 위한 것이라는 점을 되새겨보라. 애당초 사람을 경배하는 것을 가리켜 우상숭배라 했다. 옛날에는 이방민족이 사람을 신으로 섬겼다는 것은 우상숭배자도 동감하는 사실이므로 예나 지금이나 사람을 미신처럼 경배하는 것은 모두 우상숭배로 같다. 우상숭배는 숭배의 대상이 된 자가 아니라 악한 영의 미혹으로 이를 숭배하는 사람 때문에 정죄를 받는다.

"가이사의 것은 가이사에게 바치고, 하나님의 것은 하나님께 바치라(마 22:21, 막 12:17, 눅 20:25)." 가이사가 하나님과 동격이라는 점을 보더라도 정죄를 받고도 남을 것이다. 그렇다면 가이사의 것은 무엇인가?

엄밀히, 대화의 골자는 인두세poll-tax를 가이사에게 바쳐야 하는가였다. 이때 주님은 돈을 보여 달라시며 표면에 새겨진 형상이 누구인지 물으셨다. 그것이 가이사라는 말을 듣자 "가이사의 것은 가이사에게 바치고, 하나님의 것은 하나님께 바치라" 하셨다. 즉, 동전에 새겨진 가이사의 형상은 가이사에게 바치고, 사람에게 새겨진 하나님의 형상(창 1:26~27, 6:6)(비교, 고전 11:7)은 하나님께 바치라는 것이다. 가이사에게는 돈을 바치지만 하나님께는 너 자신을 드리라는 뜻에서 하신 말씀이다.

그렇지 않다면, 즉 모든 것이 가이사의 것이라면 하나님의 것은 무엇이겠는가? "대문 앞에 단 등불과 문설주의 월계관은 하나님을 기념하기위한 것"이라고 말할 텐가? 등불과 월계관은 하나님이 아니라 하나님 대신 가이사를 기념하기 위한 것으로, 사악한 영에 속한 종교행위는 아니더라도 의식적으로 우상에 복종하고 있다는 증거라는 점은 분명한 사실이다.

세상의 학문이 무지한 틈을 타, 로마인들이 입구에 잡신을 두었다는 사실을 눈치채지 못하는 이는 없는지 확인해보라. 이를테면, '경첩'을 딴 카르데아Cardea(경첩여신)를 비롯하여 문을 따서 지은 포르쿨루스Forculus(문神)와 문지방을 딴 리멘티누스Limentinus(문지방神), 대문을 따서 지은 야누스Janus(대문神)가 있는데 이름은 꾸며낸 것인지라 실체는 없지만 그들이 미신에 빠졌다는 것은 곧 귀신과 더러운 영이 '신격화

consecration'라는 족쇄로 그들을 사로잡았다는 방증이라는 것을 깨달아야 한다. 그렇지 않다면 귀신에 이름이 붙었을 리 없다.

화폐에도 이름이 새겨져 있다. 그리스인이라면 입구를 장악한 문 神은 '아폴로 티레우스Apollo Thyraeus'요, 귀신demons은 '안텔리(Antelii, Anthelii)'라 부른다. 태초부터 이를 예견한 성령은 고대 선지자인 에녹의 입을 통해 입구도 미신으로 활용했다고 이야기한 바 있다. 목욕탕에서도 입구가 숭배의 대상이 되어왔다. '입구entrances'에 숭배의 대상이 있다면 등불과 월계관도 그와 무관하진 않을 테고 우상에 한 것과 똑같은 짓을 입구에서도 벌였을 것이다.

필자는 이 장에서 하나님의 권세로 한 증인을 부를까 한다. 모두를 위해 1인에게 보여준 교훈을 감추는 것은 신중하지 못한 처사이기 때문이다. 어느 날 저녁, 한 형제는 갑작스런 잔치 소식을 들은 종이 대문에 화환을 장식했다는 이유로 꿈속에서 심한 책망을 들었다고 한다. 그가 손수 화환을 둔 것도 아니었고 종에게 그러라고 시킨 적도 없었는데 말이다. 그라면 귀가했을 때 단연 이를 책망했을 것이다. 하나님은 우상문제뿐 아니라 가정의 준칙에 대해서도 우리를 엄밀히 판단하실 것이다.

왕이나 황제에게 돌릴 영광에 대해서는 확실한 계율이 있다. 사도의 가르침에 따르면(롬 13:1, 벧전 2:13~14), 우리는 법관과 왕세자와 권세 잡은 자에게 복종해야 마땅하다고 한다(딛 3:1). 물론 우상숭배 죄를 범하지 않는다는 원칙 안에서 그렇다는 것이다. 때문에 신앙의 선배 3인(하나냐, 미사엘, 아사랴—옮긴이)은 느부갓네살 왕에게 복종은 했지만 그의 형상에는 절하지 않았다(단 3장). 즉, 인간의 존경심을 떠나 신격화한 형상을 칭송하는 것은 모두가 우상숭배라는 점을 입증한 셈이다.

다리오 왕에게 충성한 다니엘도 종교가 위태로워지지 않는 범위 내에서 자신의 의무를 다했다(단 4장). 위기를 모면할 수 있다는 생각에 3인은 풀무를 두려워하지 않았고 다니엘은 사자를 두려워하지 않았다.

빛이 없는 자는 등불을 밝히고, 지옥불이 임박한 자는 곧 재가 될 화환을 문설주에 달라. 무지darkness의 증거와 심판의 전조가 그들에게는 걸맞을 테니까.

당신은 세상의 빛이요(마 5:14, 빌 2:15), 마르지 않는 나무다(시 1:1~3). 신전을 버리기로 했다면 대문을 신전으로 만들지 말라. 필자는 빙산의 일각만 말했을 뿐이다. 매음굴을 버렸다면 집을 또 다른 매음굴처럼 꾸미지 말라.

16 민간의식

민간/공공의식 중 흰 토가(white toga, 고대 로마 시민의 겉옷. 남녀가 착용했었는데 공화제 시대(BC 4세기) 이후에는 남자가 전용했다—옮긴이)와 약혼 및 혼인예식과 작명식은 이와 얽히고설키긴 했어도 우상숭배의 조짐은 보이지 않으니 딱히 경계할 필요는 없다고 본다. 예식의 정당한 명분을 감안해야 하는데, 앞서 열거한 옷이나 의식, 이를테면 남성복이나 결혼반지 등은 우상을 기념한다는 명분에서 전수된 것이 아니므로 아무런 문제가 없다. 즉, 남성이 걸친 여성의 옷을 제외하면—하나님은 "여자의 옷을 입는 사내는 저주를 받는다"고 말씀하셨다.*—하나님이 저주한 옷은 없다는 것이다. 물론 토가는 이름과 용도로 보아 사내에게나 어울리는 옷이다.* 하나님은 이름을 짓는 것도 그렇지만 혼인예식을 금하지도 않으셨다.

'그러나 이때 바치는 희생제물은 어떨까?' '제사를 돕는 예식'에는 필자를 초대하지 말아주길 바란다. 지인friends을 돕는 일이라면 힘껏 돕겠지만 말이다. '지인을 돕는 일'이라면 불법은 피할 수 있기 때문이다. 사악한 자가 온 세상에 우상숭배 사상을 퍼뜨려왔으므로 우상이 아니라 사람을 위한 예식이라면 참여해도 가할 것이다. 하지만 제사와 제물이 있는 곳에 초대를 받는다면 가지 않을 것이다. 우상을 위한 예식일 테니 그런 일에는 조언도 삼가고 돈도 힘도 쓰지 않을 것이다. 제사 현장에 가서 가만히만 있어도 우상숭배에 참여한 자가 되고, 어떤 경우에라도 제사를 집례하는 자와 함께한다면 나는 제사를 방관하는 자에 지나지 않을 것이다(고전 8장, 고전 10:27~29 참조).

* 터툴리안은 여성이 걸친 남성복도 언급했어야 했다(신 22:5 참조). 물론 본문에서는 '저주'가 아니라 가증하다abomination는 표현을 썼다.

* '토가 비릴리스(toga virilis, 남성이 입는 토가)'라 불렀기 때문이다.

17 종과 관리의 사례

그렇다면 믿는 종이나 자녀는 이를 어떻게 대처해야 할까? 영주나 후원자 혹은 상관이 제사의식을 행할 때 이를 보좌해야 하는 관리는 어떻게 처신해야 할까? 집례자에게 제주를 건넨다면, 아니, 제사에 필요하거나 그에 관련된 말 한 마디로라도 그를 돕는다면 우상숭배에 가담한 자라는 낙인이 찍힐 것이다. 이 법을 명심하라.

족장과 선조의 본보기를 따라 '법관과 권세 잡은 자'를 보좌할 수는 있다. 그들도 우상을 숭배하지 않는 범위 안에서 왕에게 복종했기 때문이다. 그래서 최근에는 하나님의 종도 특별한 유예기간을 둔다거나 명민하게 대처하여 우상숭배에서 자신을 지킬 수만 있다면 고관이나 권세자가 될 수 있느냐는 논쟁이 벌어진 적이 있다.

우상은 숭배하지 않고도 자주색 옷을 입고 애굽(이집트)이나 바벨론 전역에서 존귀와 권세를 누렸던 요셉과 다니엘처럼 말이다. 직책의 '타이틀'이 바뀌는 거라면 어떤 직책이든 이동할 수는 있다. 단, 자신의 권세로 제사를 지지한다거나, 제사를 집례한다거나, 제물을 맡긴다거나, 남에게 신전 관리를 맡긴다거나, 신전에 바친 헌물을 관리한다거나, 자신의 헌물이나 백성의 공물을 살핀다거나, 헌납을 주관한다거나, 예식을 선언한다거나, 이를 두고 칙령을 발표한다거나 혹은 맹세한다거나, (권세power를 등에 업고) 타인의 생활이나 인격에 대해 왈가왈부하지 않는다면(당신은 이를 대수롭지 않게 생각할지도 모르겠다), 선고 혹은 예고한다거나,* 남을 결박한다거나, 투옥시킨다거나 고문하지 않는다면, 이 모두가 가능하다는 것을 확신할 수 있다면 못할 것도 없다.

* 판관은 선고하고, 입법자는 예고한다(윌러).

18 우상숭배와 의복

이번에는 직책에 걸맞은 복장을 거론해 볼까 한다. 옷은 지위고하를 막론하고 모두에게 어울리는 것이 있는가 하면 직책과 품격에 맞는 것도 있다.

널리 알려진 자줏빛 예복을 비롯하여 목에 두른 금장식은 애굽과 바벨론 사람 사이에서 고관을 상징한다. 이는 테두리나 줄무늬 혹은 종려나무를 수놓은 토가와, 지방사제가 걸친 금화환과도 같은 것으로 '존귀

honor'한 까닭에 왕의 측근에게만(왕의 측근으로 '자줏빛 사람purpled-men'이 라는데, 우리 중[그리스도인이 아니라 로마 시민을 두고 하는 말이다] 몇몇을 가리켜 흰 토가를 따 '후보자(candidates, 혹은 흰 사람white-men)'라 부르는 것과 같다) 하 사하곤 했다. 어디까지나 제의나 우상을 기념하는 것과는 무관하다는 점에서 그렇다는 이야기다. 그렇지 않다면 신앙과 지조가 있는 사람은 이 부정한 옷을 즉시 거부했을 테고, 다니엘도 우상에는 관심이 없으며, 벨 神Bel을 비롯하여 훗날 나타난 용dragon을 숭배하지 않았다는 사실이 밝혀졌을 것이다.

당시 야만족은 자주색옷을 '고관dignity'이 아니라 '귀족nobility'의 증 표로 여겼다. 한때 노예였던 요셉과, 포로로 잡혀갔다가 신분이 상승한 다니엘이 야만족의 귀족 복장으로 바벨론과 애굽의 자유를 성취해냈으 니 우리 신앙인도 필요하다면 테두리를 수놓은 토가는 사내아이에게, 스톨(stole, 고대 로마의 주부용 헐렁한 겉옷을 가리킨다—옮긴이)은 여아에게 주 어도 좋을 것이다. 권세가 아니라 가문의 증표요, 직위가 아니라 인종의 증표이자, 미신이 아니라 계급의 증표로 말이다.

하지만 자줏빛 옷에는 애당초 고관과 권세자가 우상숭배에 헌신하여, 신성을 모독한다는 뜻이 배어있다. 테두리 장식에 줄무늬를 수놓은 토 가와 넓은 줄무늬 토가는 우상에 입히기도 하고, 권표(fasces, 공적 권력의 상징으로 막대기 묶음에 도끼를 동여맨 것—옮긴이)와 막대기를 그 앞에 세워두기 도 한다. 악마는 세상의 법관인 즉, 법조계의 증표인 권표와 자줏빛 옷을 걸치는 것이다. 설령 우상을 숭배하진 않았다손 치더라도 그런 옷을 입 는다면 어떻게 될까? 부정한 옷을 걸친 사람이 정하게 보일 리는 없다. 더 러운 겉옷을 입었다면 그대 때문에 옷이 더럽혀지는 것이 아니라, 옷 때문 에 그대가 부정해질 것이다.

오늘날 '요셉'과 '다니엘'을 두고 이러쿵저러쿵 논쟁하는 당신은 옛것과 새로운 것, 조악한 것과 다듬어진 것, 시작한 것과 발전한 것, 노예의 몸과 자유인의 몸을 비교할 수 없는 경우도 있다는 점을 인정해야 한다. 당시 두 인물은 노예였지만 그대는 세상의 속박에서 해방시켜주신 그리스도의 종일 뿐,* 다른 누구의 종도 아니다(고전 9:19 참조). 그러므로 당신은 주님이 보여주신 본을 따라야 할 의무가 있다.

주님은 겸손히 행하고 자신을 드러내지 않았으며 이렇다 할 집도 없으셨다. 기록된 바, "인자는 머리 둘 곳이 없다(눅 9:58, 마 8:20)"함과 같다. 즉, 이사야가 예견했듯이(사 53:2) 용모나 풍채에 흠모할 점이 없었다는 이야기다.

종의 모습으로 섬긴 제자들에게 권세를 휘두르지 않았다면, 왕국을 의식하면서도(요 18:36) 왕권을 버렸다면(요 6:15) 주님은 왕권에 걸맞은 의복과 자존심을 냉정하게 포기함으로써 모범을 보이신 것이다.

권세를 떨쳐야 한다면 하나님의 아들 외에 누가 능히 그럴 수 있겠는가? 주님의 영광과 주님이 세상의 영광과는 상관이 없다고 일축하지 않으셨다면 몇 가지의, 어떤 권표가 주님을 호위하겠으며, 어떤 금면류관이 주님의 머리에서 광채를 발하겠는가? 그러므로 주님이 인정하지 않으신 것은 배격하신 것이요, 배격하신 것은 정죄하신 것이요, 정죄하신 것은 악마의 허식으로 간주한 것이리라.

그리스도는 주님께 속하지 않은 것이 아니면 정죄하지 않으셨을 것이고(주님께 속하지 않은 것만 정죄하셨을 것이고), 하나님께 속하지 않은 것은 모두 악에 속한 것이 분명하다. '악마의 허식the devil's pomp'을 그만두겠노라 맹세했다면 손에 닿는 모든 것이 우상숭배임을 알라.

세상의 모든 권세자와 왕은 하나님과 동떨어진 원수요, 그들 때문에 하나님의 종에게는 처벌이 내려진 반면, 불경한 자에게 예비된 형벌은 묵과되었다는 사실을 일깨우는 데 보탬이 될 것이다. 아울러 '태생과 재력은 우상숭배를 뿌리치는 데 걸림돌이 될 뿐이다.' 물론 우상숭배를 피할 수 있는 방책이 아주 없는 것은 아니지만, 설령 없더라도 지상이 아니라 하늘에서라면 좀더 복된 고관이 될 방도는 있을 것이다.

* 사도 바울은 자신의 직분을 가리켜 서신에서 '종인 바울'이나 '그리스도 예수에 구속된 자'라 했다.

19 군역

존귀와 권세 사이에 자리 잡은 군역을 두고는 이미 가닥이 잡혔을지도 모르겠다. 그럼에도 신앙인이 군역에 가담해도 되는지, 기독교를 비롯하여 희생이나 극형에 가담할 필요가 전혀 없는 하층민과 평민이 군대를 인정해야 하느냐는 의문이 제기되고 있다.

하나님과 인간의 언약과, 그리스도 및 사탄의 규정과, 빛과 어둠의 진영이 일치하는 바는 없다. 하나의 영혼이 두 주인(하나님과 가이사)에게서 비롯된 것일 리도 없다. 예컨대, 모세는 지팡이를 들었고, 아론은 (에봇을 고정하기 위해) 혁대쇠를 찼으며 (세례) 요한은 가죽을 둘렀으며 눈의 아들 여호수아는 행군을 이끌었으며 이스라엘 백성은 전쟁을 치렀다. 하지만 그리스도인이 어찌 전쟁을 일으키겠는가? 아니, 칼이 없는 평화로운 시대에 복무할 참인가(마 26:52, 고후 10:4, 요 18:36)?

군인은 요한을 찾아와 군의 법도를 들었고, 백부장은 믿었으며, 주님은 베드로의 칼은 거두게 하셨지만 군인에게는 그러지 않으셨다. 불법적인 책동을 담당했다면 우리가 걸친 의복도 불법일 것이다.

20 말에 담긴 우상

하나님의 법을 따르더라도 처사나 말이 자칫 위기를 초래할 수 있다(기록된 바, "사람과 그의 처사를 조심하라*," "네 말로 정죄함을 받으리라"함과 같다(마 12:37)). 그러니 '언사words'를 통한 우상숭배의 기습에도 촉각을 곤두세워야 한다는 점을 명심하라. 관습의 문제에서 비롯되었든, 두려움의 문제에서 비롯되었든 간에.

율법은 이방민족의 신의 이름도 부르지 못하도록 금하고 있다(출 23:13). 물론 이름을 발음해서도 안 된다는 것인데 이름을 부르면 이방신과의 교감을 이끌어낼 수도 있기 때문이다. 예컨대, "아스클레피오스(Aesculapius, 그리스 신화의 의술을 맡은 신—옮긴이) 신전에 가면 그를 만날 수 있을 거요."라거나 "저는 이시스(Isis, 고대 이집트 및 그리스·로마 등지에서 숭배된 최고의 여신—옮긴이)가에 삽니다," 혹은 "그는 주피터의 사제로 일해왔소."라는 등, 이방신의 이름이 입에 오르내리는 경우가 허다하다. 신의 이름은 사람에게 붙여지기도 한다. 사투르누스라는 사내의 이름을 불렀다고 해서 필자가 사투르누스를 경외하는 것은 아니며, 어떤 이를 마르쿠스라 불렀다 하여 내가 그나 마르쿠스를 경외한다고 볼 수는 없을 것이다. 그럼에도 성경은 "다른 신들의 이름은 부르지도 말며 네 입에서 들리게도 하지 말라(출 23:13)"고 명령했다. 성경이 전하는 계율은 이것이니, 곧 그들을 '신gods'이라 부르지 말라는 것이다.

율법 첫머리에서 하나님은 "너는 허탄한 것(우상)에 네 하나님 여호와의 이름을 들먹이지 말라(Thou shalt not use the name of the Lord thy God in a vain thing, 출 20:7)"고 말씀하셨다. 즉, 하나님의 이름으로 우상을 경외하는 자는 누구든 이미 우상숭배에 빠졌다는 것이다. 따라서 '신'을 거론할 때 우상을 '신'으로 부른다는 인상을 주지 않으려면 수식어를 붙여야 한다. 성경도 '신' 앞에 '그들의(만국의)'를 붙였다. 다윗이 '신'을 언급할 때 "만국의 모든 신들은 우상들이라"고 한 것처럼 말이다(시 96:5). 이는 앞으로 제시할 소견의 토대로 제시한 것이나, "헤라클레스의 이름으로 말하노니, 신실한 신이여, 나를 도우소서."라는 실언은 관습의 문제다. 서약의 대상이 헤라클레스라는 사실을 모르는 사람의 무지가 관습에 추가된 것이다. 그대가 버렸다는 신의 이름으로 한 맹세가, 우상숭배에 결탁했다는 방증이 아니고 무엇이겠는가? 맹세한 이름을 소유한 대상을 경외하지 않을 자가 어디 있겠는가?

* 윌러를 비롯한 어떤 편집자도 해당 구절은 찾지 못한 듯싶다.

21 암묵적으로 용납하는 이교도식 언어

어떤 이가 이방신의 이름으로 당신을 구속하거나, 서약하거나, 증언할 때 혹시라도 적발될까 싶어(그리스도인이라는 사실을 들킬까 싶어—윌러) 함구하는 것은 두려움의 증표다. 입을 닫았다는 것은 권위에 구속된다는 인상을 주므로 우상의 권위를 확증한다는 뜻도 될 것이다.

만국의 신을 '신'이라 불러 이를 확증한들, 이름이 입에서 들리게 한들 그게 무슨 대수냐고? 우상의 이름으로 서원을 한들, 타인의 기도를 들었을 때 이를 묵인한들 그게 무슨 문제가 되느냐고? 사탄의 교묘한 술책을 왜 알아채지 못하는가? 우리의 입을 움직일 수 없다면 종의 입을 움직여 우리의 귓속에 우상숭배 사상을 들리게 하는 것이 사탄의 목표가 아니겠는가?

누가 기도하든 그는 우호적으로, 혹은 비우호적으로 당신에게 족쇄를 채우려 들 것이다. 비우호적이라면 싸움을 걸어올 테니 기필코 싸워야겠다는 각오를 다져야 할 테고, 우호적으로 접근해온다면 사악한 악마가 우상숭배에 빠뜨릴 수단을 동원하려는 그의 의무를 와해시키기 위해서는 하나님께 더욱더 확신을 가지고 기도해야 할 것이다!

이때 함구하는 것은 우상을 숭배하는 것과 같다. 사람은 누구나 권위가 인정되는 대상을 존엄히 여기게 마련이다. 예컨대, 어떤 이는 소송 중 법정에서(주께서 용서하시길whom the Lord pardon!—신이 듣기에 참람된 말을 할 때 관용적으로 쓰는 표현이다—옮긴이) "주피터가 네게 노하실 것이다!"라 하자 상대는 "아니, 그 반대일걸."이라며 응수한 적이 있다. 주피터가 신이라 믿는 이교도라면 달리 처신했을까? 주피터가 저주를 퍼부었다하지 않고 저주를 되갚아주는 것만으로도 그는 주피터의 '신성divinity'을 인정한 셈이다. 주피터의 이름으로 받은 저주라면 족히 신경이 쓰였을 테니 말이다.

허탄한 우상의 이름으로 저주를 받는 데 그리 분개할 이유가 있겠는가? 이때 동요한다면 우상의 존재를 인정하는 것이요, 동요는 곧 우상숭배의 방증이 되리라. 그러니 주피터의 이름으로 저주를 되받아친다면 당신의 심기를 불편하게 만든 사람 못지않게 당신 또한 주피터를 경외하는 것과 같다!

주님이나 사도의 가르침처럼(마 5:44, 벧전 3:9) 신앙인이라면 동요하기보다는 웃고 넘길 줄 알아야 한다. 하나님의 이름으로 저주하지 말고 하나님의 이름으로 복을 빌라는 이야기다. 그래야 우상을 타파하고 하나님을 전하며 법을 준행할 수 있을 것이다.

22 우상의 이름으로 복을 빌 때

그리스도를 이미 영접한 자라면 이방신의 이름으로 비는 복도 견딜 수 없을 것이다. 부정한 축복 중 일부를 정화하여 하나님의 축복으로 바꿀 수는 없기 때문이다.

이방신의 이름으로 축복을 받는 것은 하나님의 이름으로 저주를 받는 것과 같다. 자선기금을 헌납하거나 자비를 베풀 때 수혜자가 자신의 신에게, 혹은 식민지의 수호신에게 기도를 드린다면 이방신도 내게 호의를 베풀지도 모르겠다. 그럼 기부금이나 자선이 되레 우상에 영광을 돌릴 것이고, 그의 이름으로 복을 받을 것이다.

내가 하나님을 위해 자비를 베풀었으니 하나님이 영광을 받으실 것이로되, 내가 하나님의 영광을 위해 자비를 베풀었으니 악마는 영광을 받지 못하리라는 사실을 몰라야 할 이유가 있을까?

필자가 하나님을 위해 자선을 베풀었다는 것을 그분이 아신다면, 하나님을 위해 자선을 베풀었다는 사실을 흔쾌히 드러내지 않았다는 것은 곧 '선을 행하라'는 하나님의 명령을 우상에 바치는 제물로 만든 것이라는 점도 아시리라. 많은 이들은 "자신을 드러내서는 안 된다(왼손이 하는 일을 오른손이 모르게 하라)"고 주장한다. 하지만 자신을 부인해서도 안 된다는 것이 필자의 지론이다.

누구든 어떤 명분으로도 이교도라는 인상을 주면서까지 무언가를 숨기는 행태는 (신을) 부인하는 것이고, (신을) 부인하는 것은 어떤 경우든 우상을 숭배하는 것과 같다. 모든 우상숭배가 언동을 부인하는 것이니 말이다.

23 우상의 이름으로 쓴 계약서와 암묵적인 동의

행위와 언사가 갑절이나 부각되면 어느 쪽으로 보나 위험할 수 있겠지만, 행위로 보기도 어렵고 말로 전달된 것도 아닌지라 위험하지 않은 듯 보이는 것도 있다. 예컨대, 이교도에게 차용증을 써주고 돈을 빌린 그리스도인들이 상환을 보증했지만 나중에는 그런 일이 없다(이방신이나 우상의 이름으로 계약서를 쓴 일이 없다)며 잡아뗐다 치자. 물론 주재 판사는 기소 후 법정에서 그리스도인들이 '그랬다는to have so done' 사실은 알았으리라 판단할 것이다.

그리스도는 예방책으로 맹세를 금하셨다. 채무자가 "쓰긴 했지만 입은 뻥긋하지도 않았소. 죽이는 것은 글the written letter이 아니라 혀이기 때문"이라고 말한다면 필자는 '본성Nature'과 '양심Conscience'을 증인으로 볼 것이다.

혀는 미동도 않은 채 침묵할지 몰라도 영soul이 명령하지 않은 것을 손이 썼을 리는 없고, 영 스스로 품은 생각이나 타인이 전달한 것을 영이 혀에게 말하지 않았을 리는 없기 때문이다. 타인이 시킨 것을 영이 마음에 품고 있다가 손에 전달했든, 혀가 가담했든 가담하지 않았든 간에 "다른 사람이 시켰다"고 우기면 곤란하니 필자는 양심에 호소하고 싶다.

생각과 양심으로도 잘못을 저지를 수 있다는, 주님의 말씀으로 족할 것이다. 그리스도는 정욕이나 악의가 사람의 마음에 침투하는 것 또한 행위로 간주된다고 가르치셨다(마 5:28).

증서를 건넸다는 것은 '염두에 두었다는 방증이니' 몰랐다거나 마지 못해 그랬다는 주장은 어불성설이다. 증서를 건넸다는 것은 '그리 했다는that you did it' 사실을 알고 있다는 뜻이요, 이를 알고 있다는 것은 의지가 발동했다는 뜻이므로 생각과 행위로 증서를 써준 셈이다. 부인할 약속에 대해 증서를 써주었으니 이는 명백한 거짓이 분명하다. 가벼운 죄를 부각시켜 무거운 죄를 무마할 수는 없을 것이다.*

"하지만 저는 맹세하지 않았으니 (그리스도를) 부인한 것은 아닙니다" 라고 변명할 텐가? 직접 맹세하지 않았다손 치더라도 동의했다면 사람들은 당신이 맹세했다고 말할 테니 맹세한 것이나 진배없다. 서면을 남겼는데 함구해본들 무슨 소용이 있겠으며, 활자를 남겼는데 입을 다물어 봐야 무슨 유익이 있겠는가?

예컨대, 사가랴는 잠시 벙어리가 되었을 때 사유mind와 대화를 나누었고 무익한 혀는 무시한 채 손의 도움을 받아 제 뜻을 밝혔다. 입을 움직이지 않고도 아들의 이름을 말한 것이다(눅 1:20, 22, 62, 63). 이처럼 육성보다는 펜을 든 하나의 손이 더 분명히 말하고, 입술이 내는 소리보다는 서판에 쓴 하나의 글자가 더 많은 말을 밝히 들리게 하는 법이다. 사람이 말을 하는 것이 (중요한지), 말을 했다고 상대가 이해하는 것이 (중요한지) 자문해보라.

(그리스도를) 부인하는 계약서는 애당초 쓸 일이 없기를 주님의 이름으로 기도하라. 부득이 그래야 한다면 형제를 도울 방편이나, 그럴 기회를 단절할 수 있는 지조를 구하라. 입을 대신해 (그리스도를) 부인하는 활자

가 심판의 날에 불리한 증거로 제시되지 않도록 말이다. 그때 활자는 작금의 증인이 아니라 천사의 인장으로 봉인될 것이다!

* 월러는 '가벼운 죄'는 '맹세'로, '무거운 죄'는 '그리스도 예수를 부인하는 것'으로 이해했다.

24 결론

우상숭배라는 산호와 작은 만inlets, 모래톱과 해협 사이를, 하나님의 영으로 충만한 '믿음Faith'이 항해하고 있다. 주의를 집중하여 경계하고 신중히 운항하면 안전할 것이나, 파도에 휩쓸려 배 밖으로 떨어진 자에게는 헤엄이 불가능한 해구가 도사리고 있고, 좌초된 자에게는 탈출이 불가능한 난파선이 기다리고 있을 것이며, 만에 휩쓸려버린 자에게는 숨을 쉴 수 없는 소용돌이가 몰아치리니 우상숭배도 그러하리라. 모든 파도는 무엇이든 숨을 끊어놓고 소용돌이는 무엇이든 음부에까지 빨아들일 것이다.

"누가 능히 자신을 지킬 수 있으랴? 그러려면 세상 밖으로 나가야 할 것이라(고전5:10)!"는 말은 삼가라! 세상 밖으로 나갈 바에야 차라리 세상 속에서 우상숭배자로 사는 편이 낫겠다는 뜻으로 들린다! 우상숭배를 주된 경계 대상으로 삼는다면 우상을 조심하는 것보다 더 쉬운 일은 없을 것이다. 경계해야 할 '당위성necessity' 정도는 피해 규모에 비하면 조족지혈에 불과하다.

사도들이 의논할 당시 성령이 멍에를 풀어주신 이유는(행 15:1~31) 우리가 우상을 피하는 데 전념할 수 있도록 기회를 주고자 함이었다. 우상숭배를 피하는 것은 그리스도인의 법이므로 온전히 지킬수록 더욱더 차질 없이 전수할 수 있을 것이다. 이교도는 그리스도인에게 특별히 적용되는 ⒧법⒨으로 우리를 인정하고 검증한다. 또한 이 법은 믿음에 다가서려는 자 앞에 두어야 하며 믿음에 진입하는 자에게 가르쳐야 할 것이다. 믿음에 다가가는 자라면 법을 심사숙고하여 지키고 인내할 것이나, 이를 지키지 않는 자는 자신의 이름을 포기할 것이다(그리스도인이라는 신분을 포기할 것이다).

　방주의 원형을 따른다는 교회에 까마귀와 솔개, 개와 뱀이 있는지 삼가 주의하라. 방주의 원형에는 우상숭배자가 하나도 없다. 이를테면 우상숭배자를 나타내기 위해 창조된 동물은 없었다는 것이다. 방주에 없었던 것(우상숭배자)은 교회에도 들이지 말라.

글쓴이

루이스 S. 체이퍼(Lewis Sperry Chafer, 1871-1952)는 달라스 신학교 설립자로, 미국복음주의신학에 큰 영향을 준 인물이다. 1900년 버팔로 제일회중교회에서 성직자로 임명되었고 그로부터 3년 후, 메사추세츠 트로이 장로교회에서 전도사로 활동했다. 이때부터 사이러스 스코필드와 인연을 맺고 자신의 신학론을 발전시키기 시작했다. 그는 펜실베이니아 성경학교 설립을 추진하던 스코필드를 도왔고(1913) 중미선교회 사무총장을 역임하기도 했다(1923~25). 동역자와 함께 소박한 성경신학교를 설립하고자 했던 꿈은 1924년, 달라스 신학교를 통해 이루어진다. 체이퍼는 초대 총장과 조직신학 교수로 재직하며 여생을 보냈다.

저서로는 『구원론(1917)』을 비롯하여 『영적인 사람(1918)』과 『진정한 복음주의(1919)』, 『에베소서 강해(1935)』 및 『조직신학(1947)』 등이 있다.

퀸투스 셉티미우스 플로렌스 테르툴리아누스(Quintus Septimius Florens Tertullianus, 약 155년~240년 경), 혹은 '터툴리안Tertulian'은 기독교 교부이자 평신도 신학자이다. '삼위일체'라는 신학용어를 가장 먼저 사용한 이로 알려져 있으며 그가 쓴 라틴어 문체는 중세 교회 라틴어의 표본으로 간주된다.

터툴리안은 북아프리카 카르타고의 비기독교 가정에서 태어났고 그의 부친은 총독 관저의 백부장이었다. 법률을 공부하여 변호사가 된 그는 195년 순교자들이 신앙을 지키고자 목숨을 내놓는 모습이 귀감이 되어 기독교인이 되었다. 그는 교회사 최초로 라틴어를 사용했는데, '삼위일체Trinity'를 비롯한 라틴어 신학용어 982개를 만들어냈다. 아프리카의 제일 신학자라고 불릴 정도로 통찰력이 탁월한 그는 치프리아누스(키프리안) 주교의 신학에도 영향을 주었다.

옮긴이

유지훈은 전문번역가로 『남의 글을 내 글처럼』과 『베껴쓰기로 끝내는 영작문』 등을 집필했고 옮긴 책으로는 『좋은 사람 콤플렉스』를 비롯하여 『월드체인징(개정증보판)』, 『아빠의 사랑이 딸의 미래를 좌우한다』, 『성공의 심리학』, 『왜 세계는 가난한 나라를 돕는가?』, 『전방위 지배』, 『퓨처 오브 레스』, 『맨체스터 유나이티드』, 『미 정보기관의 글로벌 트렌드 2025』, 『걸어서 길이 되는 곳, 산타아고』, 『베이직 비블리칼 히브리어』, 『팀장님, 회의 진행이 예술이네요』의 다수가 있다.